大里浩秋・貴志俊彦・孫安石 編著

中国・朝鮮における租界の歴史と建築遺産

神奈川大学人文学研究叢書27

御茶の水書房

まえがき

大里浩秋・貴志俊彦・孫安石

一　文理協働型の租界研究グループの発足

二〇〇一年に神奈川大学を拠点として租界研究グループ（以下、租界研と略）がたちあがってから、すでに九年がすぎようとしている。この間の世界経済の変動、そして中国のプレゼンスの向上は、だれもが予想していなかったことだろう。中国国内をみれば、地域間格差をともなった経済成長の進展とともに、都市の再開発が急ピッチで進み、その状況は都市が蓄積してきた文化資産を破壊し、また一面乱開発ともいうべき状況さえ生み出し、都市環境を悪化させている。そうした都市の変貌のなかで、旧租界建築の保存と再生という問題は、租界研にとっても緊急に取り組むべき課題として浮上した。この問題に取り組むために、新たに建築学の専門家にも参画を依頼し、こうして文理協働型の研究グループが組織されることになった。

二〇〇三年度、神奈川大学は、二一世紀ＣＯＥプログラム「人類文化研究のための非文字資料の体系化」（二〇〇三—二〇〇七年度）が採択された。租界研は、〇五年から、その第三班「環境と景観の資料化と体系化」の活動と連動して活動することになった。ＣＯＥプログラムの支援を受けることで、租界研は、中国や韓国の研究者との学術ネットワーク構築を実現し、国際的な研究グループに成長した。租界研に参画する内外の研究者は、国内はいうまでもなく、海外では台湾の国史館や、上海や青島の檔案館で歴史資料の調査をおこない、また上海、青島、仁川では租界建築に関するフィールド調査を進めるとともに、国際的な学術討論会を開催してきた。また、二〇〇六年度に、租界研は、「戦前中国・朝鮮における日本租界の研究」というテーマで、神奈川大学共同研究奨励金助成を受けることができた（代表：孫安石）。こうした活動の成果として発表されたのが、二〇〇六年三月に刊行された大里浩秋・孫安石編著『中国における日本租界―重慶・漢口・杭州・上海』神奈川大学人文学研究叢書二二（御茶の水書房）である。

この共同論文集は、中間的な成果報告とはいいながら、戦後日本で立ち遅れてきた中国租界に関する本格的な研究成果として、私たちが予想した以上に、国内外に多数の読者を得ることができた。多くの評者に直接話を聞くと、日本以外の東アジア各国においても、歴史学者と建築学者とによる、いわば文理協働型の国際共同研究は類をみないユニークな研究成果であったことが、評価の要因であったと指摘された。実際、調査活動においては、中国では「檔案」といわれる歴史文書の調査は歴史学者が先導し、都市や建築のフィールドワークにおいては建築学者がリーダーとなり、それぞれがお互いの研究手法の優位性を尊重しつつ、お互いの問題意識を共有できた。こうした実験的な試みによって、この論文集は、学界に対して、ひとつの問題提起になったと自負している。この文理協働型の共同研究のスタイルは、もちろん本書にも継承されている。

しかし、この論文集は、私たち自身も認識しているいくつかの問題点を抱えていた。書名からもみられるとおり、中国における日本租界を主題としながら、重慶、漢口、杭州、上海の四都市しか取り上げておらず、天津、広東、厦門、蘇州などの日本租界あるいは共同租界が欠落していたこと、また日本租界の研究が租界の全般的な研究にいかなる意味を持ちうるのか明確でなかったことなど、少なからず批判を浴びることになった。また、韓国の国家記録院や台湾の中央研究院近代史研究所檔案館に所蔵されている朝鮮の清国租界に関する文書調査という課題も残っていた。論文集が刊行されて以降、私たちは、鋭意こうした批判に応え、課題をこなすべく調査、研究を進めてきた。

二　神奈川大学非文字資料研究センターとの連携

二〇〇六年に刊行された論文集『中国における日本租界　重慶・漢口・杭州・上海』には、上記ＣＯＥプログラムの最終年度である二〇〇七年の成果は反映されてはいない。この年にも、私たちは、神奈川大学において、次の二つのワークショップを開催した。

◇**「中国における日本租界研究」**　二〇〇七年三月二日に開催した。本書の第二章（孫安石）は、この時の報告「漢口の日本租界をめぐる日中の攻防」がもとになっている。

◇**「中国進出の日本企業とその建築－戦前の紡績業を事例として」**　二〇〇七年十月二十六日に開催した。本書の第六章（大里浩秋・冨井正憲）は、このときの報告「上海と青島の在華紡建築の調査報告」に基づいている。

また、租界研のメンバーは、個別に学界報告もおこなった。たとえば、以下のものがある。

◇**Japanese – Austrian Workshop on Cultural Exchange**　二〇〇七年九月三日、ウィーン大学東アジア研究所にて開催した。このワークショップでは、第一章（貴志俊彦）のベースとなる“The Influence of the Empires' Collapse in East Asia after World War I: The Recovery of Chinese “Sovereignty” in the Old Germany and Austrian-Hungary Settlements”が報告された。

二〇〇八年三月、上述したCOEプログラムが終了したときに、租界研は、なお十分に解明できなかった問題が少なくないことを自覚した。そこで、同年四月、あらたに設置された神奈川大学非文字資料研究センターの個別共同研究に応募し、「中国・韓国の旧日本租界」（代表：大里浩秋）という研究課題が採択された。これは、中国だけでなく、朝鮮半島にもあった日本租界、清国租界にも注目し、それらの比較を試みるべきだとの課題認識によるものだった。こうして、二〇〇八年度からは、中国と朝鮮半島の租界を対象として、共同研究を継続すべく、再スタートを切ることになった。

こうして、二〇〇九年には、この非文字資料研究センター主催による、次の二つの海外シンポジウムを開催した。

◇**「租界研究の新しい可能性を探る―上海シンポジウム」**(1) 二〇〇九年三月二十八日、上海の文廟会議室にて開催した。第四章（羅蘇文）は、このときの報告「時代のシンボル、文明の記憶」に基づいている。同じく、第八章（李百浩）は、報告「武漢における日本租界地の保存と再生」に、第九章（韓東洙）は、報告「仁川における日本および清国の租界」に、それぞれ基づいている。

◇**「東アジア地区租界生活空間に関する仁川シンポジウム」**(2) 二〇〇九年一〇月二十四日、韓国の仁川ハーバー・パークホテルにて開催した。韓国・漢陽大学校建築学院東亜建築歴史研究室との共同主催。本書の第三章（陳祖恩）は、このときの報告「明治時代の上海日本人居留民の文明覚醒運動」に、また第七章（青木信夫・徐蘇斌）は、同様に「開発と保存のダイナミクス―中国北方経済センター・天津における文化遺産の現在―」に基づいている。

さらに、課題としていた韓国国家記録院所蔵の朝鮮総督府文書の利用については、第九章のほかに、海外共同研究者の陳紅民氏（浙江大学人文学院）から、二〇〇五年のソウル調査成果をふまえた研究成果が寄せられ、本書に掲載することができた（第五章）。ただし、いずれの章でも提起されているが、朝鮮における清国租界に関する問題については、なお分析を進める必要がある。

以上のように、本書は、租界研が、二〇〇七年から二〇〇九年の三年間に、国内外の学術討論会で積み上げてきた成果をもとに構成されている。しかし、これまでの九年間の共同研究を経ても、租界研としては、なお課題を克服しえていないことを自覚している。この点については、「あとがき」を参照していただければ幸いである。

(1) 上海シンポジウムについては、神奈川大学非文字資料研究センターのニューズレター『非文字資料研究』第二二号、二〇〇九年七月、二〇〜二五頁を参照のこと。

(2) 仁川シンポジウムについては、同様に『非文字資料研究』第二三号、二〇一〇年一月、一二〜一七頁を参照のこと。

東アジア租界研究に関する都市図

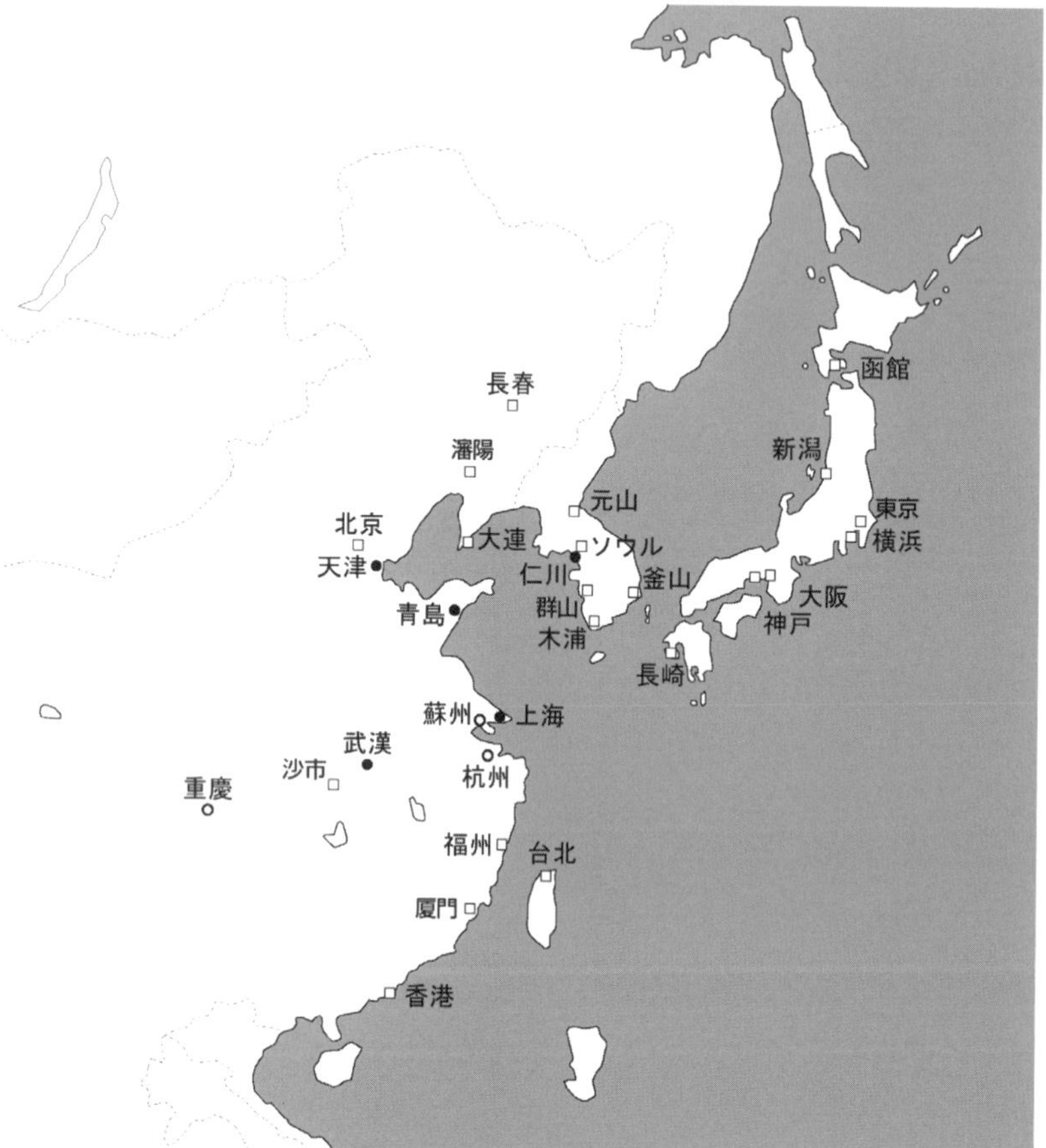

●印：本著『中国・朝鮮における租界の歴史と建築遺産』に関する都市
○印：前著『中国における日本租界　重慶・漢口・杭州・上海』（本著書と重複しているものは●に含む）に関する都市
□印：●，○以外の調査対象都市

中国・朝鮮における租界の歴史と建築遺産　目次

目次

第二部　租界建築の保存と再生

中国・朝鮮における租界の歴史と建築遺産

第一部　租界の行政と産業

第一章　天津の租界接収問題からみる東アジア地域秩序の変動

貴志俊彦

はじめに

一九一〇年代は、東アジアをめぐる国際秩序が劇的に変動し、圏域内の地域秩序も再編された時代であった。日韓併合、辛亥革命後の政治的動乱によって、大韓帝国、大清帝国はいずれも崩壊し、また第一次世界大戦の勃発を契機として、東アジアに国益を求めていたドイツ帝国、オーストリア＝ハンガリー帝国は、この地域から撤退を余儀なくされた。さらに、ロシア革命によって、中国にとって北の脅威であったロシア帝国は崩壊した。この時期、ヨーロッパの政治潮流の変化が、世界史上初めて、東アジアに直接に影響を与えたと指摘できる。

同時に、東アジアに唯一残った帝国である日本にとっては、この時期は、大陸進出のチャンスと映ったに違いない（表1参照）。実際、この地域にある種の政治的空白が生じたのを機に、日本政府は中国大陸への勢力拡張をはかるためのインフラ整備をはかるべく、一九一二年十一月から中華民国政府との間で、長崎－上海間の海底ケーブル「帝国線」敷設をめぐる交渉を開始した。この交渉の経緯は、すでに拙稿で明らかにしている[1]。

　こうした東アジアの国際秩序、地域秩序の変動のなかで、租界や租借地を抱える天津、上海、漢口、青島などの条約開港地のほか、自開商埠地（一般開港地）をもつ中国の都市では、各国の政治的利権や世界市場と結びついていたがゆえに、その政治的、経済的影響がそれぞれの都市秩序に少なからず変化を及ぼすことになった[2]。それゆえ、租界や租借地、自開商埠地をもつ中国の都市は、まずもって世界といかにリンクしていたかを前提として議論されなければならないのである。

【表1】天津の外資系商社数と外国人人口（1915－1919）

		1915	1916	1917	1918	1919
日本	商社数	150	112	140	163	383
	人口	3,228	3,465	3,579	4,043	4,751
イギリス	商社数	86	89	81	89	93
	人口	1,270	1,567	1,371	1,391	1,324
ドイツ	商社数	64	96	32	9	—
	人口	1,012	1,096	613	417	229
米国	商社数	19	25	27	32	55
	人口	336	978	1,043	1,101	1,237
フランス	商社数	25	27	28	29	34
	人口	295	298	194	178	247
スウェーデン	商社数	1	1	—	—	—
	人口	189	226	218	2	2
イタリア	商社数	10	10	6	2	8
	人口	152	95	77	152	108
ロシア	商社数	13	14	8	12	18
	人口	145	177	221	194	300
オランダ	商社数	1	2	3	3	3
	人口	104	99	100	119	111
オーストリア	商社数	4	5	6	5	5
	人口	75	102	106	59	15
ベルギー	商社数	7	6	7	8	8
	人口	62	162	202	226	267
デンマーク	商社数	1	1	2	2	3
	人口	36	30	38	42	43
ハンガリー	商社数	—	—	—	—	—
	人口	12	16	18	7	10
その他	商社数	0	0	0	9	0
	人口	41	82	36	30	30
計	商社数	381	388	340	363	610
	人口	6,957	8,393	7,816	7,961	8,674

【出典】『天津商業会議所週報』第204号、1920年10月9日、5頁

　そもそも租界や租借地を抱える中国の都市は、閉塞的かつ分断的な都市空間という模式図で捉えることはできず、中国政府の管轄下にある華界とはもちろん、隣接する他国租界との関係も無視できなかった。また、それぞれ本国との多様な関係を維持しながらも、後

述するロシア革命後の状況のように、本国政府とも異なる代表機関が租界に存続することさえあった。それゆえ、従来、租界や租借地が帝国主義国家を代表するシンボルのように取り扱われてきたもの(3)、租界と本国との関係や、租界どうしの行政権問題、租界と華界との関係、租界と他国の開港都市との関係は、じつは制度的な問題でさえ、充分に明らかにされてはこなかったといえる(4)。租界や租借地の問題は、これまでの研究のように、個別の都市区画を問題とするだけでは十分ではなく、大きく見ればアジア全体のなかでの位置づけや機能、小さく見てもひとつの都市のなかでの役割や影響が問われなければならないことを強調しておきたい(5)。

さて、第一次世界大戦勃発後、中国におけるドイツ、オーストリア＝ハンガリー、ロシアの領事権は停止され(6)、北京政府はそれぞれの租界の接収に着手した。しかし、租界接収後の地には、「華界と同じではなく、一般開港地（自開商埠地）とも性質を異にしている」(7)区画が成立することになった。中国当局は、この行政区画に対して、「特別区」(Special Administrative District) という呼称を使って、その特異性を強調した。この初めての租界接収という経験、引続く特別区における統治制度の模索は、北京政府がたえず意識したように「租界接収の先駆けとなる」意味をもち(8)、きわめて慎重に処理された。

今日では、一九一九年のヴェルサイユ条約、サン・ジェルマン条約、トリアノン条約、あるいは一九二四年の中ソ協定により、ドイツ、オーストリア＝ハンガリー、ロシア各租界が正式に接収された結果、中国の国家主権が回復したと解釈されており(9)、当時の北京政府も同様の主張を繰り返していた。しかし、後述するように、第一次世界大戦後の天津における処理策をめぐっては、順調に交渉が進んだとはいいがたく、各国領事、天津駐在領事団、北京公使団と特派直隷交渉員、外交部、内務部との間で長期にわたって交渉が進められたのである。

租界側は、新しく設置された特別区内に土地・家屋の永代貸借（永租）権を設定できるのか、市政運営に外国人は参与できるのかを重視していた[10]。とくに、義和団事件後の都統衙門支配時期、一九〇二年の上海道台の布告に准じて、天津の華界にも外国人の永代貸借地が認められていたが[11]、当該時期が過ぎ去った後でも、これを都統衙門支配時期の暫定的な法規だとするかどうかで議論は続き、結局一九一〇年代まで外交上の処理は棚上げにされていたのである。そのため、特別区にも、外国人の永代貸借権の設定が可能とする領事側の主張と、これを設定しないとする中国側の主張には、おおきな隔たりがあったわけである。

交渉のさなかにも、各国の公使や領事は専管租界が廃止されても、共同租界を設置するべしとの復古案を唱えたし、外交部としては租界の設置ではなく、広州、福州、厦門、寧波、上海の五港の定められた地域の中で、家屋または土地を租借し居住することができるという「虎門寨追加条約」の規定に基づいて対処すべきだと考えていた。また、内務部は特別区を通商条約規定から切り離して、独自な行政空間とすることで、主権の回復をはかるべきだと主張し、それぞれの意見がまとまらなかった。このほか、領事権停止後もロシア租界内の自治業務を担っていた工部局董事会と新設の特別市管理局との権限上の紛争や、董事会解散後各特別区の体制を中国側の専管行政とするのか、中外共同運営とするのかについての問題などもあいまいであったために、交渉が長引くことになったのである。

結局、北京政府時期においては、特別区における統治システムは、華界と同じなのか否かという点で解決策を見いだせなかったことから、「租界の接収＝主権の回復」を自明の前提としてみる今日の解釈は必ずしも妥当ではないことが指摘できよう。それゆえ、本章では、租界接収後の条約開港地における主権のあり方とともに、特別区の行政規定が租界や華界とどのような違いを備えていたかということを明らかにしたい。この問題を検証するための基礎資料が、中央研究院近代史研究所檔案館に所蔵されている外交部檔案「租地租界檔案」「欧戦檔案」「中俄関係檔」などの文書群である[12]。

また、本章が扱う特別区は、改革開放政策の一環として一九七八年に華南沿岸の都市に設置された経済特区や、今日見られる香港やアモイの特別行政区の歴史的淵源といえる。こうした特別の行政空間の性格づけについても、以下考察していきたい。

一　領事権停止後の租界主権のゆくえ

（一）ドイツ租界の接収

第一次世界大戦のさなか、一九一七年二月ドイツの無制限潜水艦戦宣言をきっかけに、米国がドイツとの国交を断絶し、翌月十四日には北京政府も黎元洪大総統による布告をもって国交断絶にふみきった。ただ、「外交関係による ドイツ国民の保護、およびその他処理すべき事項は各該管官署をして現行の国際公法と慣例に準拠して、すみやかに方法をみいだし頒布施行すべきこと」と表明するが[13]、その具体的な方針は決まっていなかった。

ドイツ租界は、一八九五年に海河左岸に設置された住宅区で、隣接するイギリス租界との関係は密接だった（次頁、図1）。たとえば、ドイツ租界の電気や水道はイギリス租界から供給されており、徳華銀行（Deutsch－Asiatisch Bank）をはじめ、ドイツ系企業の活動の中心もイギリス租界のほうにあった。租界の運営主体は、最初は徳華銀行、つづいてニーデルラッスンク（Niederlassung）社、そして一九〇五年から居留地会に任されたが、実質上は租界工部局の董事会が管理していた。五名の董事は、投票権を有する会員が選出し、その任期を一年とした。会長を含め三名がドイツ国籍のほか、二名は他国の外国人だった。租界内の四分の一の土地を所有していたドイツ公司（Deutsche Gesellschaft）も董事の資格があり、また徳華銀行も同様に租界の運営資金をサポートしており、その影響力は少な

【図１】天津市街地図（1917 年頃）

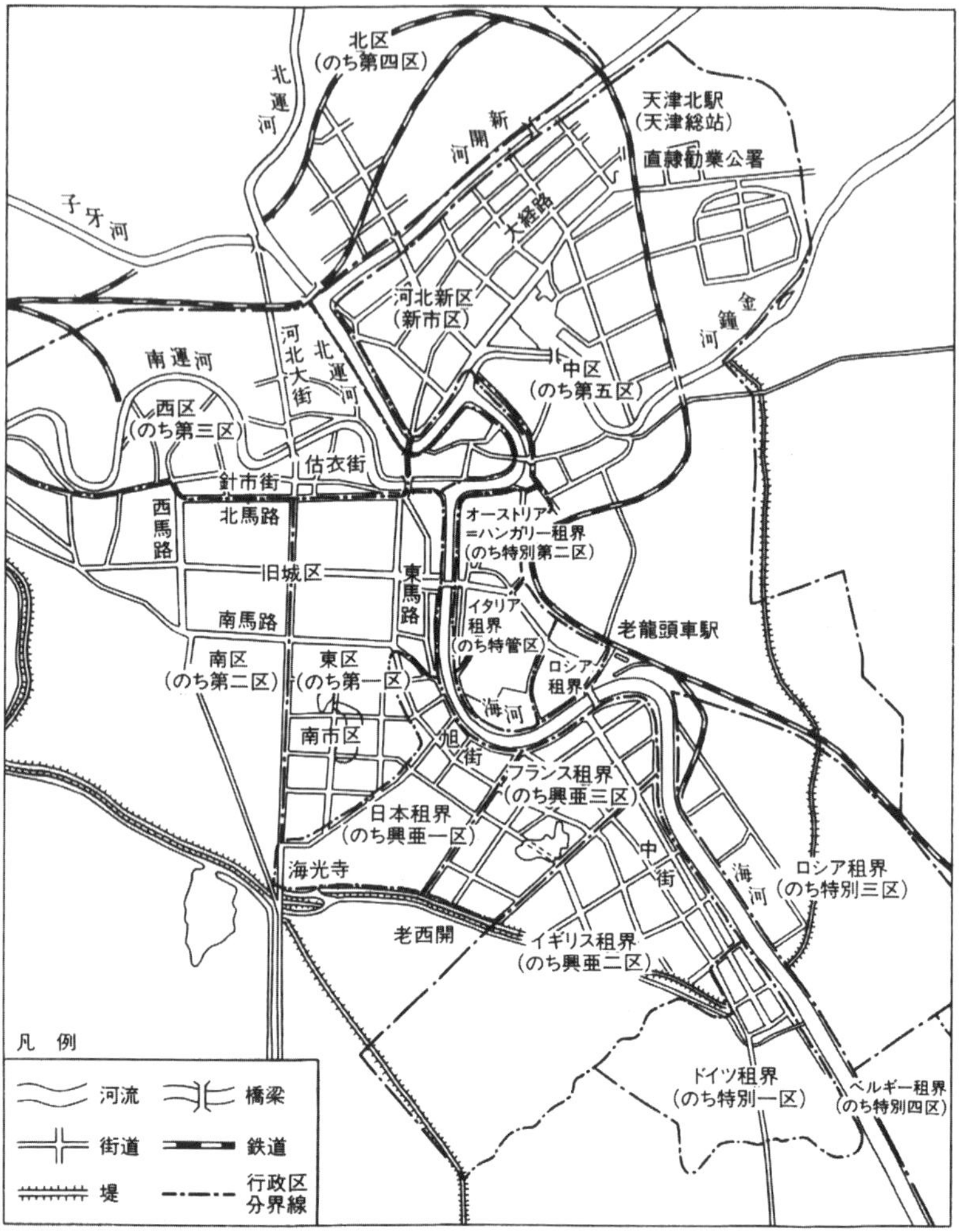

くなかった。董事会の職掌は、司法、地方公共事務、交渉事務、治安維持、税捐・財産・公共資産の管理、警察の管理など広範囲におよんだ。

　このほか、各委員会で組織された地方自治委員会があり、毎年二月に会議を開催した。この地方自治委員会は、委員が毎年五〇両の会費を納める会費制で構成されていたが、中国人の入会は認められず、会費額に准じて投票権の議決数が異なった。審議事項は、地方の財産、税捐、警察、公共機関、道路の管理などだったが、もし地方自治委員会と領事の意見が対立した場合、北京のドイツ公使と董事会に通告して裁定を任せる規定があった[14]。天津のドイツ租界において、領事の権限はそれほど強力とはいえなかったのである。

大戦勃発後、一九一七年三月ドイツ総領事ヴォレッチ（Dr. Voretzsch）が天津を離れるにあたって、在華ドイツ人の保護を中立国だったオランダ政府に委託した。オランダ政府は、すぐさま北京駐在オランダ公使に指示して、筆頭参事官を天津に派遣し、ドイツ国の在華利権を保護し、ドイツの外交交渉を代行した[15]。十四日には、このオランダ人参事官は、旧ドイツ兵営を保護下におき、オランダ国旗を掲揚させたが、この領事代行制は、後々紛争の原因となったのである。こうして、ドイツ租界に居住するドイツ人はオランダ政府の保護下におかれたが、他国租界にいたドイツ人の資産をめぐってはその保護の限りになく、ときには収奪騒ぎがおこった。たとえば、イギリス租界では、工部局自らが、ドイツ人資産の接収の先頭にたつなどの事態がおこった。

翌十五日、政府主催の国際政務評議会では、天津、漢口のドイツ租界を中国が管理すること、ドイツの在華財産を厳重に監視することが決議された[16]。これをうけて、十六日ドイツ租界は、北京政府が任命する敵国財産管理委員会の手によって接収作業がおこなわれた。その日の午後三時、天津警務処長楊以徳、特派直隷交渉員黄栄良らは、武装した三〇〇名の警察を率いてドイツ領事館に赴いた後、ドイツ領事とともに工部局に向かい、ドイツ国旗を降ろさせ、代わって中華民国国旗を掲揚させた。つづけて、楊以徳らは、ドイツ兵営の接収に乗り出したが、オランダ参事官はそこにすでに掲げられていたオランダの国旗を中華民国国旗に換えることを承服しなかったばかりか、中国側がドイツ兵営から持ち出した兵器、弾薬を返還するように主張した。すったもんだの挙句、午後六時には、ひとまず接収事業は完了した。[17]

接収の翌十七日、天津市政府は、ドイツ工部局を天津特別区臨時管理局と改め、局内に行政科、衛生科、司法科を設けた。このとき、ドイツは上海共同租界での公審権が剥奪され、上海や厦門などに碇泊していたドイツ商船も接収された。さらに、山東、膠州湾の租借地は一時的ながら、日本へ移管された。丁振芝局長は、工部局巡捕を警察に改め、旧租界時代の巡捕長傅萬有を慰留して警察署長に任命した。さらに、保安警察隊を派遣して、特別区臨時管理局に三〇名、三義荘に三〇名、徳華日報館に三〇名駐屯させた。[18]こうして、領事警察権は回収されたが、その指揮官は交替されることはなかったため、警察活動に特段の変化がみられることはなかったと思える。

こうした中国側の強制接収に対し、三月二十四日オランダ公使は中華民国外交部および外交部総長に対して、宣告や布告以前のこうした行動は、国際公法上の根拠がないために、違法行為であり、承認できないとして口頭で抗議した。[19]さらに、五月二十九日には、再度オランダ公使が外交部宛に「国交断絶といえども関係国双方の国民はその在住する外国によって制限を受くることなく残留し、相手国によって与えられるのと同様な保護を受けるべきことは一般慣行として知られているところである。随って、之に即せざる措置は総て現行国際法の原則に反するものなり」と抗議したように、[20]国際公法からみれば、中国側がおこなった強制接収に問題がなかったわけではなかった。この時点では、地方官による租界接収は、領事権が代行されている以上、専管行政権の侵害となるため、この強制接収を違法行為だと解釈することも可能だったのである。[21]

しかし、抗議をおこなったオランダ側に対しても、関与できるのはドイツ人個人の領事業務の代行だけであって、中華民国政府や他国との交渉事務は越権行為だとの中国側の非難も正当といえた。このとき、ドイツ人へのパスポート発行などはベルギー天津駐在領事が兼任しているとの外交部の申し立てが本当ならば、オランダ政府は、ドイツ人の保護のための領事代行制を実行していなかったことになり、[22]ドイツの租界権益の継承者としての役割を担ったにすぎないことになる。このことは、黄栄良交渉員からも、オランダが旧ドイツ租界の行政権を完全に掌握してしまうことになるのではないかとの危惧の声があがっていたことからうかがえる。[23]オランダは、ドイツ人の保護のためにパスポートやビザの発行などの領事代行業務は担えたが、旧ドイツ租界内部の行政権全般に関与する権限はもとよりなく、国際公法と国際私法とを混同していたといわざるをえない。

さらに、司法権にも、問題がおきた。すなわち、領事裁判権に関しては、ドイツ公使が依頼したオランダ公使に権利があるのか、それとも中国側が接収できるかの二つの異なる意見が出された。後者の場合であっても、一般の法廷が裁くのか、交渉員が取扱うのかで意見が分かれた。この問題に対して、中華民国司法部は、国交断絶によっていっさいの条約は無効となるため、当然領事裁判権はありえず、一般の法廷が裁くべきだと判断し、早急に関連する章程の策定が必要だとしたが、[24]オランダ側はこれを承服しなかった。

こうした行政、司法の分野における混乱した状況を解消するため、三月三十日内務部が策定した「天津・漢口特別区臨時管理局簡章」が外交部に伝えられた。同章程によると、特別区臨時管理局は、省長の指揮監督のもとに内務部が派遣した局長が区内の警察およびその他いっさいの行政事務をおこなうとともに、自治事務を監督することを職権とし、外交事務については省の特派員とともに処理するとされた。

旧ドイツ租界で徴収されていた捐税については、四月一日に特別区臨時管理局がこれを接管することとし、この通告を、租界内の各地に掲示するとともに、その訳文をイギリス、フランス、日本、ロシアの各租界警察署に送付した。[25]この訳文では、租界自治の中心機関だった工部局董事会が、局長の監督を受ければ事務を継続できることや、従来の管理章程、警察章程、税則は、中国の現行法令や章程と抵触しない限りにおいて、すべて従来通り運用してよいと明記されていたにもかかわらず、[26]工部局の承認を得ることはできなかった。

八月十四日、段祺瑞国務総理は、国会内にあった強硬な反戦論を排除して、正式にドイツ帝国、オーストリア＝ハンガリー帝国に宣戦布告した。同日付馮国璋大総統の布告でもって、両帝国との間で締結された条約、協約、契約は、国際公法および慣例に依拠して、すべて破棄すると通告された。また、同日公布された「審理敵国人民民刑訴訟暫定章程」では、戦争期間内は民事、刑事裁判とも中国の地方法院または地方官が審判するとしたが、敵国人民とその他の外国人との訴訟はこの限りでないとし、対戦国以外の領事裁判権は承認する形をとった。

湯化龍内務総長は、馮国璋大総統宛に、戦争状態に突入した限り、特別区臨時管理局の「臨時」の名称を削除し、「特別区市政管理局」に改めること、オーストリア＝ハンガリー租界に対しては直隷省長が該管理局局長に命じてドイツ租界と同様に接収をおこない、直隷天津警察庁長楊以徳を管理局長に就任させたいことを申し入れた。この呈文の附属文書である「天津漢口特別市政管理局簡章」では、管理局は区内のいっさいの行政事務および警察事務を管理し、外交交渉にかかわるものは省政府の交渉員と協議して処理するとされ、[27]「管理敵国租界辦法」の第三条では「従来設置されていた議事機関はただちに停止し、その執行機関は地方公益事務を維持するために継続しておこなう」ことが明記されたが、[28]いずれも戦時下における規定の域をでなかった。

(二) オーストリア＝ハンガリー租界の接収

一九一七年八月十四日の宣戦布告の当日、オーストリア＝ハンガリー租界も接収された。この租界は、一九〇二年海河の東岸、イタリア租界に隣接して設置され（図1）、領事を会長とする行政委員会（当初は中国人六名、のちオーストリア人なども指名）によって運営されたとはいえ、領事の権限は圧倒的に大きかった。[29]この点、ドイツ租界の運営組織と、まったく異なっていた。しかし、当初から華比銀行（Banque Sino – Belge）からの借款によっていたため、租界の資金運営は順調ではなかった。

租界接収当日の午前七時、楊以徳は、行政および徴税に関する事務を交代するため、領事館で領事と協議し、午後四時に武装警察を派遣して、兵営および工部局の接収を完了し、中華民国の五色旗を掲揚させた。そして、オーストリア＝ハンガリー租界領事も、天津を離れる前、ドイツ領事と同じく、自国民の管理をオランダ政府に委託したため、領事館だけはオランダ国旗が掲げられた[30]。こうして、オランダ参事官と天津駐在委員は、旧オーストリア＝ハンガリー帝国臣民にかかわる民事訴訟、刑事訴訟、保護にまつわる事項を代行することになったが[31]、これは明らかに先の「審理敵国人民民刑訴訟暫定章程」と抵触する内容だった。さらに、オランダ天津駐在委員は、両租界の領事が天津を離れたあとに、個人資格とはいえ、旧ドイツ国天津駐在前副領事、旧オーストリア＝ハンガリー天津駐在前領事館書記をそれぞれの領事館に駐在させ、領事事務を請け負わせたのである。このとき、租界工部局董事会も解体していなかったことを考え合わせると、領事権がたんにオランダに移ったにすぎず、旧租界の運営にあまり変化がないと見られてもおかしくはなかった。直隷省長は、こうした変化せざる事態に遭遇して、外交部を通じてオランダ側の権限を限定するように求めたが[32]、事態はいっこうに変わらなかった。

九月一日、中華民国政府と協商国との協議でも、天津や漢口のドイツ、オーストリア＝ハンガリー両租界接収が承認され、両国の領事裁判権は撤廃され、義和団事件後の賠償金（庚子賠款）も取消された[33]。こうして、両租界接収に関しては、国際的な承認だけは得ることができた。しかし、それを合法化する国際法上の根拠は、依然として成立していなかった。二つの旧租界に関与することになったオランダ政府は、これを盾に中国側による接収の不当性について、北京政府に抗議を続けたのである。

一方、中国側は、領事を租界行政の中心機構から排除したことを重視しており、租界接収が在華外国人の利益を損なわない形で、なおかつ中国の管理も円滑にするような実験的かつ暫定的な制度を進める好機だと捉えていた。国務院が意図したところによると、特別区の設置は、新規の「新租界（extra-concession）」の設置を回避するためであるとともに、租界を抱える都市行政を改革して、外国人の統治権を失効させるのがねらいであった。[34]

内務部は、租界接収後の秩序回復を促すため、「管理敵国租界辦法」を策定し、八月二十一日外交部長宛に検討を求めた。なかでも「ドイツ租界内の敵国人民が設置した議事機関は停止するが、その執行機関は地方公益事務を維持するために継続する。該局長は、地方の状況を斟酌して定めた法を、省長が内務部に通達して施行を決める」との条項にもとづき、[35]ドイツ租界工部局董事会は統治機関としての意義を失い、ついに八月二十七日に解散に追い込まれた。[36]こうして、特別区における行政システムは、華界と同様に統一されたかにみえたが、領事団はこの条例に対して、市政局や評議会の人数制限などの問題に対して難色を示し、結局了承しなかったため、行政権の統一は実現しなかったのである。

租界接収後、租界どうしの、中国側の周知しない密約に似た合意が発覚することになった。たとえば、旧オーストリア＝ハンガリー租界と隣接するイタリア租界の領事は、両租界間に境界道路の修築や電燈設置に伴う契約が存在していたことを明らかにした。とりわけ、境界北辺にある沼沢は、共同で工事する内密の合意に基づいて工事が進められており、こうした経緯を周知のうえで接収後の処理をおこなうように黄栄良交渉員に連絡してきた。[37]イタリア領事は、外交部との面談の際、この工事の代償として、旧オーストリア＝ハンガリー租界の一部を併合するように求めたが、外交部はこれを退けた。[38]イタリア側は引き下がらなかったが、一九一九年のパリ講和会議で列国の反発にあって、ようやくこの提案を取り下げたのである。[39]

また、ベルギー領事からは、一九一三年九月にオーストリア＝ハンガリー租界の天津駐在代理領事と工部局が、華比銀行から租界設置のため六万元を借り受けており、いまだに二期分の残金一万二〇〇〇元の返済が済んでいないとの連絡が、特別市政管理局に入った。ベルギー領事は、同管理局に対して、これを代行して清算するように申し入れたわけである。(40) 楊以徳警察庁長は、領事団に租界接収を認定させるためにも、これら借款・債務問題に対処しないわけにいかなかった。ただ、この時点では、租界接収後の制度いかんによって、前租界当局の負債を返済すべき義務を負うべきかどうか決断がくだされたわけではなかった。

（三）第一次世界大戦終結後の中外交渉

一九一八年十一月三日、ついにオーストリア＝ハンガリー帝国が降伏し、九日にドイツ皇帝が退位し、十一日には四年あまりつづいた第一次世界大戦が終結した。大戦後は、ヨーロッパ戦線に集中していた各国勢力が、再び東アジアの開港都市に戻ってきた。たとえば、天津のイギリス商人、協商国側の領事や公使からは、それぞれ中国側が設置した特別区という制度は、開港地に適合しないものであり、上海のような共同租界にすべきだとの意見が提出された。こうした要請に対して、外交部は大総統徐世昌宛に、天津や漢口の特別区を共同租界にするのではないにせよ、一般開港地と同じ扱いにして、中国人と同様に条約締結国の商人も土地を租借して営業できるようにするべきだと上申した。(41)

一方、旧オーストリア＝ハンガリー租界に在住していた天津商会長の卞月庭（天津八大家卞家）は、列国の共同租界案に対する抗議団の代表となって、楊以徳警察庁長に対して、旧租界の行政権を確保すべきだと進言した。協商国領事団は、こうした地元の反発に直面して、今度は北京公使を通じて中国政府に抗議したところ、大総統に着任したばかりの徐世昌は驚き、楊以徳を総統府侍従武官として任命することで、天津を離れさせ、協商国領事団との紛争を回避しようとした。ところが、住民は徐世昌のやり方に激昂して抵抗を強めたために、協商国領事団は地元の意向を無視できずに、共同租界案を破棄することで決着した。[42]

こうして共同租界案が破棄されると、旧租界、各国租界および華界において、敵国資産接収問題がおこった。一九一八年十一月、北京駐在イギリス公使名義でだされた「一九一八年与敵通商財産章程」は、イギリス租界内の敵国資産は、この章程公布後一ヵ月のうちに域外に移さないと、租界当局が処分するとの内容だったため、オランダ公使はこれをハーグ陸戦条約第二三条に違反するとして抗議した。また、オランダ公使は、イギリス租界内の処置に対して、各国租界の主権は一八五八年清米天津条約第一条に基づけば中国に属すべきであり、イギリス租界が財産接収の権限がないことを強調した。さらに、オランダ公使は、内務部が戦時下に定めた「処置敵国人民章程」第三条の財産保護条項が反故にされるならば、その損失は北京政府が賠償することになると、厳しく抗議した。[43] 外交部は、イギリスの先の章程を政府が承認したのかどうかを内務部に問い合わせたところ、内務部の返事では中央で承認したことはないということだった。[44] イギリス租界のこうした独自な行動は、じつは各租界にもみられたことである。それゆえ、北京政府が、国際公法で認知できない地元限定の約束事による強制接収を阻止するためには、早急に敵産処理に関する法規の整備が必要だと認識された。

そこで、一九一九年一月、国務院総理に直属する管理敵国人民財産事務局が設立された。中国各地に設置された分局の局長は、財務庁長、特派交渉員、高等審検庁長、財政庁長、警務処長、実業庁長、道尹から一名が任命された。この分局は、「管理敵国人民財産条例」「管理敵国人民財産事務局条例」などに準拠して、動産・不動産などの「敵国人民財産」と認定されるものは、所有するものであれ、委託管理されたものであれ、封印保存するなどの手段で接収および管理をおこなった。[45] しかし、第一次世界大戦後、ドイツ、ロシア、オーストリア＝ハンガリーが資産接収に同意したのを除き、その他各国がこれを承認するには長い時間が必要だった。また、刑事事件については、領事裁判権により、被告の本国法が適用され、民事事件の多くは本国の民法が適用されたが、商事事件については、まず中国の慣習法を適用し、これがかなわないときに本国の商事法が適用された[46]。ただ、実際には、接収後の司法処理は、担当機関の問題も含めて、判然としないことが多かった。

一九一九年一月からのパリ平和会議の結果、六月二十八日、旧ドイツ政府との講和条約としてヴェルサイユ条約が公布された。その第一三〇条では、外交館や領事館の住宅地や公館を例外として、天津、漢口のドイツ租界内に所有するもののほか、ドイツ政府が中国国内に所有するすべての設備や公共資産が中国に移譲されることが明記された。また、同第一三二条では、ドイツ国政府が漢口、天津租界の契約取り消しを承認するとともに、「中国はそれら租界地を完全に接収し、主権を行使し、意思を声明し、これらを各国公共の居留、貿易の用途のために開放するだろう」と明記された（傍点は筆者による）。この条約をもとに、ドイツ租界工部局は廃止され、代わって特別第一区公署が旧租界の管轄権を引き継いだ。ただ、傍点に示した記述は、一般開港地を指すのか、公共租界を意味するのかは、解釈しだいによって、いずれもが判断されるといったあいまいさを含んでいた。

また、旧オーストリア＝ハンガリー政府とは、九月サン・ジェルマン条約が交わされ、その第一一五条で同様にいっさいの設備、公共資産を中国に譲与すること、第一一六条で「オーストリア＝ハンガリー租界接収は正当な権利であること」が明記され、これを機に同租界の工部局が廃止され、ここに第二特別区が設置された[47]。

ところが、ヴェルサイユ条約では山東権益を日本に譲渡することが認められたため、北京政府は、この条約に調印することを拒否した。その結果、一九一九年の宣戦布告とともに強行されたドイツ租界の接収が、国際公法上の違反であると、オランダ政府が非難し続けたことに対し、接収を合法化する国際条約を確定する機会を逸することになった。[48] 中国側のドイツ租界接収をめぐるオランダ政府などとの紛争は、こうして迷走し、解決するすべさえなく、継続されることになってしまった。

（四）ロシア租界の接収

第一次世界大戦の影響は、ロシアにもおよび、二月革命を誘発した。一九一九年七月の第一回カラハン宣言では、ソビエト政権は帝政時期のいっさいの在華特権を放棄し、ロシア租界を自主的に返還すると表明した。ただ、北京政府はロシアと交戦状態になく、在華ロシア人は、ドイツ人やオーストリア人などのような「敵国人民」の範疇に入らなかったため、租界の接収は、武装接収したドイツ租界の場合とは異なり、平和裏に進められた。このことは、ロシア租界の維持、自治権の容認など、その後の市政運営に大きな影響を及ぼすことになった。

一九〇〇年に設置されたロシア租界は、海河の右岸にあり、イギリス、ドイツ各租界の対岸に位置し、租界地区の東南端にあった（図1）。ロシア租界では、工部局が立法、巡捕、消防、衛生、徴税、土地・家屋の管理など多岐にわたって運営管理を担った。工部局は、領事が総董を務めながらも、選挙で選出された三名の董事が運営した。董事は、成人のロシア人または他国の外国人で、かつ納税者、土地所有者、企業経営者を被選挙資格の要件として、選挙によって選出されたため、かれらの意向は重視された。このほか、ロシア租界には常年会があり、租界の予算、決算、借款、捐税の変更、公共事業などの審議をおこない、その決議と領事との意見が一致しないときは、ドイツ租界の規定と同様、北京駐在公使に最終的な判断が任された。そのため、領事権限は、相対的にそれほど強くはなかったといえる。また、警察および司法事務は、基本的に工部局捕房が司っており、重大事件の時にだけ領事裁判権が用いられた。[49] このほか、一九〇二年北京のロシア公使館が閉鎖してからは、出租地のことはロシア領事が露仏合弁の華俄道勝銀行（Sino-Russian Righteousness Victory Bank）と協議して処理していたため、同行の意向は租界運営に相当大きな影響をおよぼしていたとみられる。二月革命以降、段祺瑞政権は臨時政府を承認し、十一月ソビエト政権成立後もその方針は変わらなかったため、北京の公使と各地の領事は以前と同様に職権の行使を継続することが容認されたのである。(50)

その後の約三年間、こうした状態に変化はなく、一九二〇年九月二十三日付の大総統令で、徐世昌はようやく各部、各省区長官に対して、ロシア公使および領事の待遇を停止し、ロシア租界や中東鉄道用地の接収や、在華ロシア人に対する保護を、暫定的ながら実施することを公表した。(51)こうして、領事権、在華ロシア人をめぐる業務は、特派員もしくは交渉員が引き継ぐことになった。

天津では、大総統令公布後の二日後、直隷警察庁長楊以徳、特派直隷交渉員黄栄良が、交渉署、警察庁の職員数名を率いて、ロシア租界の管理に乗り出した。まず、工部局の帳簿を接収し、工部局長みずからがロシア国旗を降ろし、局員に中華民国の国旗を掲揚させた。ただし、このときまだ工部局は廃止されてはいなかった。また、ロシア租界の捕房は、すべて中国の警察の服章に変更させ、中国側は警察権の一部を接収できた。天津駐在米国領事の報告によれば、ロシア租界の巡捕が着替えた制服は百名分ほど用意されていたというから、租界の元巡捕一二八名から退職者一四名を引くと、現有の巡捕がほぼそのまま警察員に就任したことになる。(52)これをみると、警察行政はそれほど変化したとは考えられない。

領事館については、ロシア領事ティドマン（Peter H.Tiedemann）が病気療養中であることを理由として、領事館の使用が認められ、しかも翌年から二年間近く、彼は旧ロシア租界運営顧問としての業務を続けたのである。驚くべきことに、その後一九二四年ソ連の新しい領事が着任するまでの五年間、本国政府と異なる臨時政府系の領事もしくは旧領事館員が領事館に滞在し続けるという、じつに奇妙な政治空間が生じた。ただ、東アジアでは、このことは特異な例とはいえなかった。たとえば、函館では、一九二五年に日ソ基本条約が調印されるまで、旧ロシア帝国領事レベデフが領事としての業務を続けていたのである。シベリア出兵が中止されるまで、東アジアの政治空間は、本国と領事館の主権が異なるというねじれ現象があったことは興味深い。

また、旧ドイツ、オーストリア＝ハンガリー租界接収時の反省から、租界接収後の方針としては、領事の職権を除いて、その他の租界自治権については、緊急性を必要としない限り、当面変更しないとされた。その結果、租界工部局および同董事会は廃止されず、その代わりに董事会長には黄栄良交渉員が兼任することで、旧制度の存続をはかる案が浮上した[53]。この日、黄栄良交渉員は、楊以徳警察庁長と相談して、直隷省長に次のように上申していた。①北京政府の指示があるまで「ロシア租界」という名称は継続させる、②該租界内に従来あったいっさいの管理章程、警章税則は当面旧来通りとする、③該租界内の警察管理、警察処分の実施およびその他の行政処分は、当該官庁がこれを執行する、④該租界内の自治事項は官庁の監督を受ける、⑤租界内の外交事項は交渉署と協議して処理する、⑥交渉署が在華ロシア人と他の外国人との交渉事項を掌り、裁判はロシア人が被告になっていた場合、および中国人とロシア人の間の民事事件・刑事事件の場合、その訴訟は一律に中国の司法官庁で裁判に帰する[54]。国務院会議で決定した「管理俄僑辦法」第六条でも、ロシア人が法を犯し秩序を騒乱させる行為があるか、その嫌疑がある者で、必要と認められた場合は、国外退去または厳重なる監視の実施、もしくは制裁を命じることができるとの規定があった[55]。こうして、少なくとも領事権の停止とともに領事裁判権は接収されたが、その他の旧租界行政は依然工部局董事会が監督権限を維持することになった。これは、明らかに通常いわれている租界の接収とは異なる事態であった。

十月五日、黄栄良交渉員は、ロシア租界工部局董事と第一回会議を開催した。董事側は、ロシア租界の地位を変化させないために、董事会会長に交渉員を就任させる代わりに、①工部局巡査部（別称：警察監督処）総巡および部員の職権をすべて回復し、直接董事会が管理・監督すること、②総巡は董事会の命令を受けるとともに、董事会への報告義務を負うこと、③旧ロシア租界の租税はすべて董事会が管理し、徴税は総巡および部員が管理すること、などを伝えた。[56] さらに、十月に黄栄良交渉員は、ロシア領事を代行することを天津駐在各国領事に連絡し、[57] 二カ月後の十二月二十九日に正式に董事会会長に就任した。租界運営の方針は、外交部総長から領事団の首脳陣宛の文書で示されたように、「租界内では工部局がなお現行制度に照らして継続して運営する。警察は、地方治安に関係するという法理によって、中国政府が厳重な責任を負うべきである。ただし、いわゆる工部局董事に属す自治範囲の権限は侵してはならない」と定められた。[58] こうした旧制度温存という方針は、接収した警察権限を執行する中国警察委員と工部局が回復させた巡査部との紛争の火種になった。同時に、工部局董事会および巡査部を管理する黄栄良交渉員と、ロシア租界警察員を通じて華界同様警察権を執行する天津警察署長楊以徳との間の権力闘争という側面を内包していた。さらに、その背景にはそれぞれの上級機関である外交部と内務部との間の確執があったと考えられる。租界の接収という国権の回復にあたっても、在地の権力紛争、中国政府の縦割り行政システムの弊害が反映して順調に進まなかったことは、記憶に値する出来事であった。

二　特別区規定をめぐる中外紛争、そして北京政府部内の対立

（一）内務部による「天津漢口特別区市政局章程」の策定

第一次世界大戦後の講和条約を機に、従来の機構が改革され、特別区の市政が開始されることになった。旧ドイツ租界、旧オーストリア＝ハンガリー租界は、それぞれ特別第一区、第二区に変更され、いずれも天津市政府籌備処に

直属する特別区公署が、省長公署および内務部の監督下で行政事務をおこなうことになった。

当面の問題は、同盟国側の機関や国民が所有していた資産の処理についてだった。天津や漢口の租界、北戴河などの家屋を他国人に売買または質入れするときどうするかが問題になったが、その名義変更に当たって管理敵国人民財産事務局の許可が必要だとの指示が出されただけだった。そこで、一九一九年八月、財政部は管理敵国人民財産事務局の要請に応じて、名義変更をめぐる「特別区契税施行規則」および「契税特別施行規則」の草案を策定した(59)。外交部は、外国人の反発を回避するため、後者の規則に対して外国人が租界および一般開港地内にある同盟国側国民の土地・家屋の名義変更をおこなう際の手続費用の額をカットするなどの修正を加えるように財政部に伝えた(60)。財政部は、この外交部の修正案はとりあげなかったが、その後再度両規則を検討した。

一九一九年十一月、これらの規則は、外交部や国務院の了承をへて、国務会議で決議され、十二月に大総統教令として「特別区契税施行規則」と「特殊財産契税規則」が公布された。前者の「特別区契税施行規則」の第三条では、「すべての外国人は、特別区内において一般開港地の賃貸や建造の例によって、中国人あるいは外国人の土地・家屋を賃貸できる。賃貸するときは、もとの所有者とともに交渉署に申請し、派遣員の測量後契約書を受領し、契約税として賃貸料の六%を納入しなければならない」（傍点は筆者）とされ、とくに外国人の税額だけが明記された。第四条では、増築・新築の際にも、工費の六%を契約税として納めなければならないことが加えられ、第五条では、六カ月以上契約税を納めない場合の罰則規定を盛り込んで徴税の効率化を図ろうとした。後者の「特殊財産契税規則」では、ドイツ人やオーストリア人所有の土地・家屋の名義変更にあたっては、上記の費用に加えて賃貸料の一%を、増築・新築の場合は、工費の一%を、それぞれ管理特殊財産事務局あるいは清理局に支払わなければならないとされた(61)。

これらの規則が公布されると、領事団は、中国人と外国人との間で契約手続きや税金についての取り決めが違うことや、両規則に定められたさまざまな契約税が合理的ではないと反発した。もっとも強調されたことは、動産・不動産の名義変更が、傍点に記したように「一般開港地の賃貸や建造の例によって」おこなわれるため、すでに外国人が区内に取得している土地・家屋に永代貸借権が認められるかどうかにあった。万一これが認められなかった場合、特別区内に外国人が所有する資産がすべて没収されることになるため、天津駐在領事団からすれば、絶対に譲れない一線であった。領事団は、まずは北京の公使団に対して、北京政府に厳重に抗議するようにと要請した。しかし、北京公使団のほうは、各国領事に対して、いたずらな混乱を避けて「特別区契税施行規則」を遵守するように指示し、地域問題を外交問題化することのないようにと伝えた[62]。公使団にとっては、特別区の契約税問題は、地域で処理される事柄にすぎないと見なされたのである。いずれにせよ、中国国内における外国側のオフィシャルな外交機関の意思決定システムがうかがえる興味深い事例である。

さらに、一九一七年三月以来検討されていた特別区の市政運営に関する章程については、一九二〇年十二月内務部が策定した「天津漢口特別区市政局章程」が、政府部内での審議をへて、修正公布された。主権の返還を強硬に主張していた内務部も、各部との協議の過程で妥協せざるをえなかったが、外交部のように特別区を一般開港地と同一行政区と見なすことはなかった。このことは、章程の公布に当たって、内務部が記した以下の「修正市政局章程理合書」にみられる[63]。

各該区のいっさいの機構は、すでに内地と同じでなく、また一般開港地とも、いささかその性質が異なっている。すみやかに名称を確定して、管理を刷新し、完全なる主権を保ち、市政の模範にすべきである。（中略）当内務部はこれまでのやり方を折衷し、詳細なる章程を規定し、外交、農商、交通各部に回覧して意見を求め、国務会議においても共同討論をおこない、これを修正のうえ公布することが決議された。そこで、内務部においてまとめて編集して、「特別区市政局章程」全一一条とすることになった。わが国の主権と外国商人の権利を、ともに拡張させると同時に、適切に施行できることを希望する。

この公文に附属された内政部策定の「天津漢口特別区市政局章程」の主要な条項は、次のとおりである[64]。

第二条　市政局ニ局長一人ヲ置キ内務部ヨリ呈請選任シ又主任一人ハ内務部ノ認可ヲ経テ選任ス
第四条　市政局ニ評議会ヲ組織シ局長ヲ以テ評議長トナシ評議員八名ヲ置ク局長ハ区内ノ内外住民中相当ノ不動産ヲ有スルモノ或ハ比較的納税多額ナル者及公事務ニ経験ヲ有シ且名望卓著ナル者ヲ選ヒテ之ニ任ス　但シ評議員ハ少クモ本国人［中国人］四人以上ナルヲ要ス
第六条　区内各種事宜中特別ニ重要案件ニシテ呈明弁理ヲ要スル問題以外ハ先ツ評議会ノ評議ニ附シ過半数ノ投票ニヨリ之ヲ決定シ然ル後局長之ヲ執行スルモノトス……
第八条　市政局ノ地方行政ノ経費ハ各種税捐ヲ以テ之ニ充テ警察費ハ国庫ヨリ之ヲ支弁ス……
第九条　外国人ノ区内ニ在リテ已ニ取得シタル土地ニシテ若シ之カ権利移転ヲ為ス場合ハ改メテ之ヲ永代借地トナシ永代借地権証（地券）ヲ発給ス嗣後外国人ハ区内ニ於テ土地房屋ヲ長期租借スルヲ得ルモ其期限ハ五〇年ヲ超ユルヲ得ス但シ続租スルコトヲ得

この第九条によって、懸案だった外国人の永代貸借権が、五〇年という期限つきながら保証されたのである。

しかし、領事団は、この「特別区市政局章程」に対しても異議を唱え、外交部に対しては特別区関係の章程をめぐって協議会を開くように求めた。この要望をもとに、翌一九二一年八月に開催された会議では、領事団は内務部案に反発し、「市政会章程説帖」を代案とし、とくに外国籍の評議会会員については、市政局長でなく、在華外国商人が推薦して選挙すること、契約税の問題は再考する余地があることなどを提起した。これに対し、外交部は口頭で反駆したが、この会議で取り交わされた意見を取り込み、「市政局章程試行細則」を起草すると約束した。[65]

しかし、その後八カ月がすぎても一向に評議会が成立しなかったため、特別市政は滞った。そこで、外交部は内務部との協議によって、評議会の顧問を設定しないこと、評議会議員については紛争の火種になりがちな人数や国籍の規定を削除することなどの修正草案を策定した。[66]

（二）「天津漢口両特別区市政管理法会議」の開催

一九二二年四月十三日、外交部の曹雲祥らは、内務部の代表が参加しないまま、イギリス、フランス、イタリア、日本各領事館代表四名からなる領事団と、先の「市政局章程」の修正草案をめぐる「天津漢口両特別区市政管理法会議」を開催した。領事団は、修正案に対して、外国人がすでに取得した地産に永代貸借権があること、外国人が取得する地産権には五〇年という期限が明記されながらも、その継続が承認されたことを評価した。しかしながら、①内務部が派遣する市政局長は必要なく、外交部が派遣する交渉司を会長とした統治に一元化し、六名の市政局会員は納税者から選挙で選ばれ、そのうち少なくとも二名は中国国籍をもつこと、②市政局を執行機関とし、評議会を議決機関とするならば、区内の納税額は評議会によって決議すること、③市政局が徴収する地方捐税は、市政運営に用いることなく、もっぱら本地の改良および公益事業事務に充当すること、④特別区の永代租地権の期限を五〇年とすることには反対であることなどが主張され、依然修正案には賛成できないことが表明された。[67]六月、領事団のこうした要求に対し、内務部は旧専管租界を接収した以上、その主権は中国にあること、それゆえ評議会員六名のうちわずか二名を中国人とする案は承認できないこと、一般開港地の租借期限が五〇年であることを考慮すればこの期限は妥当であるなどとして反駁した。[68]こうした両者のやりとりで描き出せることは、領事団は特派直隷交渉員を通じて影響力を強化しようとしたのに対し、北京政府、少なくとも内務部は、いっさいの行政組織を現行の市政によって執行し、土地の処分権も確保することで、領事団による主権の介入を回避しようとしたことである。内務部と交渉員の立場の違いは明らかだった。

さらに、六月二十三日、再び外交部と公使団との間で、「討論津漢特区管理法会議」が開かれ、公使団は評議会問題と契約税問題について、次のように逐条意見を表明した。特別区市政局については、内務部が局長を派遣する必要性は認められず、それよりも市政局員（評議会員）に中国人が半数を占める華洋共同で運営する模範地区となるべきだと主張した。また、「特別区契税規則」に対しては、外国人が特別区で土地・家屋を借り受けるのに賃借総額の六％を支払うことに承認しながらも、さらに登記費を納入しなければならないことには承服できないこと（第三条）、家屋の新築・増築に対して、税金を納めるほか、家屋契約書を受けることは、特別区の行政範囲を超えるものであり承服できないこと（第四条）、納税と契約の期限について、本修正規則公布後六ヵ月とするとの条文は穏やかにするべきであること（第五条）などの異議を申し立てた[69]。

外交部は、この会議記録を内務部に送ったが、四ヵ月がすぎてようやく内務部から返答がだされた。内務部としては、主権が回復している以上、租界での永代貸借権と「特別区契税規則」のそれとは違いがあるのが当然であり、草案の第三条で外国人がみずから所有する土地・家屋を賃借するときは永代貸借証を発行するのに対し、中国人所有の土地・家屋を賃借するときは別に貸借契約書を発行するよう求めた[70]。これに対し、イギリス領事からは、外国人が特別区内の土地・家屋を租借するとき、その所有者が外国人であるか中国人であるかによって手続きが異なることはわずらわしいので、第三条の冒頭の部分を「およそ外国人が特別区内で条約にのっとり、中国人あるいは外国人の土地・家屋を永代貸借するには……」と改めるべきだと主張した。これに対し、内務部からは明確な回答がなく、事態が進展しなかった。そこで、祝惺元交渉員は苛立ちを覚え、外交部宛に上記草案と在津領事団が修正した第三条の条文を国務会議に提出し議決公布し、早期に施行することが合理的であるとの意見書を提出した。[71]以上のように、内務部は永代貸借権を最小限度の適用範囲にとどめようとしたのに対し、領事団や特派直隷交渉員は特別区内全域でもこれを認定すべきだと主張しており、両者の見解は平行線をたどった。こうしてみると、特別区の管轄権は、中央レベルでは外交部か内務部か、どちらが所有するかで対立があったことが明らかであり、さらにこのことは特別区が租界に類似した行政区なのか、華界の行政区により近いのかについて、中央政府じたいが判断を下しかねていた様子が見受けられる。

翌一九二三年二月に内務部から出された函文では、義和団事件後の天津では華界においても外国人が永代貸借権を取得しているとの祝惺元交渉員の指摘に対し、外交部に対して通商条約によって外国人が華界の土地・家屋に永代貸借権を得ることが可能かどうか調査を求めるとともに、華界に事実上永代貸借権が設定されていても特別区は新しく接収した土地であるため、慎重に処理しなければならないと反論がだされた。[72]翌月、外交部は内務部の意見に対し、次のように返答した。天津条約（一八五八年）第一〇款および北京条約（一八六一年）第四款の規定により、漢口、天津を条約開港地と定めているが、条約開港地であっても租界地区以外に外国人が居住し貿易する権利があるのかは数十年来未解決の懸案であり、実際には「ドイツ、オーストリア＝ハンガリーは戦争によって、すでに（租界の）事業権を喪失し、各国が二つの特別区に所有する永代貸借権の権利もこれにともなって失われた。……いずれにせよ、この案の処理はずいぶんと引き伸ばされてしまい、速やかに解決することで、外国人の譴責や嫌味から免れるべきである」、と。[73]つまり、外交部としては、国際公法上の解釈や法的合理性の問題は依然として放置したまま、外国との紛争に妥協点を見出し、早期に終結させるように提言したのである。

五月、内務部は、外交部の見解を受けて、それまでの強硬姿勢を軟化させ、特別区という名称でもって条約開港地から特別区を特殊化して除外せず、妥協的対策をとるしかないことを暗示した。あわせて、未設置の評議会に関する選挙規則草案の策定および審議を、外交部および特別区市政局に依頼した。(74) また、財政部は、この間の両部の対立を憂慮して、外交部に対して特派直隷交渉員が主張するように国務会議に早急に決議を求めるのではなく、再度内務部と調整し妥協案を探るように求めた。(75) この段階では、財政部は、内政部と外交部との調整役の機能をはたそうとしたのである。

この頃、天津の政治状況は、大きな変化のうねりのなかにあった。一九二四年九月からおこった第二次奉直戦争の結果、直隷派は失脚し、代わって奉天派の張宗昌が支援する褚玉璞が直隷督辦代理になり、一九一二年以来一四年間にわたって天津警察庁長として市政運営の実権を握っていた楊以徳が駆逐されたのである。こうした政治勢力の交代劇が、妥協に向かいつつあった特別区の市政建設を再度頓挫させてしまった。

一九二六年二月になって、天津駐在領事団は、土地の貸借期限を認めるか否かについての結論を下さないながらも、ようやく土地評価額六%の契約税を納税することを承認し、「特別区契税規則」に同意した。(76) 領事団が妥協的な態度を示したが、翌年五月、財政部が「修改特別区契税規則草案」を策定して外交部に了解を求めた。名義変更をめぐる契約税については、じつに九年近く交渉が進められていたが、その結論にいたった内容は次のようなものだった。すなわち、草案では、名義変更の手続、契約税額、増改築時の契約税、さらに外国人にのみ求められた登記費など、これまで領事団との経緯を捨象して、すべてが復活して盛り込まれた。また、この修正草案では、あれだけもめていた外国人の永代貸借権については、なんの規定も盛り込まれておらず、(77) 一九一九年八月財政部が策定した「特別区契税施行規則」などと比較しても、「修正」の軌跡さえも見られなかった。このふり出しにもどった財政部案に対し、領事団は当然了承することなどはなかった。結局、北京政府時期には、特別区とは租界や華界と比べた場合どのような行政区画なのかについて具体的な規定が策定されることなく、その権限の範疇もあいまいなままだった。この問題は、一九二八年に政権交代となった南京国民政府に懸案事項として継承されることになったのである。このことは、実際、国権の回復というには、ほど遠い実態であったというほかはないと指摘できる。

(三) 中ソ協定締結による旧ロシア租界の変動

一九二〇年十月、黄栄良に代わって特派直隷交渉員に就任した祝惺元は、本来の外交事務のみならず、領事事務も代行し、さらに工部局董事会長も務め、多忙をきわめていたために、ロシア領事館への問い合わせ事項に対応できていなかった。そのため、祝惺元は、翌年十一月十六日、急遽領事館内に「代行ロシア領事職権辦公署」を新設した。同公署では、前副領事ソコノフをロシア辦事員として招聘し、領事館事務、工部局事務、在華ロシア人にかかわる事務を処理させ、警察治安事項については警察庁長楊以徳と共同して対応させることにした(78)。

代行ロシア領事職権辦公署は、一九二四年中ソ協定が締結されるまでの二年半活動したが、領事館事務が主要な仕事だったようだ。というのも、警察業務については、以下見るように工部局董事会とロシア租界中国警察委員の二重権力状態が依然解決されておらず、また局員の給与の支払いも滞るほど資金不足で、その他の業務に着手する余裕がなかったからである。実際、局員の毎月の経常経費一三〇〇元は、当面直隷省の国家経費歳出予算で立て替えることとされた(79)。

中国側は自治業務のうち警察権限だけを行使すると主張したのに対し、すでに見たように工部局総巡の権限は回復していたし、また領事団は市政事務に関するいっさいの権限は租界工部局董事会が継続して所有すると主張しつづけており、両者の主張からは解決の目途が見えなかった。実際に、市政局が区内の市政事務を処理しようとすると工部局董事会の手をわずらわせたし、工部局董事会が警察事件に直面したときには市政局に直接連絡しないわけにいかず[80]、市政は二つの統治システムのなかで交錯した。工部局董事会は、しばしば祝惺元交渉員を通じて、北京政府に対して警察権を一元化せよと抗議したが、これが認められることはなかった[81]。

一九二一年二月、この二元化された警察権問題は、前租界巡捕官ゼブラック（N.A.Zebrak）が中国側の警察員幇辦に就任することで解決するかにみえたが、董事会はなお強硬な姿勢を崩さなかった。翌年にも、中国側警察委員が「管理警察辦法」を策定して、工部局巡査部の機構を警察委員に吸収することで警察権の統一をはかろうとしたが、これも董事会の強い抗議によって成立しなかった。両者の対立には、租界の運営主体が工部局だったため、領事権が特派直隷交渉員によって代行されても、工部局董事会が消防、衛生、徴税などのほか、同局捕房がおこなっていた警察業務を管轄するかぎり、さしたる影響がなかったことがあった。一九二〇年十月から一九二三年十一月までの三年間の警察権をめぐる状況は、今日残っている「俄工部局董事会歴次提議警権重要問題議案」に記載されている工部局董事会、その所属下の巡査委員会、巡査経済委員会の多数の会議録を通じて窺い知ることができ、総巡の名義、警察の識別番号、警察権限の内容などについての議論はなされても、警察権の統一にむけては進展していなかったことがわかる[82]。

代行ロシア領事職権辦公署の資金不足に対する打開策としては、領事統治時代の官有地を売却する方法しか残されていなかった。ところが、この売却をめぐっても、董事会は領事権停止以前のように華俄道勝銀行と共同して計画するように求めたのに対して、代行ロシア領事職権辦公署は官有地の売却費について中国官立銀行に預けて租界運営のための特別支出金にすべきだと主張し[83]、両者の言い分が対立した。また、七月ソ連政府秘書は、外交部朱鶴翔秘書との接見の際、ツァー・ロシアの継承権を有するソ連政府との会議を開催せず、工部局董事会とも協議しないまま、北京政府が独断でこの旧租界官有地を処理しようとしていると抗議した。(84) さらに同月、華俄道勝銀行からも外交部宛に、領事統治時代の「天津ロシア租界土地競売章程」を添えて、これまで該行がロシア領事と協議して出租地を処理していたことが強調され、その意向を無視して公有地の売却および競売がおこなわれることは抗議やむなしと伝えられた。(85) 以上のように、領事権停止後のロシア租界においても、工部局董事会、工部局捕房、華俄道勝銀行、さらにはソ連政府の利害がからんでおり、紛争の局面も複雑だった。

こうした錯綜した状況を打開したのが、一九二四年五月三十一日、顧維鈞とカラハンが締結した「中ソ協定（中俄解決懸案大綱協定）」だった。周知のように、ソ連政府はその第十条で、旧ツァー・ロシア時代の各種の協約、条約、協定などによる中国国内におけるいっさいの権利に関する特殊権利および特権を放棄するとし、あわせて「協定附属声明書」第四項では、この権利を第三国に移譲しないことを表明した。(86) 協定締結後、六月二十六日に旧ロシア領事館はソ連代表に引き渡され、この三年間領事権を担当した代行ロシア領事職権辦公署も同月三十日に廃止された。(87) その後、各種捐税については旧来の章程に准じるとした以外、いっさいの事務は特別市政局に引き継がれることになった。(88)

中ソ協定締結を契機として、同年八月六日、天津ロシア租界はようやく正式に接収された。当日、交渉員兼董事会会長を務める祝惺元、工部局董事バンディネ（R.Bandine）ら六名の董事会会員が全員集合し、董事会最後の会議が開催された。まず、祝惺元に対しては、租界体制を維持した努力を賞賛し、その後で工部局はロシア人僑民の財産、権利を保護するような章程を策定することを希望して解散した。該界事務は、特別区市政局が派遣した丁宏荃主任に移管され、ロシア租界は第三特別区と改称された。(89) こうして、一九一七年の革命以来八年あまり、本国とのかかわりもなくロシア租界の運営を司ってきた工部局はついに解散した。さきの官有地売却問題も、財政庁が管理し、直隷省銀行に委託された。

翌九月、ソ連が派遣した新しい領事タヤロニク（音訳：塔耶儒尼克）が着任するとともに、ソ連人に関する領事業務が引き継がれ、直隷交渉署から人口登記簿、財産登記簿の引き渡しを受け、領事事務における交渉員の役割は終焉した。(90) 警察を含め二元化されていたシステムも、特別市政局の手によって、ようやく統一的管理が実現する条件が整ったのである。

ところが、これで特別第三区の運営が円滑に進んだのではなかった。このとき天津の金融市場が逼迫したため、直隷省銀行はさきに委託された官有地を担保として発行した紙幣を天津銀行公会に引き受けさせた。ところが、この官有地は、奉天派の張宗昌総司令が裁兵処理のため、勝手に米国系豊業公司と土地売買に関する契約の担保としていた。銀行公会は、担保物権の横流しだとして、直隷省銀行に厳重に抗議するとともに、債権処理の方法を張学良に直訴した。また、旧官有地処理問題は、ソ連の手を離れた問題だったが、ソ連大使は着任早々の特派直隷交渉員熊少豪に事の経緯の説明を求めた。(91) これは、治世の欠如を示す一例にすぎないが、奉天派治下の三年間、特別第三区の市政は、ほかの特別区と同様、資金不足と明確な方針の欠如から、目立った成果はうまれなかったのである。

おわりに

第一次世界大戦中、そして戦間期を通じて、北京政府は、天津や武漢で、初めての租界接収を経験した。ただ、大戦終結直後においては、とくに天津や武漢の領事団が、租界接収、特別区設置をもって主権の返還とは捉えず、幾つかの共同租界案を提案して、租界体制の維持・再編に努めようとした。これらが棄却されてからも、ドイツ租界やオーストリア＝ハンガリー租界では、天津駐在領事団や北京公使団の圧力もあって、オランダ委員や特派直隷交渉員が領事権限を代行し、工部局体制の存続がはかられた。旧ロシア租界でも、領事館内に代行ロシア領事職権辦公署が設置され、短期間ではあったが、旧職員が領事業務を代行した。この時期、租界の接収が宣言された後でも、旧来の利権をいかに維持するかに終始していたといってよい。

しかし、一九一九年のヴェルサイユ条約、さらに一九二四年の中ソ協定が締結され、租界秩序の回復が困難であることが決定的になってからは、特別区の市政行政は、確かに中国側に移管されていった。このことは、一九二八年十二月、在天津総領事加藤外松が田中義一外務大臣宛に提出した「在支那人市政費等負担状況取調方ニ関スル件」からうかがえる。[92]この調査書によれば、華界や特別第一区から第三区における住民への課税には、公安局が徴収する房捐（家屋税）、舗捐（営業税）、公益捐、衛生捐、街燈費と、天津市政府が管理徴収する捲燃税（一種の燃料税）、アヘン税、入出口税（流通税）などの二種類があり、道路築造のような場合は臨時費が徴収されていた。街燈費、衛生費、臨時費は、ほぼそれぞれの名目の支出に充てられたし、房捐、舗捐、公益捐は公安局の経費、天津市政府が徴収する税金は市政費に充当された。市政費収入は、一ヵ月約二〇万元あり、その使途は一六万元が行政機関や軍機関の費用に充当され、残り四万元が公園、道路、下水道、市区改築、図書館、講演会場などの費用に充てられたと報告されている。特別第二区の公署からの情報では、毎月市政府から給付される費用は八〇〇〇元で、そのうち人件費二〇〇〇元、警察費四〇〇〇元が支出として計上され、道路築造のような場合は臨時費として年度ごとに支給されたという。さきの調査書では、華界や特別区に居住する邦人の月額の税捐負担は、街燈費七・七元、衛生費一・四元、舗捐税約二八・九元であり、そのほか道路修築の寄付名義で、中日学院などが年額三〇〇元を納めたと報告されている。これをみれば、税額は、中国人と外国人とでは異なり、領事団が危惧していたように外国人への課税額が大きかったことがわかるが、税金の徴収や市政費の支出のやり方には、華界と特別区との間で、特段の違いは見られなかったように思える。

ただ、特別区の建設に対する評価は、いろいろな見解があったことも事実である。一九二〇年九月の時点で、漢口の瀬川浅之進総領事は、「道路ノ修理又ハ街燈ノ設備等独逸ノ管理時代ニ比スレバ不完全ナルコト」と指摘しているのに対し、同じ月の天津の船津辰一郎総領事の報告では、「今日迄ノ所警察行政何レモ頗ル好成績ニテ別段非難ノ声ヲ聞カス殊ニ道路ノ如キハ独逸時代ヨリモ寧ロ改善サレタル傾アリ」とある。(93) 漢口と天津の違いかとも思うが、一九二二年十二月の特派直隷交渉員は、天津の特別区市政局は、市政運営や難民救済にかかる経費が増大の一途をたどり、自治事務の遂行は滞っていることを訴えている。(94) 特別区の市政建設の評価は未知数の部分もあるが、現在の都市の状況からみると、本章で取り上げた三つの特別区一帯の開発は、隣接地域と比べて、やはり遅れていたことは歴然としている。一九二〇年代末から日中戦争が勃発する一九三七年まで、天津市内に残ったイギリス、フランス、日本、イタリアの四つの租界や、華界の南市一帯や河北新区などは、急激な都市化が進展した時代であり、この時期の動向が、その後の天津の都市の形態、機能に与えた影響は決して小さくはなかった。(95) しかし、特別区は、こうした都市化の波に乗り遅れたとしか思えない。

ともあれ、特別区における行政権限や警察権が中国側に移管される過程で、別の問題も残った。特別区では、租界と同じように、外国人は、土地・家屋の永代貸借権が承認されるのか否かという問題である。租界に動産・不動産を所有していた外国人は、みずからの資産を守るためには、永代貸借権を確保できるように主張するのは当然であった。中国側でも、特派直隷交渉員のように、一般開港地をめぐる条項で特別区を規定し、特別区にも外国人の永代貸借権の設定や存続が可能であることを主張する者さえいた。結局、特別区における永代貸借権の可否をめぐる問題は、北京政府時期には解決できず、九年近く交渉がつづいたのである。

こうした問題は、特別区内部の事情だけが原因ではなかった。北京政府部内の官庁どうしでも、都市の主権、開埠地、特別区などの理解が異なっていたことを本文では確認できた。たとえば、内務部は、主権の回復を第一義として、特別区に「寄居」[96]する外国人が該区の問題に干渉することを好ましく思わず、理念的には特別区を開埠地から切り離すことで、主権の確立を図ろうとしたのである。「わが国は、ただ回収という虚名を負うだけでは、その弊害に耐えることができない」[97]ということばが、内務部の立場を顕著に表わしている。また、財政部は、領事団との交渉を早期に終結させることは望みながらも、早急に税収をあげるために九年間の外交交渉の積み重ねを無視するかのような「修改特別区契税規則草案」を策定した。一方、外交部は、接収後の租界を共同租界にすることは阻止したが、領事団との交渉の過程で特別区を一般開港地と同一視し処理するという、ある意味で現実路線を選択したのである。しかし、外交部下の特派直隷交渉員は、領事団や工部局董事会の立場に立ち、内務部の理念とは真っ向から対立した。

北京政府のあとを引き継いだ南京国民政府は、旧ドイツ租界、旧オーストリア＝ハンガリー租界、旧ロシア租界に設置された三つの特別区を存続させながらも、新たに「各公署共同組織条例」ならびに「同共同辦事細則」を制定し、外国人の参政権はいっさい認めない、いわば中国側の専管行政区という性格を明確にした[98]。第一次世界大戦期から北京政府が解決できなかった問題が、ここに解決されたかに見える。ただ、南京国民政府時期においても、政府部内の官僚主義的な縦割り行政の弊害が解決されたわけではなかった。

以上のように、列国の在華利益を「帝国主義」「列強」という枠組みで一体視し、租界をその「分身」として捉えることは妥当ではなく、政府、地域、店舗や企業、集団、個人、それぞれのレベルを通じて、租界の問題を詳細に検討してこそ、各国の（ときにはその内部に矛盾さえはらむ）在華システムの複雑な構造がみえてくるのである。本章が基礎とした論文を発表してから、すでに八年が過ぎ去ろうとしているが[99]、都市全体の管理システム、アジアの開港都市、世界各国との関係から、中国の租界を検証するという手法は、依然として課題であり続けている。

［注］

以下の引用符号のうち、〇三－一六は中央研究院近代史研究所檔案館所蔵外交部檔案「租地租界檔案」、〇三―三二は同「欧戦檔案」、〇三－三六は同「中俄関係檔案」に分類されている文書を指している。

（1）日本政府が敷設した「帝国線」は、一九一二年末から二年間の交渉を経て合意に至り、一九一五年一月一日から通信を開始した。ただし、デンマーク系大北電信会社が所有する特許権の問題がからみ、「帝国線」で利用できたのは和文電報のみだった（拙稿「長崎上海間『帝国線』をめぐる多国間交渉と企業特許権の意義」『国際政治』第一四六号、日本国際政治学会、二〇〇六年十一月を参照のこと）。

（2）日本における租界研究は、租界回収という国策的要求から一九二〇年から三〇年代に凝集している。本章執筆にあたっては、斎藤良衛稿『開市場ノ性質』外務省、一九二二年：外務省条約局第二課『支那ニ於ケル外国人ノ居住営業ニ関スル条件』一九二五年：同『租界ニ於ケル行政組織竝土地制度』一九三〇年：植田捷雄『支那に於ける租界の研究』巌松堂書店、一九四一年を参考にした。中国では、第一次世界大戦終結後の租界回収と五四運動による民族主義の台頭により、最初の租界研究ブームがあった。南開大学政治学会『天津租界及特区』商務印商館、一九二六年は、その代表的著作のひとつである。

（3）租界研究が、研究者の同時代認識のもとに進められていることを、川島真「領域と記憶――制度的に見た租界・租借地・勢力範囲」（貴志俊彦・谷垣真理子・深町英夫編『模索する近代日中関係―対話と競存の時代』東京大学出版会、二〇〇九年）は指摘している。

(4) 拙稿「天津租界電話問題をめぐる地域と国家間利害」(曽田三郎編『近代中国と日本——提携と敵対の半世紀』御茶の水書房、二〇〇一年)では、租界間、租界と華界との関係について言及し、本章では旧租界と特別区、租界間の問題に触れているが、なお検討する課題は多い。

(5) 中国や日本における租界史研究が、「一都市史観」に陥りがちであることは、拙稿「中国都市社会パラダイム・モデル構築に向けて」『比較日本文化研究』第五号、待兼山比較日本文化研究会、一九九八年のなかで批判している。筆者の問題意識は、植田捷雄が総体的な租界像を研究する必要性を提起したことや(前掲『支那に於ける租界の研究』、五頁)、北京政府の外交の総体を明らかにすべきだという川島真の提言と共通する(川島真「北京政府の非列強外交」、中央大学人文科学研究所編『民国前期中国と東アジアの変動』中央大学出版部、一九九九年)。

(6) 領事は、パスポートの発行、自国民保護など狭義の領事事務のほか、租界内の行政権、領事裁判権、領事警察権、徴税権をめぐる広範な権限を有したが、地域ごとの領事支配の実効性はさまざまだった(植田捷雄『在支列国権益概説』巌松堂書店、一九三九年、第五章)。以下にみるように、領事、工部局による租界統治の形態は、当然接収後にも影響したのである。

(7) 一九二〇年十二月十五日発、内務部→大総統、呈(『政府公報』第一七四〇号、一九二〇年十二月十九日)。

(8) 一九二三年二月四日収、内務部→外交部、咨(〇三－一六、五八(六)、二六三頁)。

(9) 近年の中国の租界史研究では、こうした外交交渉を『大公報』『申報』などの新聞史料だけを典拠としていることで、政策決定のプロセスを軽視し、事実の結果のみを論じるという傾向にある。たとえば、費成康『中国租界史』上海社会科学院出版社、一九九一年、四〇〇頁:張洪祥『近代中国通商口岸与租界』天津人民出版社、一九九三年、二七七、二八一頁:尚克強、劉海岩『天津租界社会研究』天津人民出版社、一九九六年、二六頁:天津市地方志編集委員会編著『天津通志・附志・租界』天津社会科学院出版社、一九九六年、六二－六四頁など。しかし、租界史研究に限らず中国政治史研究において、政策論、制度論を取り上げる以上は、政策決定過程を記した檔案の利用は不可欠である。その点で、近年の檔案利用に対する批判のうちに、妥当性を欠けるものが散見されることは遺憾である。

(10) 通商条約の規定によって、条約港都市における永代貸借権の適用区域が租界内に限定されるとする中国側と、租界を含む海港都市全体におよぶとする外国側との間では、清代にも訳処と外交部との間で戦わされたが（〇三－一六、五八（六）、三三一頁）、一九二〇年代にいたっても法解釈をめぐる異論があったことの共通性は重視すべきである。なお、租界における土地権については、前掲『租界ニ於ケル行政組織竝土地制度』一六－二〇頁を参照のこと。ただし、業種（地皮）権は土地所有（地産）権と同一だとする観点は正しくはない。一八五八年の清米天津条約第一条では、外国租界の地主権は中国内務部に属し、行政権は租界国にあるとされており、租界とはいえ、実体は政治的租借地であると規定されている（この業主権に相当する概念として、戦後の沖縄・小笠原で示された残存主権 residual sovereignity を想起されたい）。この天津条約は、中国側からすれば租界＝政治的租借地という論拠の法的根拠であり、その後の租界返還交渉のなかで繰り返し引用された。これに対し、借地国側は租界＝割譲地と位置付けたばかりではなく、租界接収後もその地の排他的特権の維持に努めた。両者のずれは、主権の適用範囲、とりわけ土地への権利が地面、地底のいずれを想定するかに相違があったことによると推測される。

(11) 一九〇二年十月、イギリス領事が天津海関道唐紹儀に覚書を提出したところ、北洋大臣の批准を得て外国商人は租界外の中国人の土地・家屋も永代貸借できるようになった（一九一四年十一月二十五日収、特派直隷交渉員→外交部、詳、〇三－一六、五四（二））。

(12) このほか、北京の国家図書館が所蔵する清末の『（絵呈）天津徳国租界残留公所房基図』、『天津英徳法租界全図』などの地図や絵図が参考になる。
(13)『政府公報』第四二二号、一九一七年三月十五日。
(14)前掲『天津租界及特区』九、九一頁。一九一五年十二月二十八日発、特派直隷特派員→外交部通商司、函の附属文書「天津徳租界章程」(一九〇六年一月十八日)による(〇三‐一六、五四(一))。これには天津の外国租界の章程がすべて附属されている。
(15)一九一七年三月十九日収、特派直隷交渉員→外交部、函(〇三‐三六、一三〇(四))。
(16)『大公報』一九一七年三月十六、二十八日。
(17)一九一七年三月十七日収、特派直隷交渉員→外交部、電、および同日収、直隷省長→外交部、電(〇三‐三六、一三〇(四))。
(18)『大公報』一九一七年三月十八、十九、二十四日。
(19)一九一七年三月二十四日収、和貝使→外交部、照会(〇三‐三六、一三〇(四))。
(20)前掲『支那に於ける租界の研究』三九五頁。
(21)一九一七年四月五日収、和館→外交部、照会(〇三‐三六、一三〇(四))。
(22)一九一七年四月二十四日発、外交部→和貝使、照会(〇三‐三六、一三〇(四))。
(23)一九一七年三月二十二日収、特派直隷交渉員→外交部、函および同年四月十六日収、王景岐→外交部、「総長会晤和蘭公使問答」(ともに〇三‐三六、一三〇(四))。
(24)『大公報』一九一七年三月二十三日。
(25)『大公報』一九一七年四月三日。

(26)一九一七年三月三十日収、内務部→外交部、咨(〇三－三六、一三〇(四))。
(27)『政府公報』第五六七号、一九一七年八月十四日。
(28)一九一七年八月二十一日収、内務部→外交部、咨(〇三－三六、一三〇(四))。
(29)前掲、外務省條約局第二課編『租界ニ於ケル行政組織竝土地制度』、六〇三、六〇五頁。ただし、一八六九年－一八九九年、同国の領事業務はイギリス領事が兼任していた。
(30)一九一七年八月十五日収、特派直隷交渉員→外交部、電(〇三－三六、一三一)。
(31)一九一七年九月四日収、直隷省長→外交部、咨(〇三－三六、一三〇(四))。
(32)一九一七年九月十日収、直隷省長→外交部、咨(〇三－三六、一三〇(四))。
(33)前掲『天津通志：附志・租界』、六三頁。
(34)一九一七年十月、狄顧問原擬「特別区管理条例草案」(〇三－一六、三二(二))。
(35)一九一七年八月二十一日収、内務部→外交部、咨(〇三－三六、一三〇(四))。
(36)一九一七年九月十九日収、特派直隷交渉員→外交部、呈(〇三－三六、一三八(一))。
(37)一九一七年十月二日収、特派直隷交渉員→外交部、稟(〇三－三六、一三〇(四))。イタリア領事から直隷特派員宛の華文函文が含まれている(原文は英文)。
(38)一九一七年十月四日発、外交部→特派直隷交渉員、函(〇三－三六、一三〇(四))。
(39)一九一九年七月、フランスをはじめイギリス、米国の反対にあったため、イタリアは五国専門委員会でこれを撤回することを正式に声明した(一九一九年七月十九日収、法京陸専使→外交部、電(〇三－三六、一三〇(四))。
(40)一九一八年十一月二十日収、内務部→外交部政務司、咨(〇三－三六、一二三(五))。

(41) 一九一九年五月九日発、法京陸専使→外交部、電、および同月七日収、法京陸専使→外交部、電（ともに〇三-三六、一三〇（四））。

(42) 胡素文「天津奥租界的設立与収回」『天津文史資料選輯』第二五輯、天津人民出版社、一九八三年九月、一八五頁。

(43) 一九一八年十一月十一日収、和貝使→外交部、照会、および一九一八年十二月四日収、直隷省長→外交部、咨（ともに、〇三-三六、一三八（一））。

(44) 一九一八年十二月八日収、内務部→外交部、公函（〇三-三六、一三八（一））。

(45) 一九一九年一月十七日収、国務院→外交部、公函（〇三-三六、一三一）。

(46) 前掲『在支列国権益概説』、八九-九〇頁。

(47) 南開大学分校檔案系等編『天津租界檔案選輯』天津人民出版社、一九九二年、四六八頁。

(48) 租界接収の法的根拠は、二年後の一九二一年五月二十日国交回復の際締結された「中徳協約」で、ようやく成立した。このときドイツとの間で、ヴェルサイユ条約に規定された在華租界撤廃の条項が追認された（『中華民国史檔案資料匯編』第三輯（外交）、江蘇古籍出版社、一九一九年、九五三-九五五頁）。同じく、オーストリア共和国政府とは、一九二五年十月十九日通商協定が締結され、領事裁判権の廃止なども含めて正式に承認された（前掲『在支列国権益概説』、七九頁）。

(49) 一九二〇年十二月二十九日収、内務部→外交部、函（〇三-三二、四二九）の附属文書「天津俄国租界工部局章程」。

(50) 一九二〇年九月二十八日収、特派直隷交渉員→外交部、呈（〇三-三二、四二九）。

(51)『政府公報』第一六五七号、一九二〇年九月二十四日。

(52) 一九二〇年十月七日収、美館→外交部、函（〇三-三二、四二九）。

(53) 一九二〇年十月六日収、直隷省長→外交部、咨(〇三―三二、四二九)。
(54) 一九二〇年九月二十八日収、特派直隷交渉員→外交部、呈(〇三―三二、四二九)。
(55) 一九二四年三月二日収、直隷省長→外交部、咨(〇三―三二、四三〇)。
(56) 「俄工部局董事会歴次提議警権重要問題議案」(〇三―三二、四三一)。
(57) 一九二〇年十月十二日収、特派直隷交渉員→外交部、呈(〇三―三二、四二九)。
(58) 一九二三年八月二十六日収、特派直隷交渉員→外交部、呈文の附属文書「照訳中華民国政府暫行管理俄租界工部局董事会公函一件」(〇三―三二、四三一)。
(59) 一九一九年八月六日収、財政部→外交部、公函(〇三―三六、一三九(三))。
(60) 一九一九年九月三日発、外交部→財政部、公函(〇三―三六、一三九(三))。
(61) 『政府公報』第一三九〇号、一九一九年十二月二十日。
(62) 一九二〇年三月十日収、特派直隷交渉員→外交部、呈(〇三―一六、三三(三))。
(63) 『政府公報』第一七四〇号、一九二〇年十二月十九日。
(64) JACAR(アジア歴史資料センター)Ref. B02130012000、亜細亜局「在支外国居留地概説/支那問題参考資料」第六輯(外務省外交史料館)。
(65) 一九二一年六月二日収、内務部→外交部、函(〇三―一六、三四(二))。
(66) 一九二三年二月四日収、外交部→内務部、咨(〇三―一六、三四(三))。
(67) 「民国十一年四月十三日外交部與外交団会議記録」(〇三―一六、五八(六))。
(68) 一九二三年六月八日収、外交部→内務部、函(〇三―一六、三四(三))。

(69) 一九二二年六月八日収、内務部→外交部、函（〇三－一六、三四（三））の附属文書「外交部与公使団討論天津及漢口両特別区市政管理法会議」（一九二二年六月二十三日）。
(70) 一九二二年十月四日、内務部→外交部、咨（〇三－一六、三五（一））。
(71) 一九二二年十月二十三日照録、直隷交渉署→外交部、代電（〇三－一六、五八（六））。
(72) 一九二三年二月二十一日収、内務部→外交部、函（〇三－一六、五八（六））。
(73) 一九二三年三月十七日発、外交部→内務部、函（同上）。
(74) 一九二三年五月十八日収、内務部→外交部、咨文の附属文書「津漢特別区市政局評議会評議員選挙規則草案」（〇三－一六、三五（二））。
(75) 一九二三年六月二十二日収、財政部→外交部、咨（〇三－一六、五八（六））。
(76) 一九二七年九月二十四日発、財政部→外交部、咨「天津特別区契税規則案節略」（〇三－一六、三六（二））。
(77) 一九二七年五月二十七日収、財政部→外交部、咨「修改特別区契税規則草案」（〇三－一六、三六（二））。九月にも再度外交部に「特別区契税規則草案」送付し、検討を求めた。
(78) 前掲『支那に於ける租界の研究』、四〇二頁。姚世馨「天津俄租界概況」『天津文史資料選輯』第二五輯、天津人民出版社、一九八三年九月、一七六－一七七頁。
(79) 一九二一年三月二十四日収、財政部→外交部、咨（〇三－三二、四二九）。
(80) 一九二三年十二月二十五日収、特派直隷交渉員→外交部、呈（〇三－三二、四三一）。
(81) 例えば、一九二一年四月一日に開催された第二次董事会にて（前掲「俄工部局董事会歴次提議警権重要問題議案」）。
(82) 前掲「俄工部局董事会歴次提議警権重要問題議案」（〇三－三二、四三一）。

(83) 一九二三年一月十一日収、特派直隷交渉員→外交部、呈(〇三-一六、二七(五))。
(84) 一九二三年七月十八日、外交部収、「朱秘書接見労農顧秘書記略」(〇三-一六、二七(五))。
(85) 一九二三年七月二十五日収、華俄道勝銀行→外交部、函(〇三-一六、二七(五))。
(86) 前掲『天津通志:附志・租界』四九二-四九四頁。
(87) 一九二四年十二月二十五日収、特派直隷交渉員→外交部、呈(〇三-三二、四三〇)。
(88) 一九二四年七月二十九日収、天津王副巡閲使→外交部、呈(〇三-三二、四九一(一))。
(89) 一九二四年八月七日収、天津王副巡閲使→外交部、電(〇三-三二、四九一(一))。なお、漢口の旧ロシア租界は、七月一日に正式に接収された。ハルビンでは、「東省特別区行政長官公署」を設置し、中東鉄道のロシア鉄道附属地を接収した。中東鉄道回収の経緯については、土田哲夫「一九二九年の中ソ紛争と『地方外交』」『東京学芸大学紀要第三部門社会科学』第四八集、一九九七年を参照。
(90) 領事裁判権については、中ソ協定第一二条によって撤廃が確認された(前掲『在支列国権益概説』、八〇頁)。
(91) 一九二四年十二月三十日収、特派直隷交渉員→外交部、呈(〇三-一六、二七(五))。
(92) 一九二八年十二月二十八日、在天津総領事加藤外松→外務大臣田中義一、機密第八三二号「在支那人市政費等負担状況取調方ニ関スル件」(G・一・一)(外務省外交史料館)(JACAR :B04121024600)。
(93) 「在支露国公使及領事資格不承認問題一件」第二巻(一・二・一)(外務省外交史料館)(JACAR :B04121024600)
(94) 一九二三年十二月二十五日収、特派直隷交渉員→外交部、呈(〇三-三二、四三一)。
(95) 拙稿「近代天津の都市コミュニティとナショナリズム」(西村成雄編『現代中国の構造変動』第三巻、東京大学出版会、二〇〇〇年)を参照。

(96) この言葉は、一九二二年十月二十一日に内務部の外交部宛て函文に見られる（〇三－一六、五八（六））。
(97) 一九二三年五月十八日収、内務部→外交部、咨（〇三－一六、五八（六））。
(98) 前掲『租界ニ於ケル行政組織竝土地制度』六〇七－六〇九頁。
(99) 本章は、二〇〇一年八月に発表した「帝国の『分身』の崩壊と『異空間』の創出―第一次大戦時期の天津租界接収問題をめぐって―」（『近きに在りて』第三九号〈特集：日本における清末民初史研究〉、汲古書院）に、大幅に加筆、修正を加えたものである。

【追記】本章は、日本学術振興会科学研究費補助金・基盤（A）「一七－二一世紀の東アジアにおける『外国人』の法的地位に関する総合的研究」（平成一八年度－二一年度、研究代表者：貴志俊彦）の成果の一部である。

第二章　漢口の日本租界をめぐる日・中の攻防——一九三六年の吉岡警部被殺事件を事例に

孫安石

はじめに

中国近現代史や日中関係史研究の多くは事件史と事変史の積み重ねという性格が強く、本章が取り上げる一九三六年を前後した時期を例にしても、七月の萱生事件（上海）、八月には成都事件、九月三日には北海事件（広東）、九月二三日には出雲事件（上海）、という大小の事件が続き、翌年の一九三七年には盧溝橋事件、そして、八月には大山中尉被殺事件に触発される形で第二次上海事変が勃発する。日中の本格的な軍事衝突は、これら偶発的な事件の正当性をめぐる解釈のすれ違いに起因するものが大半を占めるといっても過言ではない。しかし、日本におけるこれら事件史研究の多くは、外務省外交史料館が保存する外交文書や外務省警察史など日本側の史・資料を主な材料として使う場合が多い。その中には優れた研究成果が多いのは言うまでもないが、当然ながら中国側の資料による補足が必要になる場合も少なくない。

本章が取り上げる一九三六年の吉岡警部被殺事件（以下、吉岡事件と略称）は、日中双方の軽微な衝突が両国の威信をかけたナショナリズムの衝突へと発展する典型的な事件であったが、今までは上海の大山中尉被殺事件の陰に隠れ、日本側の資料によってその一部が明らかになっているのみである。しかし、台湾の国史館には、同事件に対する日中双方の主張や協議に関連する中国側の記録「漢口日租界崗警被殺案」（目録番号一七二―一、案巻番号一〇七九）が現存しており、従来の研究において不明とされてきた多くの新しい事実を確認することができる。

吉岡事件の争点は、事件現場が日本と中国のどちらの警備管轄区域にあたるか、吉岡警部の遺体が事件現場に搬入されたのかどうかの二点にあったが、国史館の中国側の記録によって、吉岡警部被殺事件には以下の幾つかの新しい事実を確認することができる。

（一）ノルウェー人の目撃情報が実在していたこと
（二）日本と中国側の合計三回にわたる会談記録（中国語と、一部の日本語資料）が残っていること
（三）この会談記録によって日本の要求と中国の対応の詳細を追うことができること
（四）中国人嫌疑者に対する事情聴取（尋問）の記録が現存すること

そこで、本章はこの中国側の資料を通して、一九三六年の漢口の日本租界をめぐる日・中の攻防がどのように展開されたのか、について検討することにしたい。

一　漢口における日本租界の設定と摩擦

（一）日本租界の設置と刑事事件

まずは、中国内陸部の漢口に日本租界が設置され、日本人の居留民が在留を始め刑事事件が発生するに至る経緯に

ついて触れることから始めたい(1)。

中国内陸の湖北、安徽、江西、湖南省を後背地にもつ漢口は、古くから茶、米穀、鉱物資源が集まる内陸交易の中心地として、九省の要衝、天下の四大鎮の一つに数えられてきた。伝統的な中国社会のなかで、内陸水運の中心地として繁盛した漢口は、アヘン戦争に続く天津条約によって欧米諸国に開放され、一八六一年にイギリス租界が設定されたことを始めとし、ドイツ租界（一八九五年）、ロシア租界（一八九六年）、フランス租界（一八九六年）、日本租界（一八九八年）が次々に確定していった。

中国国内における漢口が持つ地政学的な重要性については、日本側も早い時期から意識していた。漢口に日本領事館を開設するのは、日本租界が設定される以前の一八八六年であったが、その設置に関連する文書のなかに、次のような記述が見える。

「(漢口は) 同国十八省の中央揚子江の上流に位し、外国通商の隆盛上海港に亜き貴州、雲南、広西、伊梨等の貿易咽喉の地にして、我北海道物産の販売第一の港場に有、且清国兵勇の過半は湖北湖南の民にして、殆ど清軍の盛衰は該地に起因致すべき形状にて、実に同国に於て至重の地方に有之候（後略）(2)」

しかし、この時期は日本人の中国への進出がまだ本格化する以前のことなので、日本人の商工業者の進出は皆無に等しく、領事館自体も間もなく閉鎖されるに至った。この間の事情を元漢口領事の水野幸吉は次のように述べている。

「いくら領事館を置いても日本の商人が来ない。唯一の商店と云うものは、目薬の精錡水位を売る処であったに止まった。斯くの如きことが久しさに亘ったために、遂に領事館を閉鎖して仕舞った。日清戦争があって、下関条約の結果として漢口専管居留地を取ることに決めて、それから暫くして明治三一（一八九八）年の暮に再び領事館を置いたのである(3)」

日本は日清戦争の勝利後、中国における欧米列強との各種利権争いに本格的に加わったが、その一連の流れの下で、一八九八年七月に「漢口日本居留地取極書」が締結された(4)。漢口に日本租界が登場したのである。この取極書の規定によれば、日本租界の区域は、漢口のドイツ居留地の北隣から始まり、東の境界は揚子江に沿って一〇〇丈、南は揚子江沿岸よりドイツ居留地境界に沿って西の鉄道地界まで、西は鉄道境界を以って境とし、北の境界は東の北端である鉄道地界までの直線距離を含む地域に設定された。

この「漢口日本居留地取極書」によって租界内の道路と港湾の建設、そして、治安を維持する警察権は日本の領事に帰属することが確認された。また、中国人と外国人が関連する訴訟事件については最終的に日本の領事が地方官と協力して審理に当たることも決定した。さらに、日本は他国が租界に関する有利な条約を締結する際には、日本側もその優遇策を共有するという最恵国待遇の条項を認めさせた。ただ、日本租界は設定されたものの、日本人が経営する企業の進出はなかなか思うようにはいかなかった。漢口領事の山崎桂は、一九〇二年の報告のなかで、日本租界の発展が思わしくないことを次のように記している。

「明治三十一年の確定に掛かり爾来茲に五星霜を経ると雖も、猶依然たる旧態を存し醜陋汚穢の乞丐窟として日々長江を上下する内外幾多の商船軍艦に向って異様の光景を呈しつつあり。本館は我が政治家、実業家中対清貿易を唱える諸士に向って、先ず一度漢口に於ける帝国居留地の現状を目撃せられんことを切望する」(5)

【表1】は一九〇一年から一九〇六年に至るまでの漢口の日本人人口の増加を表したものであるが、山崎桂が指摘しているように、一九〇五年の日露戦争までは漢口の日本租界の発展は微々たるものであったことがわかる。

ところが、一九〇五年の日露戦争を前後した時から、日本人の漢口進出は活発になり、日信洋行・東興洋行のほか、一三の商店（いずれも綿花、雑穀、輸出、綿糸の輸入業を取り扱う）が相次いで開業することになった(6)。しかし、こ

【表1】漢口の日本人人口（1901年～1906年）

日本人人口の統計	
1901年	74名
1902年	106名
1903年	270名
1904年	347名
1905年	528名
1906年	1,062名

【出典】水野幸吉『漢口』、冨山房、1907年、10頁により作成

のように、両国の関係が緊密になるにつれ、様々な場面で衝突と紛糾が発生した。そこで、漢口領事の水野は、それまで有名無実化していた日本租界の警察権を再確立することを目的として領事館附属の警察署を設置し、中国人の巡査二〇名を新たに雇用することを骨子とする要請を、外務大臣林董宛てに具申している。しかし、この要請はなかなか外務省の裁可を得ることができなかった。そこで、水野領事は一九〇六年十月に再度、領事館附属の警察署の設置が必要であることを次のように力説している。

「他面に於ては居留地経営は着々と進行し、沈石工事も既に其の行程の半ばを了らんとするに際し、警察権を我手に収むるの必要は一層緊切を加え来たり。今後も猶実権を支那官憲に委ね置くは、啻に居留地内警察事故発生の場合に、徒らに法律関係を複雑ならしむるのみならず我体面上よりする居留地取締の点よりみるも、将又工事の進捗を図る点より論ずるも不都合不尠(7)」

漢口における日本側の警察機構の整備が急がれた時期に発生したのが、漢口領事館の業務担当地域であった九江で発生した岩崎良一事件である。岩崎良一事件とは、一九〇七年一月、日本人商人岩崎良一が、九江にて活動写真フィルムを上映する許可を日本と中国側に求めたが、日本側から中国側に渡すべき書類に不備があって、中国側の警察と衝突し、岩崎良一が中国側の警察に抑留されたという事件である(8)。中国側としては、岩崎良一が営業許可を

とっていない不法行為を犯しており、それを取り締まる過程で中国側の警察が負傷したことに対し、治療費の賠償を求めるのは当然であるという論理であった。しかし、日本側としては、岩崎良一を取り締まる過程で、日本の国旗が凌辱され、器物が破壊され、暴行を受け、九江を退去させられたことは、中国側の「不法」な対応にほかならなかった。日本側は、中国側の警察に（1）日本人の生命と財産などの保護、（2）開港場における商工業の自由、（3）日本人に対する裁判権の尊重などを強く求めた。

このような背景のもとで、漢口の日本租界における警察制度の整備が急がれ、一九〇九年二月には日本から総数七名の巡査が着任し、昼夜の交代勤務が可能になった。これで日本租界における領事館警察が設置されるのは順調にいくであろうと考えられた。

ところが、同年の六月には、日本人巡査の野元徳彌が警部中村善次郎を殺害する事件が発生した。(9) 事件の概略は、中村警部から職務怠慢を訓戒諭旨され、これに憤慨した野元巡査が愛蔵の日本刀をもって巡査合宿所で中村警部を殺害した、とされる。この事件は国外で発生した日本人同士による刑事事件で、上告審は裁判管轄権が帰属する長崎地方裁判所で開かれ、野元巡査の有罪が確定した。『外務省警察史』の漢口の部には、その他にも一九一〇年一二月に三井洋行の店員安楽武雄が精神異常を起こし、日頃の取引の相手であった中国人の営業所で転落して死亡した事件と、一九一一年三月に起きた武昌師範学堂教習の愛甲平一郎がイギリス人警官と小競り合いを起こし負傷する事件などを記している。

ここで注目したいことは、漢口に日本租界が設定され、領事館の巡査が着任した後、辛亥革命が起きる以前の漢口・日本租界では、日本人と中国人、または日本人と外国人との衝突は、刑事事件として扱われており、日本人と中国人の衝突→日本人居留民と中国人の対立へエスカレート→日中両国の軍事衝突→最終的には日本商品を排斥する不買運動へとつながるという対立構造が、この時期にはまだ見られないという点である。

（二）刑事事件から政治事件へ

しかし、一九一一年の辛亥革命を境に、中国各地では、軍隊の命令体制が崩れ、統制を逸脱した兵乱が頻発し、地方の治安は大きく乱れることになった。武漢と九江などでも、革命軍と保守派の武力衝突が頻発し、日本人居留民の生命と財産が危険におちいる事態になった。たとえば、漢口を流れる漢水の上流金塘口の対岸に位置する東亜製粉会社は革命軍と地方軍の戦場となり、工場、事務室、社宅などが破壊される被害を受け、日清汽船会社は保有するハルクが沈没する被害をこうむり、漢口に在留する多くの日本人は上海へ避難するという事態を迎えた。

このような国内の混乱した軍事情勢を背景に、一九一三年八月には西村彦馬少尉暴行事件（以下、西村事件と略称）が発生し、漢口における刑事事件は、日中両国の政治対決が先鋭化する様相を帯びることになった[10]。西村事件とは、一九一三年八月十一日に西村少尉が江岸停車場のプラットホームにて休憩をとっていたところ、中国服を着た三十名前後の暴徒から暴行を受け、中国の警察署に連行された事件である。日本側からみれば、西村事件は「帝国日本」の陸軍が侮辱された重大事件であった。この事件に対して漢口の芳澤謙吉総領事は、湖北都督の黎元洪に、次のような抗議文を送付している。

「陸軍少尉西村彦馬等が本月十一日午後六時ごろ劉家廟停車場に於いて多数の貴国兵士の為、装械を剥奪せられ緊縛の上之を吊し殴打したるのみならず、尚数時間に亘り制縛監禁したるは、実に帝国陸軍を侮辱するの甚しきものにて帝国政府は断じて之を許さず[11]」

日本側としては、帝国の面目と威信にかけ、帝国臣民の被った損害を請求し、将来このような事態の発生を防止するために責任者を処分することは当然の措置であった。そこで、次のような四つの要求を提示し、中国側にその解決を迫ったのである。[12]

（1）侮辱行為を直接指揮又は下手したる将校兵卒を総て厳重刑罰に処すること。並びに右刑罰（継続的刑罰に付ては宣告）には我陸軍将校をして立ち会はしむること
（2）侮辱行為ありたる将卒の直属大隊長を免官し、其の監督上官即ち聯隊長及び旅団長を厳重戒飭すること
（3）右両項の各処分実行と共に、一面当該師団長又は司令官が親しく総領事館に来て陳謝の意を表し、一面黎都督より前記各処分実行の旨を総領事及我派遣隊司令官に通告して陳謝の意を表すること
（4）別に支那政府より公然帝国政府に対し遺憾の意を表すること

中国側は、日本側の要求を受け入れる形で、以下の四点を提示し、問題の解決を図った。

（一）九月十八日の軍法処において加害者の主犯二名を有期徒刑六年四か月に、従犯二名を同四年に処し、当直士官の武開疆に対しては有期徒刑二年に処し、免官免職を行うこと
（二）大隊長の張英および小隊長の郭正溥は免職し、師団長に対しては厳重戒飭すること
（三）九月二十二日、王師団長が芳澤漢口総領事を訪れ、直接、陳謝の意を表すこと
（四）中国の臨時代理外交代表の馬廷亮を経由し、日本政府に遺憾の意を表す公文を送付すること

一九一三年に起きた西村事件の事例からもわかるように、辛亥革命以降の日中両国間で発生する刑事事件は、事案の大小を問わず、日本と中国双方の「威信」と「侮辱」というナショナリズムをかけた政治事件へとエスカレートし、

さらに軍事衝突へと発展する可能性を潜めていた。

一九二〇年代に漢口でおきた刑事事件が政治問題として発展したもう一つの例が、一九二三年十二月に発生した田種香事件である。田種香事件は、一九二三年十二月十九日にロシア租界で営業する本多洋行で盗難事件が発生し、日本の領事館警察はその有力な嫌疑者として従業員の中国人田種香を逮捕したが、田は無罪を主張して自殺したことに端を発している。[13]

田種香事件の発生後、漢口では反日運動の気運が急激に高まり、通行中の日本人居留民が中国人から暴行を受け、日本総領事館警察署が中国人から投石の被害を受けるなど、事態は悪化し、漢口に停泊中であった軍艦宇治から二十余名の海軍陸戦隊が上陸する事態を迎えた。この事件をめぐって、漢口の中国語新聞の大部分は、日本が持っている領事裁判権と警察署の撤廃を主張し、反日運動は上海、安徽省、浙江省、雲南省まで拡大した。翌年の一九二四年六月には、湖北省議会は、総商会、教育会、青年会、新聞同業会、医師会、保安会などを含む九十余の団体名義で、日本政府に事件の真相究明を要請する陳情書を送付する決議を採択した。中国側は田種香事件に対して、以下の四点を要求した。

（1）警察署長及び係警察官の処罰

（2）本多洋行代表の処罰

（3）田種香の遺族に対する賠償金の支給

（4）日本の総領事館からの遺憾の意の表明

結局、田種香事件は、二年後の一九二五年九月に、（1）田種香の家族に対して銀一〇〇〇元の賠償金を支払うこと、（2）監視の任に当たった巡査の処分は追及しないこと、（3）本多洋行の名義で遺憾の意を表す新聞広告を掲載すること、で解決をみた。

このような日中の対立は、一九二五年の五三〇運動を契機とする中国民族主義の影響を受けながら、悪化の一途を辿ることになる。一九二七年に起きた漢口の四三事件や翌年の十二月に起きた水案事件などは、このような日中関係の悪化を象徴する事件であった。

漢口の四三事件とは、一九二七年四月三日、日本租界の妻鶴裏門の付近で日本人水兵二名と中国人との間で衝突した事件が漢口市全体を巻きこみ、反日運動へと発展した事件である。日本側は暴力事件が拡大することを防ぐため、四月三日の午後、漢口に停泊中の警備艦安宅、嵯峨、比良、浦風から海軍陸戦隊を日本租界に上陸させ、治安の回復をはかろうとした。しかし、その過程で機関銃による威嚇射撃（実弾射撃）があり、事件はたちまちエスカレートし、日本は漢口在留の日本人の引揚げを検討しなければならなかった。漢口の四三事件のときに、漢口の街角で登場した「日本帝国主義打倒」や「日本租界回収」などを叫ぶスローガンは、中国の高揚する民族主義のシンボルであったが、日本側はそのようなメッセージを受けとめることができなかったのである。

さらに、翌年の一九二八年十二月には、中国人人力車夫の水杏林が日本の海軍陸戦隊の機関銃車と衝突して死亡する事件が起きた。漢口における水案事件の発生である。日中の間の軽微な衝突が直ちに国家を巻き込む政治事件へと発展する状況を確認することができる[14]。中国側は、中国人の車夫の死因が日本の海軍陸戦隊の車両との衝突によるものであることから、（1）死体の埋葬費の支出、（2）遺族への慰労金の支給、（3）事件を起こした隊員の処罰、（4）海軍陸戦隊の撤廃、という四項目を要求した。

しかし、日本側は、事件の発生はあくまでも人力車夫の水杏林に過失があると主張して譲らなかった。このような日本側の対応を不満とし、漢口では水案事件を支援する後援会が組織され、十二月二十九日には、漢口の中山路にある民楽園で大規模な反日集会が開かれた。この反日集会では、以下の三項目にわたる要求条件を日本側に通告することが決まった。

（一）日本租界の回収及び日本との間の不平等条約の撤廃

（二）日本側の事件当事者の処罰と謝罪

（三）日貨ボイコット運動の展開

翌年の一九二九年一月九日、「対日罷工委員会」は、日本の商社に関連するすべての業務を放棄するストライキを決行した。日本租界に通じる主な道路は封鎖され、日本人に雇用された中国人使用人の退去が始まり、日本人の通行者に対しては暴力を加えるなど、事件は悪化の一途をたどった。

このような中国側の要求に対して、日本側は一月九日に海軍、陸軍、領事館、民団行政委員が集まる会議を開き、事態がさらに悪化した時を想定した一連の対策、たとえば、引揚者の収容問題、電灯と水道問題、租界の衛生問題、食料の確保などが議論された。

同会議では、また次のような決議文が採択された。

「今回の事件たるや表面は一市井交通事故解決促進を目的とする民衆の愛国運動と称するも、裏面に至りては此機に乗じ日本租界の奪取と邦人通商の根絶を企図する国民党部の組織的陰謀に外ならず（中略）依って、帝国政府は速に此不法にして人道を無視する反日会の暴行を根絶せしめ、帝国の権益を擁護するに適宜且有効なる措置に出でられんことを望む[15]」

さらに、具体的には、

（1）日本政府に軍艦の増派を要請する、（2）日本租界の境界区域に鉄条網を設置する、（3）警備区域の警備員を増員する、（4）非常時の信号を確認する、などを決定した。

日本側の動向をみても分かるように、日本側は、漢口の水案事件と一連の反日運動、日本商品ボイコット運動に対して、これらの事件を国民党の陰謀としてしか考えず、高揚する中国の民族主義運動とは受け止めなかった。漢口の水案事件が政治的に完全に決着がつくのは、それから三年後の一九三二年七月で、日本商品の不買運動は在留日本人の経済活動に大きな被害をもたらした。

以上、漢口において日本租界が設定された後、断続的におきた日本人と中国人との間の一連の衝突が刑事事件から両国の名誉と威信をかけた政治事件へと発展する事例を紹介した。漢口を例にとってみれば、辛亥革命以降に発生する日中間の対立と衝突は、最初は軽微な事案であっても、たちまち両国の威信をかけた政治事件へと発展する火種となったことがわかる。この火種は、一九三〇年代に入ると満州事変と第一次上海事変へと発展し、一九三七年の日中戦争を引き起こす導火線になった。そして、日中戦争が起きるわずか一年前、漢口でおきた吉岡警部被殺事件は日中双方の対立と衝突が極限に達していたことを如実に物語る事件であった。

二　日本側の資料からみた吉岡事件

それでは、まず、『東京朝日新聞』に吉岡事件がどのように報道されていたのかをみていく。漢口の日本租界で吉岡警部が射殺された事件は、『東京朝日新聞』九月二〇日の一面に「邦人巡査を射殺　又も漢口の不祥事」という見出しで次のように報道された。

「【漢口十九日発同盟】十九日午前十一時五〇分　漢口日本租界河街大正街角総領事館警察派出所において折柄見張警備中の吉岡巡査がアメリカ製粉会社側より来りたる支那人のため拳銃にて後頭部を狙撃され即死した」

【図1】『東京朝日新聞』1936年9月20日（部分）

実現化へ
動向起る
誠意實力なくば
時處置已むなし
外務當局を鞭撻
海軍側の強硬決意
我が陸戰隊上陸
容疑者捕はる
現地海軍公表
第三艦隊首腦協議
現地當局會議
十一月十五日
議會召集案
ニュース寫眞の驚異
全國を移動　迅速に運搬
十九路軍撤退
北海の情勢

この記事に続き「我が陸戦隊上陸」、「容疑者捕はる」、「現地海軍公表」「治安維持力の欠如　断乎責任を問ふ　痛憤の我が外務当局」などの記事が続々掲載された。これらの新聞記事に共通してみられるのは、中国各地で頻発している抗日テロ事件に対して、日本側は「断乎」たる姿勢で臨むことを主張したことである。

すなわち、中国各地で発生する抗日運動の影響で、「邦人は到底支那に安住し得ないばかりでなく、我が在支権益も延いて著しい侵害を被るものとし、これも畢竟するところ国民政府の誠意の足らざるところと断定」できるもので、中国政府が日本人を保護する義務を果たせないのであれば、日本は「断乎たる態度を以て国民政府の責任を問ふ外なく」というのが、当時の日本側の世論であった。翌日の九月二十一日の新聞には早くも「結実した抗日宣伝　政府統御力を喪失　抗日排日運動の現状」、「漢口陸戦隊復活」、「犯人は支那人で租界外と立証」などの見出しが登場し、日本側の厳しい対応の一端を垣間見ることができる。とくに「漢口陸戦隊復活」という記事は、漢口に陸戦隊を派遣することこそが日本人の生命と財産を守る最も有効な方法であることを、次のように論じている

「全支における帝国臣民の生命財産の不安甚だしきものある現状に鑑み、中支における重要地点たる漢口日本租界に相当有力なる部隊の陸戦隊を駐屯する必要を認め、内地派遣部隊到着までの急に備えるため取り敢えず陸戦隊〇〇《ママ》隊を駆逐艦二隻に搭乗、二十日夜急速遡江漢口に派遣せり」[16]

また、翌日の九月二十二日には、「断乎自衛手段に備へ上海に陸戦隊増遣」、「海軍兵力を強化」、「漢口事件の犯人は第五十八師兵か」、「厳然たる我が態度」などの記事が掲載され、日本側が（1）反日・抗日運動の根絶、（2）反日教育の廃止、（3）反日運動の取り締まり、（4）国民党の反日的策動を禁止することなどを求めていたことが分かる。

その他、日本側が吉岡事件をどのように受け止めていたのかを理解するのに重要な記録が『外務省警察史』にある。[17]それによれば、九月十九日の事件発生直後、日本総領事三浦は吉岡巡査が殉職した件を有田外務大臣宛てに報告し、翌日の九月二十日には湖北省の主席楊永泰及び呉国楨市長に対して、事件の発生を通知すると共に犯人の捜査に協力を得たい旨を通報している。

日本側からみれば、白昼の警戒勤務中に制服の警官が殺害されたわけであるから、徹底した捜査が求められることは言うまでもない。事件発生の三日後の二十二日に、有田外務大臣は北京、漢口、青島、広東の領事宛てに「漢口事件等に関聯し館署員激励方の件」という訓令を送り、少数の警察官で激務に勤める館署員の苦労を激励すると共に、「皇軍駐屯又は帝国軍艦差遣の場所に在りては一層之と緊密なる連絡を執り、要すれば民団若しくは民会を動員する

等居留民の保護上遺憾なきを期する」と述べ、警察と軍隊のほか居留民団という現地の組織をも動員する考えであったことを示している。

ところが、『外務省警察史』の記録を見ると、吉岡事件に関連する一つ大きな疑問が浮かんでくる。すなわち、日本側は事件が起きた二日後の九月二十一日にはすでに犯人が中国人であること、そして、事件が日本租界ではなくいわゆる拡張租界という中国人街で起き、遺体はその後、日本租界に搬入された、という点を確認していることが以下の記述で分かる。

「吉岡巡査遭難状況は犯人に煙草を売りし子供、其の親父（露店の前面に係留中の船の石炭荷役を為し居る者にて其の労働中は上記の子供に店番を為さしめ居りたるものなるが犯行と同時に現場に馳せ付て死体を搬入せる者）及び吉岡と対話し居りたる今一つの店の主人の三人の供述一致せる所なるが犯人の支那人なること及び凶行が『スタンダード』前の道路上にて行はれ後に我境界線内に搬入したることに付出来得る限り確証を得置くこと最喫緊事と認め（以下、省略）[18]」

とくに、犯行現場が日本租界であったのか、または、中国人街であったのかは、日・中間の意見の分かれるところであるが、台湾の国史館が所蔵する中国側の記録には、従来の日本側が主張する吉岡事件とは異なる事実を窺わせる証拠資料が含まれているのである。

三　中国側の資料からみた吉岡事件[19]

まず、吉岡事件の発生をもっとも早い時期に書き留めているのは、九月十九日の十七時四十分発の漢口市長呉国楨から外交部張岳軍に送られた以下の電文「第七九七九四」であった。

「日本領事館の電話によれば、日本租界の美孚（訳注―スタンダード石油会社のこと）碼頭で日本人警察が被殺される事件が発生し、犯人は逃亡中であるということです。本職はこれに対して、三浦総領事に慰問の意を伝えると共に捜査に協力が必要であれば尽力して協力したい旨を伝え、警察を日本租界に派遣し、調査を始めました。しかし、今回の事件は日本租界で発生したもので、中国側は元より責任がないことを伝えました。今のところ日本側から特別な要求は出されていない模様です[20]」

この後、九月二十一日には楊永泰湖北省主席から外交部宛てに吉岡事件を巡る日中の意見の争点が整理された電文「第七九八二六」が送られた。それによれば、日本の副領事白井岡の発言として、次の内容が今後の重要な争点になることが記されている。

（1）事件の犯人は中国人か、否か

（2）殺害された場所は日本租界か、または拡張租界か

（3）遺体が動かされたのか、どうか

ここで見える副領事白井岡の発言は、国民党の機関紙である『中央日報』九月二十日に掲載された「漢口日副領対記者談話」という記事とも符合する内容である。

ところで、中国側は、吉岡事件に関連する情報を、どのような経路から収集したのだろうか。以下、（A）朝日新聞漢口支局と日清汽船会社などの受発電報の記録、（B）外国の通信社を経由した情報、（C）中国の新聞からの情報収集の実例を紹介しておく。

（A）朝日新聞上海支局と日清汽船会社などの受発電報の記録

【図２】中国側が入手した朝日新聞上海支局からの電文

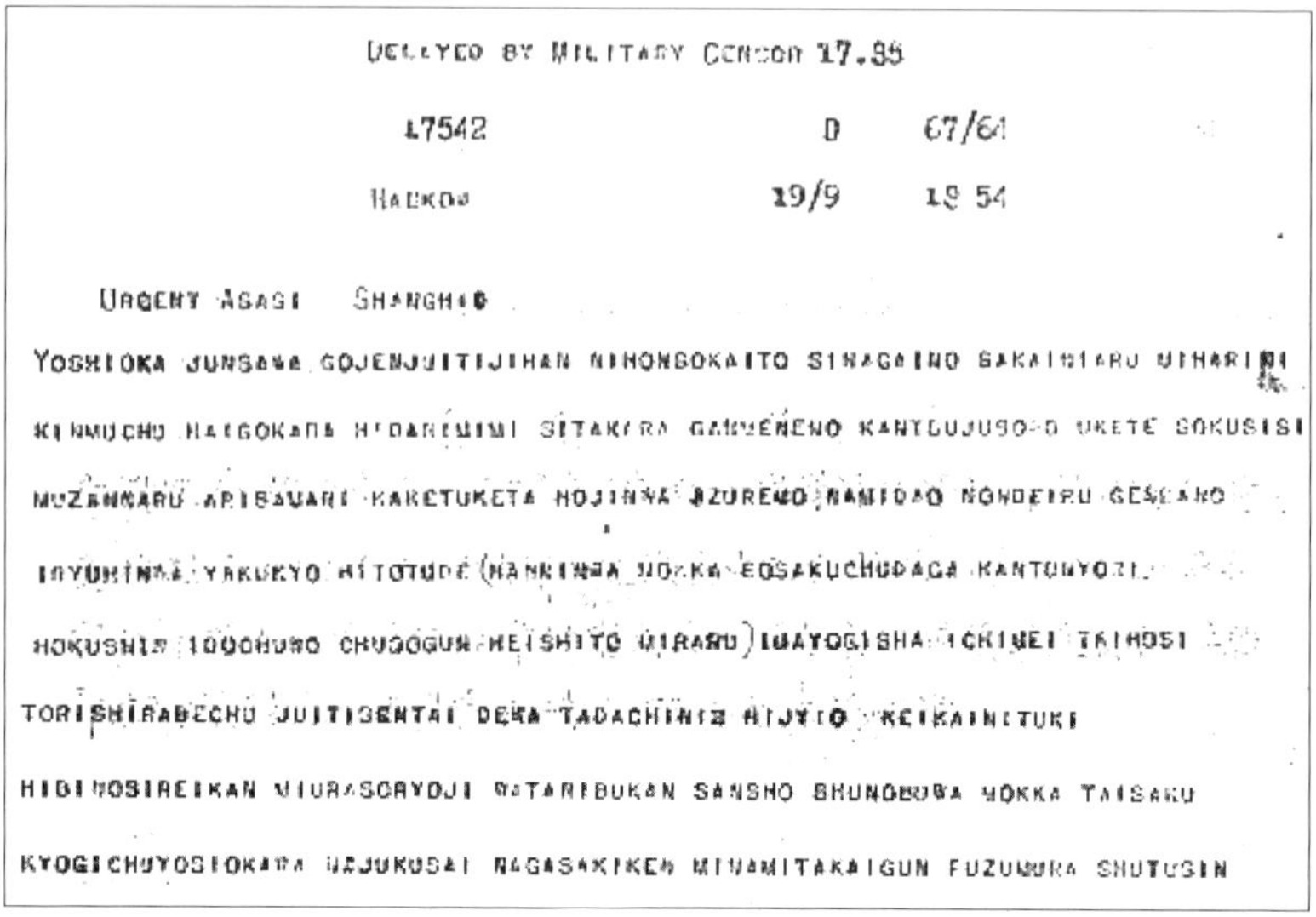
DELAYED BY MILITARY CENSOR 17.35

17542 D 67/64

HANKOW 19/9 19 54

URGENT ASAGI SHANGHAI

YOSHIOKA JUNSANA GOJENJUITIJIHAN NIHONSOKAITO SINAGAINO SAKAINIARU MIHARINI

KINMUCHU HAIGOKARA HIDARIMIMI SITAKARA GANMENENO KANTSUJUSO-O UKETE SOKUSISI

MUZANNARU ARISAMANI KAKETUKETA HOJINWA UZURENO NAMIDAO NONDEIRU GESEARO

IRYUHINWA YAKUKYO HITOTUDE (HANKINWA NOKKA EOSAKUCHUDAGA KANTONYORI

HOKUSHIN 1000HURO CHUGOGUN HEISHITO UIRARU) IMAYOGISHA ICHIMEI TAIHOSI

TORISHIRABECHU JUITISENTAI DEWA TADACHINIS HIJYIO KEIKAINITUKI

HIBINOSIREIKAN MIURASORYOJI WATARIBUKAN SANSHO SHUNOBUWA NOKKA TAISAKU

KYOGICHUYOSIOKAWA NIJUKUSAI NAGASAKIKEN MINAMITAKAIGUN FUZUMURA SHUTUSIN

中国側の資料に残る朝日新聞上海支局からの電報は、「Delayed by Military Censor」（軍事検閲による遅延）という見出し文でURGENT ASAHI SHANGHAIが九月十九日十九時五十四分に発した次のような電文であった（【図２】を参照）。

「吉岡巡査は午前11時半日本租界と支那街の境にある見張りに勤務中背後から左耳下から顔面への貫通重傷を受けて即死し無残なる有様にかれつけた。（中略）日比野司令官三浦総領事渡武官三省首脳部は目下対策協議中。吉岡は29歳長崎県南TAKAIGUN　FUZUMURA出身長崎高商を出で昭和八年十二月外務省から派遣されたものである」

また、日清汽船会社が日本の本社に当てた電文をも中国側は入手していた（【図３】を参照）。

（B）外国の通信社を経由した情報

中国側はその他に外国通信社を経由して情報を収集していた。現存するファイルの中にはロイタ通信の上海支局から下記のような電文がおさめられている（【図４】を参照）。

【図３】中国側が入手した日清汽船会社の電文

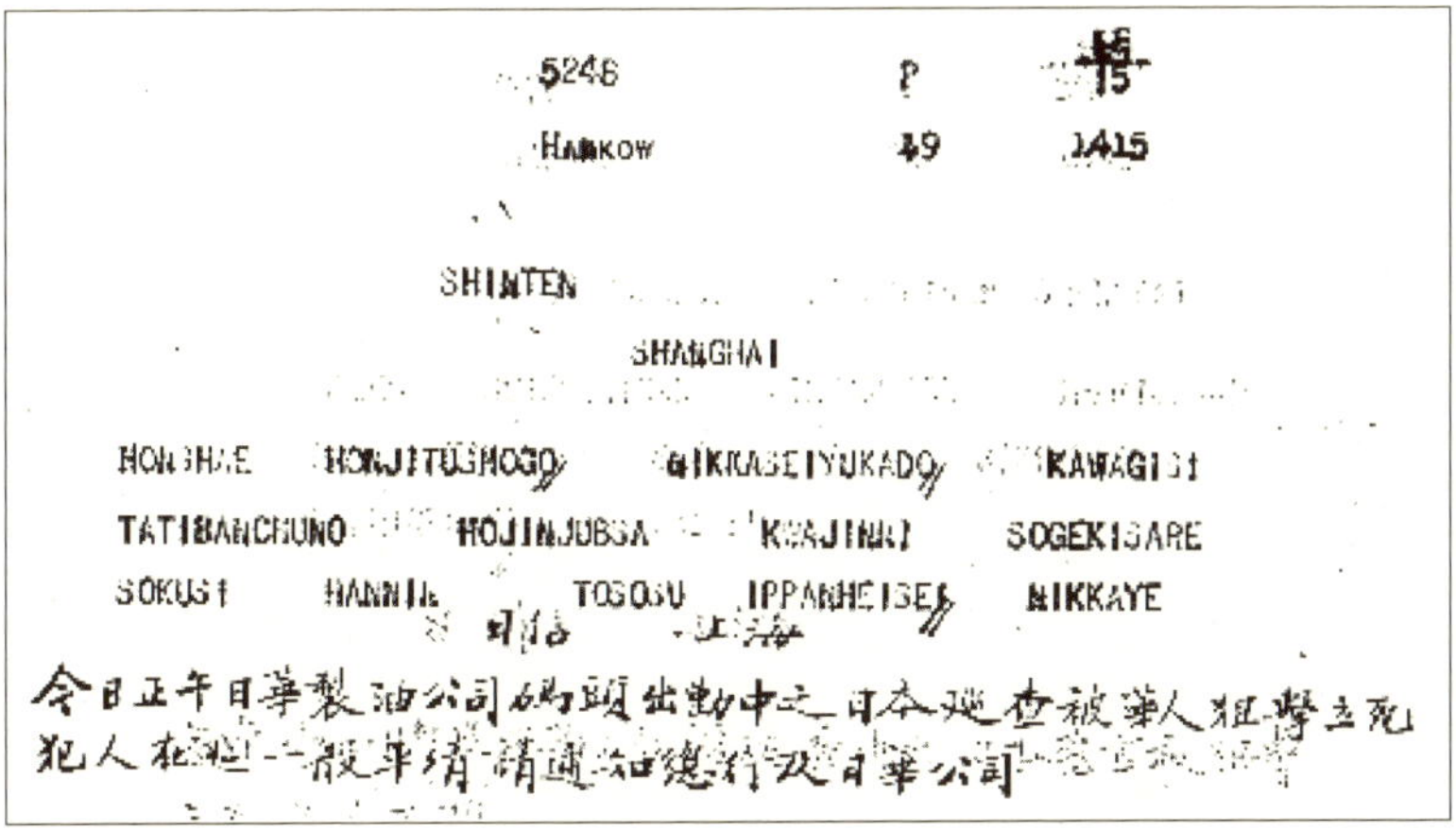
5248 P
HANKOW 19 1415
SHINTEN
SHANGHAI
HONSHAE HONJITUSHOGO NIKKASEIYUKADO KAWAGISI
TATIBANCHUNO HOJINJUNSA KWAJINNI SOGEKISARE
SOKUSI HANNIN TOSOSU IPPANHEISEI NIKKAYE

「HANKOW 19 1415
SHINTEN　SHANGHAI
HONSHAE HONJITUSHOGO NIKKASEIYUKADO KAWAGISI
TATIBANCHUNO HOJINJUNSA KWAJINNI SOGEKISARE
SOKUSI HANNIN TOSOSU IPPANHEISEI NIKKAYE
（本社へ本日正午日華精油角川岸
立ち番中の邦人巡査華人に狙撃され
即死し、犯人逃走す。）」

その他に中国側の資料の中には、ユニ通信社（Press Unipress）やPress Associateが吉岡事件に関連する記事を海外に送出する際の電報がファイルされている。

（C）中国の新聞からの情報収集

中国側の新聞からも様々な情報を収集していたことは言うまでもなかろう。とくに、中国側の新聞は、当時の日本の新聞には軍事機密として報道されない軍隊の動きや、現地の警察によって嫌疑者として取り調べを受けた中国人の記事が掲載される場合もある。

たとえば、中国語の新聞『朝報』（九月二〇日）は「漢日租界値崗警士　吉岡被狙撃殞命　日陸戦隊一度登岸　日租界内捜査行人」という見出しの記事のな

【図４】中国側が入手したロイタ通信・上海支局からの電文

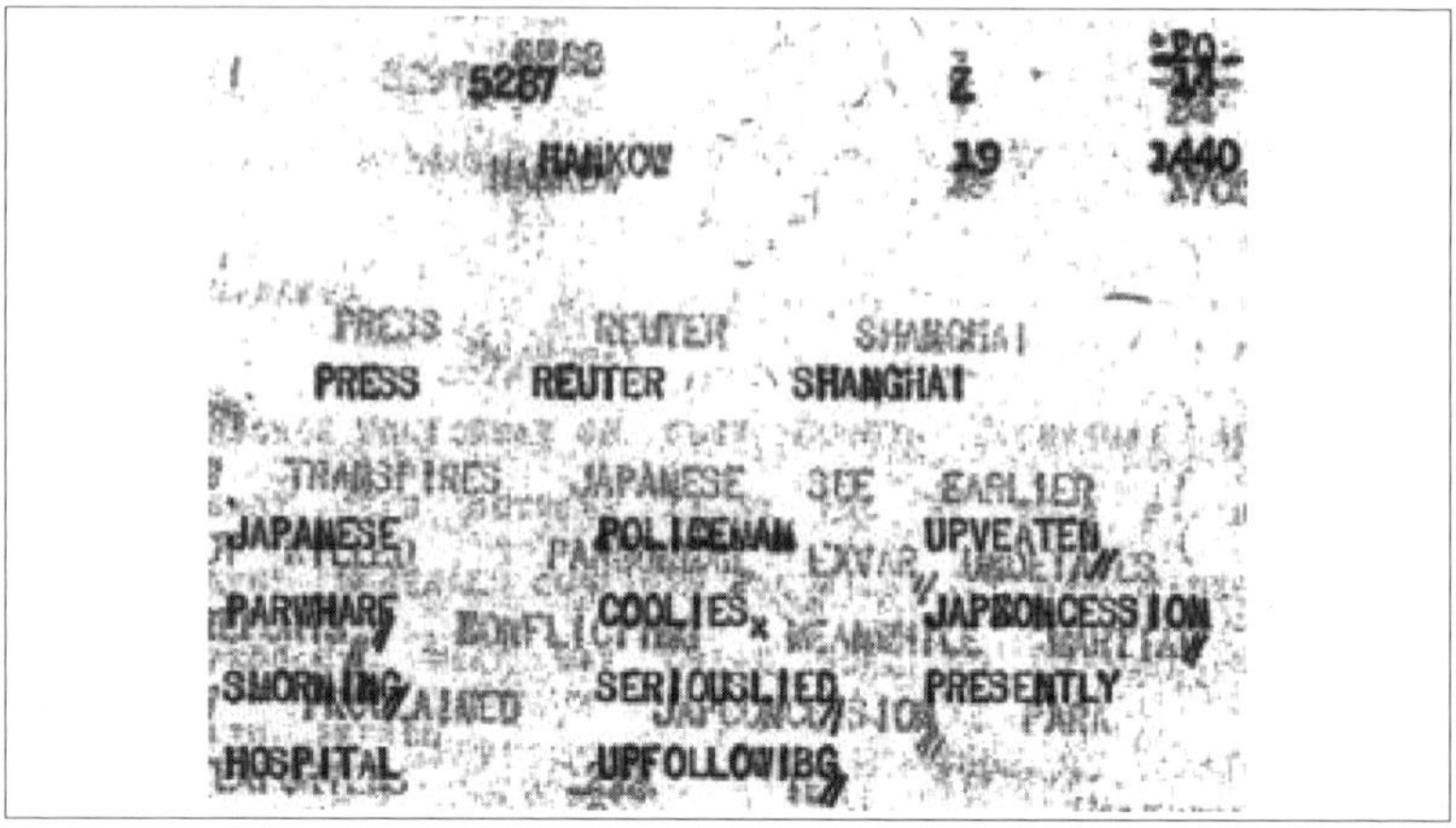
5287 Z
HANKOW 19 1440
PRESS REUTER SHANGHAI
JAPANESE POLICEMAN UPVEATEN
PARWHARE COOLIES JAPCONCESSION
SMORNING SERIOUSLIED PRESENTLY
HOSPITAL UPFOLLOWIBG

「HANKOW　19 1440
PRESS REUTER SHANGHAI
JAPANESE POLICEMAN UPVEATEN
PARWHARE COOLIES JAP CONCESSION
SMORING SERIOUSLIED PRESENTLY
HOSPITAL UPFOLLOWIBG」

かで、当時の日本の新聞や『外務省警察史』が触れていない点を幾つか指摘している。同記事によれば、日本側から中国の警察関係者に事件発生の通報が出された後、督察長の王郁芬、科長の董克仁、公安十三分局長の萬迪庥が日本の警察署長下田を訪れ、事件の解決にむけて協力を申しでたこと、事件の被疑者として中国人二十名余りが日本の警察に取り調べを受け、その中には事件現場でタバコ販売業を営みながら、事件を目撃したとされる人も含まれていたことが分かる。さらに、九月二十一日付『朝報』の「漢口警吉岡被狙後日陸戦隊登岸協防」は、タバコ販売商の黄慶雲（七十三歳）と劉嘉伢（九歳）、そして、劉嘉伢の父親の三名に対する調査が進められていることが記されている。

ところが、台湾の国史館が所蔵する「漢口日租界崗警被殺案」の中には、日本の外交文書や『外務省警察史』の中では見られない以下の重大な証拠が含まれている。
（一）吉岡事件が起きた事件現場の管轄区域に関する日中の取決めに関する証拠文件と事件現場の見取り図
（二）ノルウェー人婦人の目撃情報
（三）吉岡事件の嫌疑人とされる黄慶雲、劉嘉伢に関する尋問調書
まず、吉岡事件が起きた現場の警察管轄権が中国側に属するか、または日本側に属するかについてであるが、中国側の記録によれば、被害者の遺体が別の場所から租界に搬入されることがなかったという前提であれば、事件は日本の警察管轄権が及ぶ区域内で発生した、という説明は説得力がある。なぜなら、【図5】は吉岡事件に関連する警察管轄権を示した略図であるが、上部の点線部分以下の管轄権が、じつは、一九三一年二月の漢口総領事の坂根準三の要求によって日本側に移管したことを述べた文書が現存しているからである[21]。

吉岡事件に関連し、現場近くの露天商の目撃情報があることは日本と中国の新聞資料の中でも触れているとおりであるが、ノルウェー人婦人の目撃者がいたことは、いままで指摘されたことがなかった。

国史館の資料の中には、当時、人力車にのって事件現場を通過したラリー・ヨルゲンセン（Lally Jorgensen）がノルウェー副領事のA・E・マーカー（A.E.Marker）の立会のもとで行われた事情聴取の英文記録と中国語翻訳文が現存している（【図6】を参照）。

ラリー・ヨルゲンセンの事情聴取に関する記録は合計で二つある。一つは、九月二十一日にノルウェー副領事当てに提出された一枚の証言書と「Minutes of an Investigation before the Norweigian Vice Consulate — 23rd September 1936 - 2.30P.M」というタイトルの八枚にわたる事情聴取記録である。なかでも、特に、重要な部分はラリー・ヨルゲンセンが、吉岡巡査が銃撃された現場を直接、目撃したのか、どうか。すなわち、遺体が動かされたの

【図５】　吉岡事件に関連する警察管轄権の略図と現場見取り図

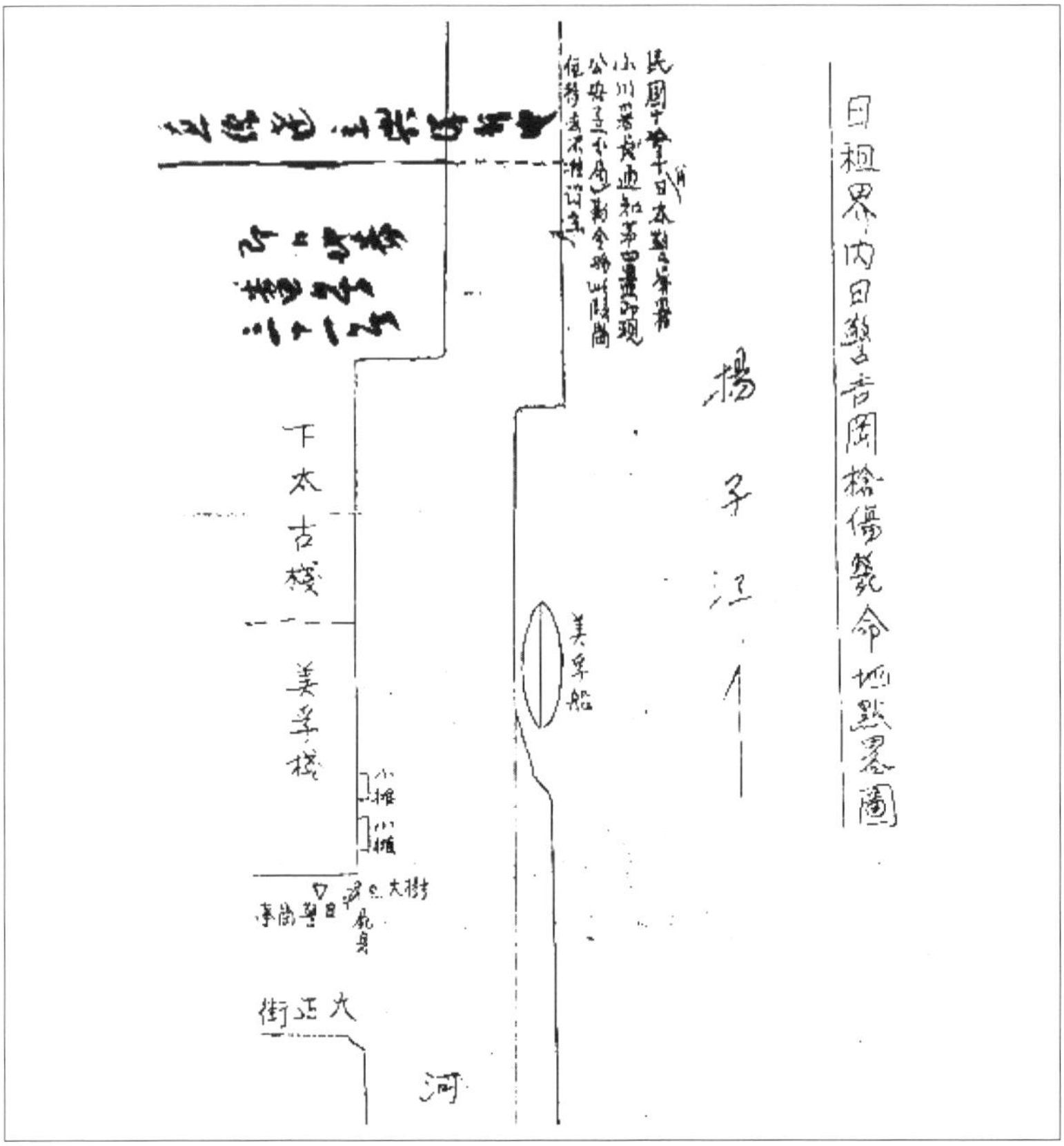

か、どうかに関連する部分であるが、ラリー・ヨルゲンセンは、「私は二発の銃声を聞きました。その時、日本人警察は交番（Police Sentry Box）の近く、スタンダード洋行の南壁の方面の日本租界の近くに横たわっていました」と証言し、遺体搬入説を否認している。

ノルウェー人のラリー・ヨルゲンセンの証言は、日本の三浦総領事宛にも伝えられた。しかし、結果的にラリー・ヨルゲンセンの証言は、中国側にとって有利な内容――すなわち、事件が起きたのは日本の警察管轄区域内であり、中国には警備の責任がないという――であったためか、日本側の事件関連の記録には一切、言及されて

【図6】ノルウェー人 Lally Jorgensen 婦人の目撃者情報

Hankow, 23rd September 1936.

MINUTES OF AN INVESTIGATION BEFORE THE NORWEGIAN VICE-CONSULATE - 23RD SEPTEMBER, 1936, - 2. 30 P.M.

Present: Dr. K. C. Wu, Messrs. Chen Hsi Tseng & Tung Ko Jen and Capt. & Mrs. Jorgensen.

1) TESTIMONY OF MRS. JORGENSEN REPLYING TO DR. K. C. WU:

Dr. K. C. Wu informed Mrs. Jorgensen that he wished to ask her a few question relative to the statement she had already made in regard to the shooting of a Japanese policeman and asked her to reply to his questions in a simple and straightforward manner.

Q. Do you live on the "Mei-Foo"?

A. Yes.

Q. How long have you been on the "Mei-Foo" at Hankow on this occasion?

A. Rather more than one month.

Q. Is the "Mei-Foo" frequently anchored off this wharf and are you usually present on board?

A. Yes, the ship has been going backwards and forwards between Hankow and up-river ports all the summer and we have been frequently lying off the Installation.

Q. Is it then a fact that you have a very good knowledge of the general layout of that area? In fact, you more or less know it by heart?

A. Yes.

Q. I understand you were in a ricksha: where did you come from?

いない。

それでは、吉岡事件の発生後、日本と中国はどのように事件を解決しようとしたのだろうか。度重なる日本と中国の外交交渉ではどのような点が議論されたのだろうか。

吉岡事件の発生後、日本の外交文書や『外務省警察史』などでは同事件の解決のために日中の外交交渉が行われたことを窺わせる記述がみられるが、その詳細はいままで不明とされてきた。ところが、国史館の関連資料のなかに、日本と中国の間で合計三回の外交交渉が行われ、その詳細を伝える会談記録（中国語と、一部の日本語資料）が残っている。

まず、事件発生後、日本と中国の高官が最初に会ったのは、九月二十二日、三浦総領事と湖北省主席楊永泰の会談であった。

この会談において、三浦総領事は、一九三五年一月の上海の中山兵曹射殺事件から一九三六年九月の吉岡事件にいたるまで日中間が衝突する理由は、中国の「党・政・軍が常套手段を用いて排日を指導した結果」であり、今回の事件も（1）犯行が計画的に行われたこと、（2）犯人の逃避路が確保された点から決して偶発的な事件ではないとしたうえで、日本側の要求として、（1）殺人犯の逮捕、（2）事件再発の防止（具体的な方法をもって実行する）、（3）その他の要求は留保する、という三点を伝えている。

これに対して、楊永泰主席は「今回の事件は日本の総領事にとって心痛だけではなく、私にとっても大きな心痛でもある」としたうえ、次のように反論している。

「貴総領事は、党・政・軍が組織的、計画的に反日運動を鼓舞しているといい、日本の言論も同じことを伝えています。しかし、私が赴任して以来、中央政府から出された命令と私が発した命令は、努めて日本居留民を保護するように指示するものでした。この点については、本職としても相当な努力をしています。中央政府が対外的に発した命令については、あなた方もよくご存じのことと思います。思うに私たちが中国問題に虚言を並べたことはありません。中央政府が日中の関係を修復したいと願う気持ちは、至誠の気持ちから出たものであります。それゆえに、私も九月十七日に談話を発表し、九月十八日（注―満州事変の記念日）にも反日に関連する事件は発生しませんでした」

しかし、三浦総領事は、現在の中国国内の動きが反日ではないという現状認識には肯定できないとした上で、中国政府によって出される日中間の関係改善を促す命令は形式的なものに過ぎず、繰り返される日本人の殺害と日本商品ボイコット運動に、日本国民の感情は日増しに厳しくなっている、と反論した。

楊主席は、吉岡事件はあくまでも一つの刑事事件であり、中国が故意に扇動したことはないと説明し、日本側の理解を求めた。しかし三浦総領事は、この事件が単純な刑事事件であることという考えは絶対に受け入れることができず、事件は重大な政治問題である、と楊主席の考え方を厳しく批判した。日本側としては、今回の事件が中国の党・政・軍の反日運動の結果であり、事件解決に向けた中国側の真摯な取り組みが必要であり、中国側の警察権限の地域内で発生した事件の犯人を速やかに逮捕すべきであると繰り返し要求した。

この警察権限区域の問題は、日本と中国の間で最も意見が対立する部分であった。すなわち、三浦総領事は、事件が発生した区域は日本租界の区域内ではなく、いわゆる拡張租界区域で同地域の治安は中国側が担当している、という意見であった（【図5】を参照）。この意見に対して、楊主席は、事件の発生した場所は、一九二九年と一九三一年の日中間の交渉により日本側の行政担当区域になっているという資料を提示し、事件発生後の遺体搬入説についても、ノルウェー人の目撃証言があることを日本側に伝え、中国側には直接の責任がないという態度を表明した。

日中間の第二回目の会談は、九月二十四日の午後二時から約一時間にわたり、湖北省主席楊永泰の秘書陳志遠と三浦総領事の間で行われた。

陳志遠は、（1）今回の凶悪な事件の発生は、日中間の友好関係を破壊し、国交を断絶させることを目的とするものので、日本のみではなく、中国側の敵でもある、とした上、（2）中国側が確保している証人（ノルウェー人のこと）に関連する情報を日本側に提供する用意があることを伝えた。陳志遠は、中国は党・政・軍の各方面で反日運動を助長することは一切しておらず、一人の日本人を殺害すれば、日本をさらに刺激する口実を与えるだけであるから、吉岡事件の背後についても一切、関与していないことを伝え、代わりに、共産党を含む政治的な陰謀組織が不幸な事件を引き起こしているのではないか、と共産党の一部に嫌疑を押しつけようとした。

これに対して、三浦総領事は、中国側が把握しているノルウェー人夫妻の証言は、中国側が突然持ち出した根拠のないものであるとし、遺体の移動はなかったという説に対しては、一回目の会談と同じく「絶対信じることができない」と返事している。また、三浦総領事は、今回の事件に対する中国側の対応は誠意がなく、事件の背後を共産党に押しつけるのみで、重要なことは速やかに犯人を逮捕することである、と述べている。さらに、現在、漢口にはすでに日本から増派された軍艦が集結しており、帝国海軍は必要があれば、将来、自衛行動をとる旨が伝えられた。

第三回目の会談は、九月二十八日、日本領事館で湖北省主席楊永泰と三浦総領事との間で行われた。

楊主席は、吉岡事件だけではなく、日中関係の一般問題について、政府という立場を離れ、「私人友誼」の意見交換をしたいとしたうえで、「欧州各国の国際関係が極めて複雑で、政治家が様々な方法を用い平和を保っていることに比べれば、東アジアはそれほど複雑な関係ではないにもかかわらず、平和を保つように調整ができないのは、真に恥ずかしい限りである」、という一般見解を述べている。楊主席は、中・日両国の関係の中で、もっとも重要な点は、経済合作ができるかどうかにかかっており、お互いが自給自足できる経済システムを確立すれば、帝国主義や共産主義に対抗でき、その時に必要な中・日間の協力は、政府と政府ではなく、国民と国民との合作であるという持論を展開した。その後、楊主席は、吉岡事件について、次のような意見を述べている[22]。

「このたび漢口、上海で度重なる暗殺事件が発生しているが、これら一連の暗殺事件を国民党と政府、そして、軍が計画的に支援していることはない。日中友好を願っていない『陰謀団』はソ連と連携を取っている共産党一味に過ぎず、かれらは日中両国の敵である。吉岡事件の犯人逮捕のために現在、武漢の軍と警察を総動員して捜索に当たっているが、犯人はまだ捕まっていない」

三浦総領事は、楊主席の意見に対して、漢口の吉岡事件の後、九月二十三日には上海に停泊中であった「出雲」の乗組員水兵が上海の路上で襲撃される事件が起きるなど、日中関係は極めて「厳重」な時期を迎えており、日本国内の輿論も強硬路線を主張する意見が沸騰している。さらに、三浦総領事は、「私がいま使った『形勢厳重』という表現はとても短い語句にすぎないが、その意味は深長である。漢口事件は日中両国の関係においてきわめて厳重な意味をもっており、現在の日中情勢の悪化は既に外交官の努力によって解決できる範囲を超えているかも知れない」という日本側の緊迫した現状認識を伝えている。

おわりに

以上、一八九八年、漢口に日本租界が設定され、日本人の人口が増加し、商工業の活動が活発になるにつれ、双方が衝突する刑事事件も増え、一九一一年以降に入ると、高揚する中国のナショナリズムとも相まって、単なる刑事事件がたちまち両国の名誉をかけた政治事件へと発展する過程をみてきた。

冒頭でも述べたように、二〇世紀に入ってからの日中関係史の大部分は、事件、事変史の積み重ねで、日本側は常に在留民の生命と財産の保護、そして、帝国軍隊の威信を守ることに暴力行為の正当性を求めた。その一方、欧米列強の半植民地に置かれたと認識する中国側にとっては、帝国主義の打倒と不平等条約の撤廃は常に正義を意味していた。一九三六年九月の漢口の日本租界で発生した吉岡警部被殺事件をめぐる日・中の攻防も結局、おなじ構図の上で理解することができよう。

従来の吉岡事件に関する記述は、日本の『外務省警察史』に記述された内容によって整理される場合が多かった。しかし、台湾の国史館が所蔵する中国側の記録「漢口日租界崗警被殺案」には、今まで日本側の記録では見られなかった多くの新しい資料が含まれており、その内容については以上で紹介した通りである。

一九三六年という年は、特に、中国各地で多くの日本人が襲撃される被害が続出した年であった。七月には上海で萱生事件、八月には成都事件、九月三日には北海事件、九月一九日には吉岡事件、九月二三日には上海の路上で「出雲」の乗組員の水兵が襲撃を受け、一名が死亡し、二名が重傷を負う出雲事件が起きた。漢口の三浦総領事が指摘している通り、日中関係は「形勢厳重」な時期を迎えていたのである。

ところで、この危機的な局面に対して中国側が全く無誠意な対応で一貫していたわけではない。危機的な局面に対して冷静に対処し、厳重なる情勢を改善しようとする様々な動きがあった。その一つが『中央日報』一九三六年十月三日に掲載された中国の新聞社二一社の共同名義で発表された「中日関係緊張中吾人之共同意見与信念―敬告全国国民及日本朝野」という記事であったように思われる(23)。

同記事は、「ここ二週間以来の中・日両国の極度の緊張した関係は、東アジアの大局に暗雲をもたらし、危機は四方に隠れている様子が窺えるものとなっている。我々は世論を司る公共の声として、対内的にも対外的にも公意を伝える職責があると前提した上で、まず、中国人には、第一に国家の存亡は人にあることから、国家と民族の永遠を信じ、盲目的に事件を起こさないこと。第二に政見と理想は異なる故に『非我死即你死』(我死すにあらざれば汝死す)的な対応は控えること」を訴えている。

次に、日本の朝野に願うとして、「第一に、最近、不幸な事件が続いているが、日本側は中国人民の好感を得るような実績を積む必要があり、これこそが『反日思想』を和らげるもっとも有効な対策であること、第二に、中・日両国の共同繁栄のために、そして、両国の永遠の利害のために日本新聞界の同業の士が正論を発揮し、日本朝野の注意を喚起すること」を願っている。

しかし、このような願いと期待は「形勢厳重」な現実を前にもろくも崩れた。周知のように、翌年の一九三七年七月に起こった盧溝橋事件によって暴力の頂点に向けて動き出した歴史を好転させることはできなかったのである。

［注］

（1）漢口については、孫安石「漢口の都市発展と日本租界」（大里浩秋・孫安石編『中国における日本租界』（御茶の水書房、二〇〇六年）を参照。

（2）『外務省警察史　第四九巻－在漢口総領事館』（不二出版社、二〇〇一年、以下『外務省警察史・漢口』と略称する）、一〇九～一一〇頁。

（3）水野幸吉『漢口』冨山房発行、一九〇七年、六九二～六九三頁。

（4）外務省外交史料館所蔵「在支帝国専管居留地関係雑件・漢口の部」（請求番号：三－十二－二－三二－六、第一巻、所収）。

（5）漢口領事山崎桂→外務大臣小村寿太郎宛報告、一九〇二年一一月八日、「漢口領事館報告書」（請求番号：六－一－一－六－三七）、所収。

（6）水野幸吉、前掲書、、七七二頁。

（7）「漢口日本専管居留地警察に関する件」、『外務省警察史・漢口』、一一八頁。

（8）岩崎事件については『外務省警察史・漢口』、一一一～一一六頁を参照。

（9）野元事件については、同上、一一九～一二六頁を参照。

（10）漢口の西村事件については、同上、一五八～一六四頁を参照。

（11）「在漢口芳澤総領事発信都督黎元洪宛」、同上、一六〇頁。

(12)「兗州、漢口及南京事件解決の件」、同上、一六三～一六四頁。
(13)田種香事件の経過については、同上、二〇二～二〇五頁を参照。
(14)日本側が捉えた水案事件の経過については、同上、二四五～二六二頁を参照。中国側の視点から水案事件を論じたものとして、黄蘭田「『水杏林惨案』始末」(武漢市政協文史資料委員会編『漢口租界』、第四輯、一九九一年、所収)を参照。
(15)『外務省警察史・漢口』、二六一～二六二頁。
(16)「漢口陸戦隊復活」、『東京朝日新聞』一九三六年九月二一日。
(17)以下の吉岡事件については、『外務省警察史・漢口』、三四一～三五〇頁を参照のこと。
(18)同上、『外務省警察史・漢口』、三四二頁。
(19)以下、中国側の吉岡事件に関する記述は、すべて「漢口日租界崗警被殺案」(目録番号一七二～一、案巻番号一〇七九、台湾、国史館)所収の資料による。
(20)漢口市長呉国楨から外交部張岳軍宛ての電文「第七九七九四」、「漢口日租界崗警被殺案」所収。
(21)中国側が提示した日本からの公文は、一九三一年二月三日、第十八号、在漢口総領事坂根準三から漢口市長劉文島に出されたものを指す。
(22)「楊主席与三浦総領事第二次晤談記録」(「漢口日租界崗警被殺案」、目録番号一七二～一、案巻番号一〇七九、台湾、国史館)所収を参照。
(23)共同名義で参加した中国の新聞二十一社は以下の通りであった。「大公報　大晩報　立報　中報　新聞報　時報　時事新報　中華日報　民報　新京日報　新民報　中央日報　中国日報　救国日報　朝報　扶輪日報　華報　南京日報　新

南京報　党軍日報　南京人報」。

第三章　上海日本人社会における「文明開化」運動

陳祖恩

はじめに

明治維新（一八六八年、明治元年）が始まり、「日清修好条規」（一八七一年、明治四年）が締結されると、上海に来る日本居留民は徐々に増えていった。当時、上海の租界は発展して近代都市のモデル地区となり、西洋文明によって作られた都市の繁栄に上海に来たばかりの日本人住民（以下「日本居留民」と呼ぶ）はしきりに称賛した。彼らは上海をアジアの「ヨーロッパ」と称して、日本から最も近いこの地で西洋文明を学ぶことができ、同時に上海の租界で生活できる資格を得たいと望んだ。

西洋文明と都市生活とは密接につながっており、文明の成熟度というものは、主に人々が都市において守る行動規範や規則として表現されるものである。しかし、初期に上海にやって来た日本居留民の多くは「内地食詰の賎民」(1)で、経済力が低く、人としての素養は高くなかった。異国において外国人と共に生活していく過程で、着る物は粗末で、振る舞いは「野蛮」であり、大部分の女性は売春婦か、そうでなければ中国人や西洋人の妾であった。日本居留民のイメージは、西洋文明の薫陶を受けた日本人に汗顔の思いを抱かせるものであり、また国を挙げて文明開化の運動を推し進める日本のメンツをもつぶすものだった。そのため日本居留民は、上海の日本領事館の指導の下、「怠惰と厚顔無恥な行為の放任を排斥する」ことをテーマにした上海における「文明開化」運動を展開し、文明の成熟度を徐々に高めて、上海で強固な日本居留民社会を作るための基礎を定めたのである。

一　租界に寄生する弱小国の移民

一八七〇（明治三）年、上海在住の日本人七人が上海イギリス租界工部局に居留民としての正式の登録を行った。彼らはみな男性で、その中の四人は共同租界の旧イギリス租界区域に、残りの三人は虹口の旧アメリカ租界内に住んでいた。この他に日本人船員が二二人いて、合せると二九人いた。(2) しかし、居留民の定義によれば、上海に一定の職業を有し、かつすでに申告している日本人のみが居留民となる資格があるので、上述の日本人中の七人が最初に日本居留民と認められたのである。

日本人が正式に上海に移ってきたとされる一八七〇年当時、租界はすでにイギリス、アメリカ、フランスなどの西欧列強の天下となっていた。一八四三年一一月一七日、上海は西欧列強の軍事攻撃により開港を迫られた。当時イギリス領事館で登録した商人と宣教師はわずか二五人だった。しかし、その後二〇年余りのうちにイギリス租界、フランス租界、アメリカ租界が相次いで作られ、イギリス・アメリカ租界は一八六三年に合併して共同租界となり、そこではイギリス人が主体となって法律、裁判、警察、軍事などの機能を備えた全権統治的な政治体系を確立していった。それに比べ、開国間もない日本及び上海に移民した日本人は、上海の租界において弱小の地位にあることは明らかであった。ましてや一八七〇年、共同租界に外国人が一、六六六人いる中で、日本居留民はわずか七人であり、まったくもって無視して顧みられない程の少なさであった。それ以後数十年間は日本居留民の増加速度はまことに緩慢であり、最初の一〇年は毎年五、六人増のペースで、その割合は男性が三分の一、女性が三分の二であった。一八九〇(明治二三)年になると、上海の外国人は四、二〇〇人に上り、うち日本居留民数はわずか六四四人(男三三九人、女三〇五人)[3]であった。

早期の上海日本居留民は、その多くが農村の出身で、彼らは日本社会の最底辺に置かれた貧困者だったが、他には失意の武士もいた。長い鎖国時代を経て、明治維新政府は日本人が海外に出て活動することを許可したので、国内から海外に出て事業を発展させることは、多くの日本人貧民、とくに農村の貧困層にとっての人生の新たな目標となり、上海も日本人の海外で事業を開拓する際の重要な舞台の一つとなった。

しかし西洋人と比較して、初めて上海にやって来た日本居留民はお金がなく生活レベルは低かった。明治初期の上海の物価を例に取ると、上海の家賃は毎月四ドル、六ドル、一〇ドルなどいろいろであり、最も良い部屋で一五ドルした。一方、米は一〇〇ポンド一ドル、卵が一個三文、外白渡橋(外国人はガーデンブリッチと呼んだ)の通行費が一人三文だった。[4]当時の物価は比較的安かったが、小さな商売を営む日本居留民にとっては、少なくはない出費であった。外国人のところでアルバイトをしていた日本居留民は、収入がさらに低かった。一八七六(明治九)年、品川総領事が外務大輔・鮫島尚信に宛てた書簡には、それらの日本居留民について、「僅かに一カ月三、四円の工銭を以て渡世する」(漢字の旧字体は新字体に直した。以下の引用も同じ。)[5]と書いている。日本人墓地の清掃兼墓守の賃金もわずか七元で、それさえも日本総領事と日本人商人が出した寄付金であった。また、日本居留民が西洋人医師に受診に行くと、一回の診察費が五ドル、日本の貨幣にして七円[6]もした。そのため日本居留民は病気になっても治療するお金がなく、彼らと同じ街に住む西洋人との貧富の差が、これによっても証明できるのである。

初期に上海に来た日本居留民は生活が苦しかっただけでなく、その生活様式も租界の西洋都市文明の様相と比べると、人々に与える印象は着衣が粗末で行動が奇怪であった。浴衣を着て裸足に下駄を履いて街をしまりなく歩く姿は、上海市民の好奇の的になった。また日本女性が下船する際に、裾が風にあおられ脚があらわになる光景もよく見られ、西洋人からは日本の服装が文明的でないことに対して非難が浴びせられた。[7] 他にも、墓地での祭礼儀式を故郷のやり方そのままに上海へ持ち込んで、「墓前に燈籠を吊り、その下に毛布を敷いて、酒肴を墓地に運び、三味線を弾じて騒いだ」[8] こともあった。こうした生活様式と風俗習慣は、日本では非難されないかもしれないが、上海の租界では西洋人に排斥され「野蛮人」の行為であると見なされた。西洋文明の教育を受けた日本居留民の中にはこのために不安を感じ、日本最初の新聞『海外新聞』の創刊に参与し、一八八〇（明治一三）年、上海に楽善堂薬店を開設した岸田吟香は、和服を着て租界をぶらついている同胞らに対し強い反発を抱き、アジアの日本から西洋化された上海に来たのに、真の「脱亜入欧」を果たしてはいないと考えた。彼は日本の『朝野新聞』の通信にこう書いている。「上海にて日本人と云へバ一種の奇風俗なりと常に中西各国人の指笑する所なるも無理ならず、領事館の官員と一、二の会社員との外ハみな洋服を着せず、木綿の短き単衣《ひとえ》に三尺へコ帯を〆めイガグリ坊主に大森製の麦藁《むぎわら》シャップを冠り素足に下駄をはき、ギチギチひよこひよこと虹口辺を往来するハ贔屓目《ひいきめ》の我々日本人が見ても是が我同胞なりと云ふハ余ほど恥づかしく、夫《それ》よりハまだポルトガル人、印度人の方が衣服も調《ととの》ひ体格も宜しき様なり。」[9] 一八九〇（明治二三）年、相変わらず伝統的「奇妙な装い」をして外灘公園に遊びに来る日本人が、公園に来るものは必ず整った格好をしなくてはいけないという規則に反していることに鑑みて、工部局総董は日本領事に人員を遣わし、「正統な衣服を身に着けていない貴国民は、外灘公園に入ることを許さない」と通知した。[10] また新設された虹口公園には、「公園内ニ入ル者ハ必ズ洋服又ハ羽織袴着用ノコト」という日本語で書いた「掲示」を、工部局が門前に掲げた。[11] こうした

日本人妓女が日本軍に献金するために集まった様子

【出典】「以身報国」、『点石斎画報』所収

日本語の公告文は、明らかに日本居留民に対する差別的意味を含んでいた。

明治初期に上海に来た日本女性は、「先遣娘子軍」とか「からゆき」と称された人々が大半を占めていた。からゆきとは中国及び東南アジアで外国人の妾になる日本女性を指す言葉、または外国人をサービスの対象とする日本人娼妓を指す言葉であった。上海でのからゆきの動きは、日本人歴史家が「海外の我が姉妹の屈辱史」、「日本女性哀史」と述べているところの一つの重要な史実である。一八八〇年代初期より、日本の娼妓たちは四馬路（現在の福州路）、西華徳路（現在の長治路）などの「東洋茶館」という場所で売春を行っていた。一八八二年、長崎の賭博師・青木権次郎が数十人の日本人娼妓を西華徳路に連れてきて、日本では女郎屋と呼んだ売春を商売にする大規模な店を開いたことから、東洋茶館は上海の花柳界でその名を大いに沸かせた。統計によると、当時の上海には東洋茶館が一六軒あり、うち一四軒は日本居留民が経営していた。日本居留民経営の店には七、八人の娼妓を置き、店主は毎月一人から二〇〜三〇円の利益を得ていた。[12] 金一勉の『日本女性哀史』の中には、一八八二年—一八八三年が東洋茶館の売春場所としての全盛期で、その娼妓のほとんどは長崎なまりの言葉を話していたこと、上海花柳界では約七、八〇〇人の顧客を有していたことが書かれている。[13]

一八八四（明治一七）年五月に創刊された『点石斎画報』では、画と文を用いて東洋茶館の風刺と論難を行った。例えば「以身報国」の画中では、編集者が日本人娼妓の売春により国に尽くす行為を次のように鋭く風刺している。「日本人女性はもともと廉恥心がなく、男女混浴を厭わない。茶館には多くの女性を雇って接待役をやらせ、もし客と親しくなって客の妻となっても構わない。前に集団で中国にやってきて、上海で妓楼を開き、至る所に女性の給仕を置いて、人の戯れるに任せてまったく恥を知らない。その後日本領事館が追い出して帰国させた。それ故日本の娼妓は最も数が多く最も卑しかった。最近日本はしばしば戦争に負けて国庫が空になったので、兵隊を救済する組織を作って民間に献金をさせたが、金が足りないとなると、娼妓が稼いだ金を出せとなり、二元、一元と寄付させ、たとえ年じゅう客が取れない娼妓にも五〇銭なりとも献金させて兵士の救済にあてた。女の子が身を捧げて国に尽くすとは、将来はきっと戦場で戦った兵士と同様勲章をもらえるであろうよ。」[14] また、『申報』はこうも指摘している。「上海に東洋茶館あり。表は茶を飲む場所を装っているが、実は色香に惑うところ。風俗の害があるだけでなく、日本の恥でもある。」[15]

同年、日本人記者・尾崎行雄が上海・四馬路を視察した後、憤慨してこう指摘した。「四馬路は酒色の街にして、両辺の家根概ね皆酒楼妓館に非ざるはなく、本邦の醜名を遠く海外に流せる東洋茶館の如き、亦多くは此街に在て開設す。酒楼乎、将た娼寮乎……」[16]

東洋茶館が上海で繁盛するのは、上海ではもちろん日本国内でも大いに日本政府の面目をつぶすものだった。一八八四（明治一七）年、日本政府は日本領事館の要請に応えて四人の巡査を上海に派遣し、領事館が東洋茶館を取り締まるのに協力した。日本領事館の厳しい取り締まりにより、多くの東洋茶館は閉店に追い込まれ、娼妓は帰国させられたり、また一部は強制的に南洋に移動せざるを得なくなった。

また素行不良の日本居留民たちは、上海を勝手気ままができる楽土とみなし、日本人のイメージを一段と落とした。当時『申報』では「日本人騒ぎを起こす」、「日本人を処罰すべし」、「日本人が横暴」、「日本人の犯人をさらに重い罪に処すべし」などと題した新聞記事がよく掲載された。一八八三（明治一六）年七月一四日夕方、日本人二人が人力車を拾い虹口まで行き、「人力車の車夫と運賃のことで口論となり、日本人が車夫を殴打。警察はこれを見て阻止すると、日本人は豆腐店にあった菜切り包丁を取って振り上げようとしたが、これを通行人たちが力ずくで取り上げた。日本人はまた棍棒で警察に殴りかかろうとしたので、近くにいた人々がこれを取り押さえ、警察署に連行した。」[17]また一八八四（明治一七）年一〇月二五日午後、日本人二人が虹口で「広東女性に悪ふざけを拒まれると、刀を抜いて女性のこめかみを切りつけてけがをさせ、即刻逮捕連行された。」[18]そして一八九一年、瀋開福殺害事件はさらに上海市民を驚愕させた。これは七月三日午後九時、数名の日本人が瀋開福宅を通り過ぎようとした際、瀋の飼っていた犬に驚かされたため、その怒りを瀋にぶつけ、殴打して死亡させたものだった。検死によると、「頭には刀傷が八カ所、こめかみの二カ所の傷が致命傷で、背中にも一カ所刀傷があり、肩腕胸などには木製の凶器で受けた傷が数えきれないほど見られた。」[19]上述の事件を起こした者たちは日本領事館の処罰を受けたものの、「東洋人が人を殴った」という悪い評判が次第に上海の町中に広まった。

海外の居留民と祖国全体のイメージはつながっていて、海外の居留民のその地での悪いイメージは、必然的に祖国の名声にも影響を与え、ひいては国際的イメージを損なうことにもなる。だから上海の日本居留民のイメージ問題は、彼らの中の有識者の間ではすでに認識され、「居留民の常に口にせしは『国家の体面を汚す可らず』との一語なり。蓋し、国を思ひ国力を感ずること海外進出者の熾烈なるより甚だしきは莫し。然れども渡来者の漸く多きを加ふるに至りて、憂慮すべき事象も発生せるもの、如し。当時の上海は社会の監視を受くること日本のそれと異り、おのづから寛容なるあり。こゝに於てか無知の徒は自制の心を喪ひ、勢ひの趨くところ、放縦懶惰、厚顔無恥の行為なきに非ず。[20]」と認識されていた。また一八九〇（明治二三）年一〇月、「孤憤子」と称する日本居留民は、在留邦人は体面を重んじなければならない、そうでなければ西洋人に馬鹿にされるとする文章を書いた後に次のように続けている。「西人ノ東人殊ニ在滬日本人ヲ軽侮スルヤ、其原因固ヨリ二三ニシテ足ラズト雖モ、東人ノ自ラ侮リテ而シテ西人ノ侮リヲ招ク者豈ニ其最大原因ニ非ラザルヲ知ランヤ。聞クガ如クンバ、我日本人ノ上海ニ在留スル者其数男女合セテ無慮六七百名（研究所生徒ハ別）ノ多キニ及ビ、其内女子ノ数殆ド全数ノ二分ノ一ヲ占ム。而シテ渠輩ノ為ス所ヲ視ルニ、二三ヲ除クノ外皆身ヲ洋人又清人ニ托スル者ナリ。夫レ身ヲ売ルノ醜業タルハ人皆之ヲ知ルト雖、独リ渠輩ニ至テハ之ヲ醜業視セザル而已ナラズ、却テ揚々乎トシテ之ヲ他ニ誇示スルノ勢有リ……上海ニ在留スル日本ノ男子タル者亦或ハ渠輩ヲ遇スルニ同等ノ義ヲ以テシ、或ハ渠輩ト伍シ、或ハ渠輩ト酒宴ヲ共ニシ、甚シキニ至テハ醜業ヲ流ス者アルガ如シト。[21]」このような認識に照らして、彼らは、上海で増加していく日本居留民の多くは日本国内ではどうにも生きていくことのできない「賎民」だったという事実を受け入れないわけにはいかなかった。もしもそれに対し流れるままに任せていたら、ついには日本民族や日本国全体のイメージに影響することになったであろう。

二　国を代表する領事館の監督管理

明治時代の上海日本居留民は、生活をしていくうちにさまざまな屈辱や苦難を味わった。しかし彼ら独特の生活習慣は、西洋文化とぶつかり合う中ではいささか奇妙さが目立つものであり、上海での日常行為は、日本国のイメージとつながっていたため、日本領事館は日本居留民社会の最高指導機関として、居留民を守ると同時に、日本政府の監督・管理の重責を担うことになった。

一八七〇（明治三）年七月、日本政府が中国と日清修好条規の締結に関して話し合いをしていた際、民部省は外務省の許可を経て、日本居留民が上海に入る準備作業を始め、「開店社」という名の上海駐留機構をつくり、日本の通商大佑・品川忠道、齊藤麗正、文書権少佑・神代延長ら三人を代表にして、「上海在留邦人の取締並対外交渉の全権」を担わせた。[22] 開店社を日本居留民が上海で行う商売、貿易、視察活動等を紹介する場所となり、また上海での連絡場所や臨時の宿泊施設にもなった。ここで決めた規則は、日本政府が日本居留民を管理する法規でもあった。開店社を設立して間もなく、外務省はまた「外務省上海出張所」を設けたが、これが上海日本領事館の前身となった。一八七二（明治五）年日清修好条規の規定により、日本はまず上海、香港、福州に領事館を設立することにし、同年四月、外務省上海出張所は日本公館と改称、翌年六月、日本公館は正式に上海日本領事館となった。

上海日本領事館は設立後、日本居留民に対して文化的教育と管理を行い、関連する管理規定を何度も公布した。国民の資質は国の文明が盛んであるかをはかる指標であり、国民に対する資質教育は科学技術よりももっと重要な要素である、もしも盛んな国力の支えがなければ、国民が海外に出るのは困難であり、盛んな国力とは、国民の努力によって実現できるものである、と彼らは考えた。

日本居留民が上海に入ったのと同じ頃に、明治政府は文明開化、富国強兵、殖産興業のスローガンを掲げた。文明開化とは西洋文明に学ぶことを指し、広義には思想と精神の面から西洋に学ぶということ、狭義には外見上の衣食住やしきたりなどを西洋に学ぶことであった。一八七一年八月九日、日本政府は「散髪脱刀令」を出し、武士の髷を切って髪型を変え、武士の誉れの象徴だった刀を脇にさすことを禁止した。次に幕府時代の旧式の礼服（狩衣や直垂裃）を廃止、西洋式の礼服を役人の礼服と定めた。一時期、散切り頭は文明開化の象徴となり、日本人のファッションには大きな変化が生まれた。一八七三（明治六）年六月一四日、上海日本領事館ができてすぐに「心得方仮規則」が公布された。主な内容は風俗習慣に及ぶもので、領事館は、日本居留民が外国人と共に生活する際、彼らの国のマナーおよび文明開化した地域の民衆の生活習慣に注意し、日本国民の体面を損なうことはしてはならず、もし上海の租界における規定や文明準則に違反することがあれば必ず改善し、そうしなければ処罰すると定めた。規則では一六項目にわたって禁止する行為が記されている。例えば、「士官に非ずして武器並に人を傷める刃物又は銃器を携る者」、「乗馬並馬車を不正凶暴に馳駆する者」、「往来にて塵芥を取乱す者」、「場所に非ずして道端へ大小便いたす者」、「花園又は路傍の草木を折取る者」、「女子は勿論男子たりとも腕脛等を露はす醜態する者」、「婦女子の酌取女に紛れる振舞いたす者」等々。[23]同年一〇月二九日、外務省は「清国在留日本人心得規則」を公布したが、その内容は上海日本領事館公布の規則と基本的に同じであった。

一八八三（明治一六）年九月二四日、東洋茶館にまつわる種々の事件が与えた悪影響を考え、日本領事館は正式に「清国上海居留日本人取締規則」を公布して、上海の日本居留民の日常行動に対してより一層厳しい規定を作った。例えば、「飲食店旅籠屋の営業を為すものは領事館の成規に従ひて願出認可を受くべし」、「結髪者断髪者に拘らず帽子を冠らずして外出すべからず」、「婦人にして謂れなく断髪し又は男装を為すべからず」、「男女外出する時は必ず相当の衣服を着用すべし」、「室内と雖も往来より見透かす場所に永く裸裎袒裼或は股を露はす等の都而見苦しき所行をなすべからず」等々。もし規定に反した場合は、一～一〇日間の拘留または五銭～一円九五銭の罰金となった。[24]一般の居留民はみな、上述の規定は主に東洋茶館にまつわる事件に対して制定されたものであることを知っていた。[25]

一九〇五（明治三八）年に日露戦争に勝利した日本の国際的地位は上昇し、この時期上海虹口地区の日本居留民社会が基本的に形成された。上海日本領事館は日本居留民の上海の街頭でのイメージ問題をさらに重視し、モラルのある行動をとる国民であることをより厳しく求める規定をつくった。一九〇六（明治三九）年五月一六日、総領事・長滝久吉は「近時邦人の生活放縦粗暴に流れ、国威を損するものあるが為め、この公布施行を見たり」として警察犯罪処罰令にあたる領事館令第三号「在留民一般」、全文二一条[26]を公布した。もし規定に違反すれば一〇日以下の拘留、または一〇円以下の罰金、あるいは一円九五銭以下の弁償金を科すとした。その内容は次の通りである。

一、無届又ハ許可ヲ得ズシテ営業ヲ為シタル者
二、故ナク当館ノ召喚ニ応ゼザル者
三、酩酊シテ路上ニ喧噪シ又ハ酔臥シタル者
四、酔ニ乗ジ又ハ戯ニ往来ノ妨害ヲナシタル者
五、人ヲ殴打シテ創傷疾病ニ至ラザル者
六、路上ニ於テ高声ニ詩吟又ハ放歌シタル者
七、夜間歌舞音曲其他喧騒シテ他ノ妨害ヲナシタル者
八、定リタル住居ナク平常営生ノ産業ナクシテ諸方ニ徘徊スル者
九、強テ合力ヲ申掛ケ若クハ物貨ヲ押売シ又ハ其他ノ所為ヲ以テ他ニ妨害ヲナシタル者
一〇、密ニ売淫ヲ為シ又ハ其媒合容止ヲ為シタル者
一一、男女装姿ヲ換ヘ徘徊シタル者
一二、裸体又ハ袒裼シ或ハ股脚ヲ露ハシ其他醜体又ハ醜装ヲナシ道路及公園内ヲ行歩シタル者

一三、許可ヲ得ズシテ屋外ニ酒宴ヲ開キ歌舞音曲ヲナシタル者
一四、道路ニ於テ厠圊ニアラザル場所ニ大小便ヲナシ又ハ小児ヲシテナサシメタル者
一五、公園又ハ路傍ノ草木ヲ折取シタル者
一六、定マリタル場所又ハ定マリタル時間外ニ塵芥其他汚穢物ヲ投棄シタル者
一七、濫リニ車馬ヲ疾駆シテ行人ノ妨害ヲ為シタル者
一八、屋外ニ在ル自己ノ飼犬ニ口輪ヲ箝入セザル者
一九、狂躁ノ癖若クハ疾病及外傷アル牛馬ヲ使用シタル者
二〇、職務上必要ノ者ノ外銃鎗刀剣仕込杖其他武器ヲ携帯シ路上ヲ行歩スル者但猟銃ハ此限ニ在ラズ
二一、前項ノ外上海居留地規則ニ掲グル事項ヲ犯シタル者

上述の規定は、都市住民の文明成熟度やあるべき民族像の問題に及び、上海の租界当局の関係規定と一致するものであって、ある面では更に厳しい内容を含んでいた。当時、公園のベンチで寝たり、花壇に入って花を勝手に折ってしまったり、ところ構わず勝手に大小便をするなどの公衆道徳に欠けた行為をする者がいて、工部局の注意を引くことになり、そこから公共の場でのモラル重視の管理が実施された。その後、そのことを民族差別だと見る者がいて、民族主義的な対立を起こすことさえあった。しかし、日本居留民はそこから教訓を吸収しモラルを高めるという方法を選び、自らの屈辱ととらえることはしなかった。

このほか、日本居留民の上海でのイメージを維持するため、日本領事館は、日本の船舶が上海に寄航すると、それから上海に立ち入ろうとする日本人には服装に十分注意するよう促した。上海に入る者は、男性なら「衣は必ず洋服に限る。和服の寛闊なるを忘れよ。畳に座する習慣を忘れよ。冬服は三ツ揃にて十五弗にて足れば其れにて済すべし。

此地の紳士にても時には然るものあり。夏服は上下二ツ揃にて二弗以上四弗なり。女子も成るべく洋服にせよ。洋服とさへ謂へばコーセットにて締め付け、花の付きたるボンネット、象牙把柄の扇を持つものに連想し、甚だオックウに思ふべけれども、彼の露西亜の女に鑑みて其の然らざるをしるべし。婆娑たる彼の天草的風采は慎むべし。出来得る限り看よきこそよけれ、二十有余年の後も今なお風習の改善せざる、又新渡航者の注意の至らざるは如何んぞや。今後は過ちを改むるに吝化ならざらんことを希望するになん、尚上海総領事館諭達を挙げん。」とし、さらに、各国居留地の公園、または各国人が往来する場所で公衆から白い目で見られることを避けるために、男女とも十分清潔な衣服を身に着けなければならない。近頃、日本式のラフな服装の男子が公園に立ち入ったり、だらしない格好の女子が道をうろついたりして、非常に体裁を欠いている。今後は公園に出入りする者は男子なら必ず西洋の服を着用、または和装なら正装でなければならない。女子は必ず整って清潔な服装を身に付けなければならない。道や公共の場所ではイメージに十分注意しなければならない。もし違反があれば、重罰に処す、とした。(27)

洋装の日本婦人（明治35年頃）

　日本領事館の監督・指導の下、日本居留民は洋服や礼服を着て工部局の管理する公園に出入りすることをおぼえ始めた。同時に居留民社会内部では生活の西欧化が一段と進み、紳士・淑女の流行の服装をまとう者が現われ始めた。そして、男性なら頭には鈴風帽（鈴の飾りのついた防寒帽）をかぶり、手には金剛ステッキを持ち、女性なら黒髪を褐色に染め、パーマをかけるものまで現れた。

三　モラルを向上させる民間の力

上海日本領事館が国を代表して制定した各種管理規則は、日本居留民の日常行為に対する一定の拘束力を持っていた。しかし、規定や処罰だけでは不十分であり、生活や精神面でも関心を持って教え導いていく必要があった。『上海新報』第二号には「上海居留ノ日本商人ニ望む」と題する文章が掲載され、領事館と富豪の協力の下、一致団結すれば、必ずや日本人は発展していくことが出来る[28]と指摘されている。日本領事館は日本の宗教団体や大企業を中心とした各種民間団体に頼り、教育、衛生、文化生活などの事業の発展に注意を傾け、居留民の生活レベルとモラルを絶えず引き上げていった。

一八七六（明治九）年八月一二日、東本願寺が上海に別院を設立したが、これは最も早くに上海に進出した日本の宗教団体であった。当時、日本居留民はわずか一〇〇人余りだったが、その大多数が当院の供養会入仏式に参加したことで、宗教団体の海外での特殊な結束力を示した。東本願寺上海別院は、にこやかに、互いを愛し、仏を深く信じ、無心に念仏を唱えることを主旨としていた。院内の規則は文明を身につけた者の基本となる目安を示したものである。例えば「アヘンは吸わない、裸にならない、道で排尿しない、痰を吐いたり鼻水を地面にたらさない、落ち着きのない行動をとらない、こそこそとした行動をとらない、勝手に物を動かさない、男女が混ざって座らない、多言をせずに、静かに耳を傾ける、立ち上がって喧嘩をしない[29]」など。

東本願寺上海別院は宗教の「精神安息」の機能を発揮し、布教や慈善事業以外にも、居留民の良好な生活環境を作

武昌路上にあった東本願寺上海別院

るために、各種文化教育事業にも積極的に取り組んだ。例えば、日本居留民が上海に初めて来た時、日本人学校がないために、学齢期に達する多くの子弟たちは国に帰って勉強しなければならなかった。しかも、日本国内では、明治政府が一八七二（明治五）年、近代的教育体制を確立するための「学制」を公布し、「自今以後一般の人民、華士族農工商及婦女子必ず邑に不学の人なからしめん事を期す」。「高上の学に至ては其人の材能に任すといへども幼童の子弟は男女の別なく小学に従事せしめざるものは其父兄の越度たるべき事」[30]というたっており、有識者たちは、日本人の子弟たちがいわゆる「東洋一の貿易港」の上海において現代教育を受けられないとなれば、日本に恥をかかせることになると考えた。[31]そこで、東本願寺上海別院は日本居留民子弟を教育する責任を自ら積極的に担ったのである。別院開設から半年も経たない一二月四日、東本願寺上海別院は女学校を設立し、翌一八七七（明治一〇）年には「本願寺育嬰堂」を設立し、子供たちに習字や計算など最も基本となる教育を行った。これは、日本が開国して以降海外居留民に対して最も早く行った教育活動であ

る。一八八三（明治一六）年には「親愛舎」を開設し、ボランティアで児童を対象に一カ月に数回の教育を行った。一八八五（明治一八）年には、親愛舎を日本の伝統的な「寺子屋」に変え、読み書きそろばんなど生活に役立つ学科を教えた。一八八八（明治二一）年一月には、日本国内の教育水準に並ぶようにと、東本願寺上海別院は親愛舎を「開導学校」に改めた。最初の学生はわずか一〇人で、これが上海で最初にできた日本の小学校であった。居留民の生活レベルが低いのを考慮して学生の月謝はたった二〇銭ではあったが、一〇人中毎月払えたのはわずか一人で、その他は払わなかった。(32) 上海の日本居留民の生活が苦しかったことは、ここからも見て取れる。

一八七六（明治九）年一一月一〇日、居留民の医療面での各種困難を助けるため、品川忠道総領事は居留民の代表を集めて協議し、外務省に対して上海に医師を派遣するよう要請した。次の日、東本願寺上海別院輪番・河琦顕成就、広業洋行上海支店長・松尾巳代治、三菱商事上海支店長・内田耕作ら六人が代表して、日本政府に対して「邦人医師渡航請願書」を提出、これを受けて総領事は日本人医師一人を上海に派遣して居留民の医療にあたるよう請願した。一八七七（明治一〇）年七月上旬、上海で最初の医師・早川純瑕が日本政府の委託を受け、東本願寺上海別院内に診療所を開設した。居留民には医療費を免除し、薬代の一部のみを取り、貧困者は領事館の証明を得ることで全額免除となった。七月二七日診療所が正式に開業した。八月二日には東本願寺上海別院が「日本本願寺施医」の公告を発布し、「温度が急激に寒くなる季節は、仕事が度を過ぎると病気になりやすい。金持ちは病気を治す能力があるが、貧乏人は一旦病気になると、さらに困難な境遇に陥る。本寺院は世を救い人の為になることを宗旨とするゆえ、わが国の高名な医師を招聘し当院で診察と投薬を行うこととする。(33)」と述べている。診療所が開設されて一カ月目に、五七人の居留民（男四六人、女一一人）、中国人二四人の患者を受け入れた。当時、上海では熱病が流行しており、東本願寺診療所の開設は、日本居留民にとって「旱天の慈雨の如き喜悦と幸福感を与へた」のであった。(34) その後、日本人医師は次々と上海にやって来て診療所や病院を開いた。彼らはみな専門の学歴と医師の資格を持っていて、中には日本の近代医学の創始者もいた。日本人医師が上海で次々と開業したことで、日本居留民の医療条件は改善され、彼らの健康は大いに高められた。

一八八五（明治一八）年一一月二五日から二八日まで、東洋茶館にまつわる事件が日本に与えるマイナスの影響を考えて、居留民の間では反省活動が行われ、東本願寺上海別院は「報恩講」を挙行した。これには領事館員、三井物産など大手商社の社員から一般の居留民に至るまで、多くの人々が参加した。報恩講に参加した日本居留民たちは油やろうそく、お菓子、お供え用の器・皿や金銭などを寄贈し、信徒の中には、自分がいかに悟ったのかについて夜を徹して語りあう者もいた。[35] 二年目の一〇月、東本願寺上海別院は第二回「報恩講」を挙行、参加者は二〇〇人余りに達した。

東本願寺上海別院はまた、各種慈善活動も強力に推し進めた。一八八八（明治二一）年七月には、当院によって上海慈善協会が設立された。この会の主な仕事は、「職業紹介、人事相談、疾病者救護手続、教誨事業、其他必須ノ慈善事業」だった。会員は三つの種類に分けられ、「特別賛助員、五〇円以上或ハコレニ相当スル物品ヲ寄付スルモノ」、「乙種賛助員、毎月金五拾仙以上或ハコレニ相当スル物品ヲ寄付スルモノ」、「甲種賛助員、毎月洋金一弗以上或ハコレニ相当スル物品ヲ寄付スルモノ」となっていた。[36] 一九一〇（明治四三）年、東本願寺上海別院は仏教青年会を仏陀会に改称し、もっぱら貧しい日本居留民への住宅、医療、職業紹介などを無料で行った。東本願寺上海別院のリードで、日本居留民は同胞相憐れむ博愛精神を一段と高め、上海の同胞が困難を乗り越えるのを助けたばかりでなく、祖国へ帰ることにも温かい手を差し伸べた。一八九〇（明治二三）年六月、長崎でコレラが発生して日本中に蔓延し、患者は四万六〇一九人、死者は三万五二二七人に達した。七月二五日、居留民は上海で募金を行い、集まった最初の義捐金四一円八〇銭を長崎の中野健明知事に贈った。[37]一九〇九（明治四二）年七月三一日、大阪市北区で大火災が発生し、一万四〇〇〇戸が焼失した際には、居留民が募金活動を行い、九月二三日までに四一二二円を送金した。日本居留民は国内の被災者へ援助を行っただけでなく、中国各地で発生した災害にも人道主義的関心を寄せ援助を行った。早くは一八七七（明治一〇）年に山東で飢饉が発生した際、上海の日本居留民は「銀七〇〇両を山東の飢饉に贈った。」[38]

一八七七（明治一〇）年、日本最大の財閥商社である三井物産株式会社（中国では「三井洋行」と称した）が上海に進出、広東路六号に支店を構えた。これは三井物産が海外で開設した初めての支店であった。その後、日本郵船（一八八五年、明治一八年）、吉田号（一八八七年、明治二〇年）、横浜正金銀行（一八九三年、明治二六年）など大企業や銀行が次々と上海に進出してきた。彼らは経済活動に従事する傍ら、各種文化活動にも力を入れたので、居留民の精神面での生活はかなり豊かになった。一八八二（明治一五）年七月、三井物産上海支店は『上海商業雑報』を創刊、主に日本に対して中国各地の商業、物産の状況を提供し、また中国の政治や文学、風俗などの記事も掲載した。これは上海で最初の日本の定期雑誌であった。一八九〇（明治二三）年六月五日には、上海で最初の日本の新聞『上海新報』（週刊）が創刊された。この新聞は、名義上は修文館の経営であったが、その後方では三井物産が援助しており、新聞の発行によって日中貿易発展のために尽くすことを主旨とした。『上海新報』には居留民の上海での経済発展、文化事業の情報が多く掲載されたほか、中国の物産の名称やその日本語訳名、中国の習慣、中日英三カ国語対照表、中日英通貨・度量衡比較表、上海の物価、中国各港湾の輸入品原価及び租税比較表、上海の商況、気象情報、船舶情報、上海案内など、中国に関する状況や商業状況の専門欄も設けられた。ほかには小説、挿絵、「文苑」と題した文芸専門欄を設けて、中日の文人の詩文を発表した。同報が創刊されたことで、日本居留民には多くの上海の風俗、社会情報、商業貿易情報が提供され、彼らの見聞や理解を広め、感情や相互理解を強めることになり、同報は社会を調節し融合する役割を果たした。ペンネーム「流外逸士」という日本居留民は同報を読み、喜んで次のような漢詩を綴っている。「壇坫操持冠近今、高才一輩振儒林。尽多文字風流慕、大有春秋筆削心。邦俗記来補博覧、商情閲去宛親臨。秘余術芸周行示、展読原堪拡素襟」（文化界を一手に操縦するのは近頃最も素晴らしいことで、才華あふれる新しい世代が活躍している。かくも風流な文字が人をうれしがらせ、そこにはまことに歴史を編纂せんとする想いがある。わが国の風俗を記して博覧の知識を補い、商情を読むとまるでその現場にいるようだ。毎週私に各種の知識を与えてくれ、読むと胸襟が一層広がるのである）。[39]

三井物産を代表とする日本の大企業が上海に進出してから、日本居留民全体の経済力は強まった。しかし、租界における日本居留民の地位が弱小であることと向き合って、国の経済力を代表する日本の大企業としてはさらに一致団結して体面を保つ社会的責任と神聖なる使命感を持ち、また居留民の中の「富豪」として、海外でこのような責任を負うことは当然であると認識していた。当時、イギリスをリーダーとする西欧列強は自分達の生活様式に合わせようとして、上海で各種の西洋人クラブを設立した。これは自国の居留民に多くの機能を備えた娯楽場所を提供するだけでなく、彼らにとっても集まって会議をするのに便利だった。早期の西洋クラブはイギリスの「上海クラブ」、「ドイツクラブ」、「税関クラブ」などがあった。これらのクラブはみな当時アジアの弱国であった中国人や日本人の参加は認めていなかった。一方日本国内では、一八八三（明治一六）年一一月、日本の上流階級の社交場である鹿鳴館が東京日比谷に建設され、日本は欧米化した生活の時代へと正式に動き出した。同年二月五日、鹿鳴館がまだ建設中のなか、日本総領事もまた上海で社交の中心となる日本人クラブの活動を組織し、三〇人余りの参加があった。クラブは会員制で、会員は会費を払う仕組みだった。[40] 一八九一（明治二四）年一月二日、『上海新報』は「新年初刊ニ就テ」

三井物産上海支店の職員（1892年）

と題した文で、次のように明確に指摘した。日本居留民が日増しに増加するに従い、我々は積年の旧弊を一掃するべく、烏合の衆には決してなってはならず、「更らに共同団結して以て在上海日本人の一団体を形成し可成的人民より事を創業を始められんことを吾輩の懇願に堪へざる所なり。」(41)一八九一（明治二四）年初、日本領事館は集会を開き、日本人クラブは日本居留民の間の紳士的な団体であることを明確にした。第二回のクラブ活動は三井物産で開かれた。一九〇八（明治四一）年四月一日、日本人クラブが正式に発足し、会員数は二四〇人にまで増えた。一九一二（明治四五）年一月二六日、日本の外務大臣の許可を得て、上海日本人クラブは財団法人となった。

三井物産など日本の大企業は、居留民の文化教育事業に対して莫大な資金を提供しただけでなく、様々な活動を組織し、自社職員の言動などモラルや資質の問題についても積極的に関心をもった。三井物産初代上海支店長・上田安三郎はかつてアメリカに留学し、対中貿易では「先覚者」と称された。彼は職員に外国商業法則や商業道徳を学ぶことを厳しく求めただけでなく、彼らの日常の礼儀や着こなしにも大変注意を払った。毎週一回、職員と一緒に食事に出かけ、彼らに西洋式のテーブルマナーを学ばせた。新たな社員が上海に着任したばかりの時には、普段着の和服で直接絨毯にすわり、支店長の足元で卑しくお辞儀をする者や、また肉をナイフの上に置いて直接口に運ぶ者がいた。上田安三郎は西洋式の食事の際にこのような人を見ると困ってしまい、「船乗りの食べ方」と冗談で呼んだ。上田の教えを経て、三井物産上海支店の職員たちは服装礼儀であれ社交態度であれ、日本の大企業の職員としての魅力的イメージを存分に示した。一八八三(明治一六)年上海に来て就職した福井菊三郎は後に回想して、「上海における日本人の地位が極めて低く、外国人から何時も馬鹿にされていたのを、日本人侮るべからずと彼等に自覚せしめたのは上田さん(上海支店長)のアメリカ式社交法が因をなし」たと語っている。(42)

日本の大企業の代表が主体となった上海日本人協会は、一九〇五(明治三八)年一二月一七日に設立され、上海の日本居留民が団結協力して、福祉増進をはかる公共団体となった。同時に学校や日本義勇隊を経営し、その他の慈善救済事業も担った。会長には日本郵船上海支店長の伊東米治郎が任命された。一九〇六(明治三九)年三月、日本人協会は開導学校を接収管理するようになった後、学校運営能力を強めるため、日本領事館を通し、文部省に対して教師を派遣してもらうよう要請した。そして大幅に経費を増やし、経費の年額を三九二一ドル、学校収入(授業料)を一二六五ドルと見積もり、不足部分は日本人協会に年額二六五六ドル負担してもらうことを決めた。このほか、臨時の費用が概算で一三二六・六ドル、合計三九八二・六ドルとなった。(43)

一九〇七(明治四〇)年九月一日、上海居留民団が成立したが、これは日本国内の市町村制度とは異なり固定された行政権はなく、外務省機関の代表である上海領事館の監督の下に置かれた「自治団体」である。居留民団成立後、日本人協会は解散を宣言し、経営していた事業は全て居留民団に移譲された。初期の上海居留民団は、決議機関の居

日本式庭園　六三花園

留民会と理事機関の行政委員会の二つの部分から成り立っていた。行政委員会は主に日本の大企業や銀行の上海支店長などにより構成された。居留民団の設立は上海日本居留民社会形成のシンボルとなり、これ以降日本居留民社会は上海において日増しに強い勢力となっていった。

　民間の力としての一般の商売人は事業を開拓していくのと同時に、民族的な特色のある居留民文化のために力を発揮した。長崎の商人・白石六三郎は一八九〇（明治二三）年に上海に来て、高級日本料亭「六三亭」の経営に成功し、財を築いた。彼は「窮境にあるものに対する同情深く在留邦人の信望を双肩に荷ひ」[44]、同胞のために上海に日本式の娯楽・休憩・集会の場所として、日本式庭園「六三花園」を一九〇八（明治四一）年に建造した。これが完成すると日本居留民に無料で開放し、彼らにとっては最も故郷を懐かしむ場所となった。このほか、白石六三郎は長崎から国幣中社諏訪神社の祭神を招き入れて、六三花園内に社殿を建立し、祭祀の仕方は長崎の風情さながらに行った。一九一二（明治四五）年四月一四日、六三花園で諏訪神社の落成式が行われ、上海で最初の日本の神社となった。

明治時代末期になると、日本居留民は日本領事館の指導の下、民間団体の力を借りて行政管理、学校教育、宗教信仰、生活保障、娯楽休息、文化伝承などの面ですでに独特の民族的情緒や精神・物質生活を持つ独立した「日本人街」を一通り形成した。日本居留民は近代上海の都市文化環境に馴染んだだけでなく、上海に日本文化の色彩を鮮明にした居留民社会を形成したのである。

おわりに

明治初期、日本居留民は欧米列強の統治下である上海租界に身を寄せ、日清戦争後に治外法権を得て租界の参入者となり、上海で安定した生活づくりを始めた。第一次世界大戦は日本居留民社会が飛躍的に発展する契機になった。一九一五年には人口が初めてイギリス人を超えて一万一四五七人に達し、上海の外国人居留民の中で首位に立った。日本居留民社会の急速な発展に伴い、その行動規範にもまた大きな変化が起こった。女性を例に取ると、売春婦の数が大幅に減少し、日本女性の中に上海初期の職業婦人として、自分の意見を表現し始める女性が出てきた。様々な職場で活躍する女性の姿は、上海が都市化する過程で、文化の多元化が起こったことを示すものであった。疑いなく、明治時代の文明開化運動は、日本居留民社会が上海で急成長するために、精神文化の一定の基礎を定めたのである。

日本の明治維新の成果は海外の居留民も同様に享受したのであり、海外居留民が祖国を離れ悲しむムードは、上海日本領事館の的確で効果的な監督と管理手段によって取り払われ、日本居留民の「文明開化」運動もまた、国の体面を保つための役割を果たした。しかし日本の中国に対する拡張政策や侵略戦争は、日本居留民が上海で苦心して作り上げたイメージを最終的に極限まで壊してしまった。日本が上海に対して仕掛けた戦争は、みな「居留民を守る」ことを口実にしていたが、日本居留民の戦時中における高慢な「帝国臣民」ムードが日本侵略軍の行った悪事を助けることになったという事実は、上海の民衆にとって永遠に忘れることのできないものである。

［注］

（1）上海居留民団編『上海居留民団三十五周年記念誌』、昭和一七（一九四二）年、五七頁。
（2）米沢秀夫『上海史話』、畝傍書房、昭和一七（一九四二）年七月、九三頁。
（3）「上海居留地」、『上海新報』、第一号、一八九〇（明治二三）年六月五日。
（4）池田信雄『上海百話』、（上海）日本堂、大正一二（一九二三）年、四〜五頁。
（5）『上海居留民団三十五周年記念誌』、四四頁。
（6）坂田敏雄「上海邦人医界明治年史」、『上海研究』第一輯（上海歴史地理研究会刊行）、昭和一七（一九四二）年二月、七三頁。
（7）同上、七二頁。
（8）沖田一『滬上史談―上海に関する史的随筆』、大陸新報社、一九四二年、七七頁。
（9）「上海発通信」、『朝野新聞』明治一七（一八八四）年一〇月二五日。劉建輝『魔都上海―日本知識人の「近代」体験』、講談社、二〇〇〇年六月、一六八〜一六九頁より重引。
（10）工部局董事会記録（一八九〇年五月二〇日）。上海檔案館編『工部局董事会会議録』、第一〇冊、上海古籍出版社、二〇〇一年一一月、六七二頁。
（11）滬上槎客序文、江南健爾共著『新上海』、（上海）日本堂、大正一二（一九二三）年二月、一二二頁。

(12) 宮岡謙二『娼婦海外流浪記』、三一書房、一九六八年三月、一〇八頁。
(13) 金一勉『日本女性哀史』、現代史出版会、一九八〇年六月、一八七頁。
(14) 『点石斎画報』、射二、一四頁。
(15) 「査禁茶娼」、『申報』、一八八六年四月六日。
(16) 尾崎行雄『遊清記』、小島晋治監修『幕末明治中国見聞録集成』、第三巻、ゆまに書房、平成九(一九九七)年六月、五三頁。
(17) 「日人滋事」、『申報』、一八八三年七月一六日。
(18) 「日人宜辦」、『申報』、一八八四年一〇月二七日。
(19) 「会験屍身」、『申報』、一八九一年七月五日。
(20) 『上海居留民団三十五周年記念誌』、五七頁。
(21) 孤憤子「地位ヲ明カニセヨ」、『上海新報』、第二一号、一八九〇(明治二三)年一〇月二五日。
(22) 『上海居留民団三十五周年記念誌』、四〇頁。
(23) 沖田一『日本と上海』、大陸新報社、昭和一八(一九四三)年一二月、二九六~二九七頁。
(24) 同上、二九七~二九八頁。
(25) 『上海史話』、九七頁。
(26) 『上海居留民団三十五周年記念誌』、一三六頁。
(27) 遠山景直『上海』、国文社、明治四〇(一九〇七)年二月、一七二頁。
(28) 滬上浮蓬昇「上海居留ノ日本商人ニ望ム」、『上海新報』、第二号、一八九〇年六月一三日。

(29) 高西賢正『東本願寺上海開教六〇年史』、昭和一二（一九三七）年、東本願寺上海別院、二四八〜二四九頁。
(30)『学制百年史（資料編）』、文部省、昭和四七（一九七二）年、一一頁。
(31)『東本願寺上海開教六〇年史』、三六三頁。
(32)『上海居留民団三十五周年記念誌』、六二頁。
(33)『東本願寺上海開教六〇年史』、二七二頁。
(34)『上海邦人医界明治年史』、七八頁。
(35)『東本願寺上海開教六〇年史』、二七九頁。
(36)『東本願寺上海開教六〇年史』、三六三頁。
(37)「長崎港悪疫防圧費義捐金募集広告」、『上海新報』、第八号、一八九〇（明治二三）年七月二六日。
(38)『申報』、一八七七年三月二六日。
(39)「読上海新報漫題一律録呈鈞政」、「文苑」、『上海新報』、第八号、一八九〇（明治二三）年七月二六日。
(40)『東本願寺上海開教六〇年史』、二八二頁。
(41)「新年初刊ニ就テ」、『上海新報』、第三一号、一八九一（明治二四）年一月二日。
(42) 上田寿四郎「上田安三郎年譜」、『三井文庫論叢』、第七号、一九七三年、三一一頁。
(43)『上海居留民団三十五周年記念誌』、一三二頁。
(44) 吉村信太郎編『在住上海長崎県人名士録』、昭和六（一九三一）年一二月、四七頁。

（翻訳：大里浩秋）

第四章　上海租界工業区の紡績工場の光と影

羅蘇文

はじめに

本章では、上海の租界工業区における紡績工場の光と影をテーマに、以下の四点に主眼を置きながら叙述する。

第一節では、欧米の製糸工場が上海に進出し、中国の伝統的な製糸業が近代的な産業へ変貌する過程について、怡和洋行を中心に論じていく。清末の中国において、近代的な産業として導入された製糸業は、上海の低い生産コストを利用して急成長を遂げるが、原料の確保、商慣習などの違いから、さまざまな困難を克服しなければならなかった。

第二節では、清朝の一部の官僚と商人、そして、知識人が、欧米の近代的な製糸業を中国に移植することを試みた過程に焦点を当てる。李鴻章などの洋務派官僚は、上海機器織布局を設立して、欧米に追い付くことを目指したが、この工場は何度も経営危機に直面した。経営危機の直接的な理由は、「官督商辦」による非効率的な工場経営に原因を求めることができる。

第三節では、共同租界の楊樹浦に近代的な工場地区が誕生し、電力が供給されたことで工場地区が発展していく過程について述べる。ただし、上海を代表する工場地区である楊樹浦と曹家渡の発展の裏には、劣悪な労働環境など、さまざまな影の部分があった。租界工部局は、都市の工業化に伴う公害問題、住宅問題、そして衛生問題などの難題に取り組まなければならなかった。

第四節では、上海の紡績工場で働いていた女子労働者と未成年児童の労働問題について取り上げる。紡績工場の劣悪な環境のなかで、過酷な長時間労働を強いられる女子労働者と児童労働者は、上海社会の底辺をなす階層であった。一九三〇年代に入り、中国政府は「工場法」や「労働法」などの関連法規を制定し、彼らの救済に乗り出したが、法律の厳格な実施と施行には多くの課題がのこされていた。

以上を通じて、従来の租界研究の多くが、租界の役割を異文化交流、または欧米文化の導入の窓口として描写してきたのに対して、本章では、その焦点を製糸業や紡績業の誕生、その発展の過程にあわせ、そこで直面したさまざまな問題を概観することを目指したい。

一　製糸工場の誕生——伝統製糸業から近代製糸業へ

（一）上海の製糸業への投資

怡和洋行（Jardine, Matheson & Co.Ltd., ジャーディン・マセソン）は、上海で最も早い時期に開業した外国の商会のひとつであった。怡和洋行の創立者は、イギリス人のウィリアム・ジャーディン（William Jardine 一七八四－一八四三）で、彼はもともと広州を往来する東インド会社の貨物船の外科医者であった。のちに、会社の経営を手伝い、商業界で頭角を現すようになった。もう一人のジェームス・マセソン（Sir James Matheson 一七九六－一八七八）もイギリス人で、インドのジャカルタで叔父の仕事を手伝うことで商業界入りし、一八一八年には広州でウィリ

【図１】怡和洋行の建物（1908年頃）

【出典】『老上海』上海教育出版社、1998年

アム・ジャーディンと意気投合し、怡和洋行を創業するにいたった。

東アジア全域で巨大な商社機能をもっていた東インド会社は、一八一三年、インドにおける独占貿易が終わり、一八三三年には中国における独占貿易も終了したが、その後、怡和洋行は急速に業績を伸ばした。東インド会社の中国との貿易独占が解除された後、中国のお茶を初めてイギリスに運んだのも怡和洋行であった。のちに、怡和洋行は、東アジアを舞台にした最大の商社に発展するが、一八四三年の上海開港と同時に上海での営業拡大を決定した。当時の怡和洋行の上海支店長はアレクサンダー・ダラス（Alexander Grant Dallas 一八一八－一八八二）であった。会社は、イギリス租界の北側に位置していたが、後にイギリス領事館の隣に移転した。怡和洋行の初期の貿易は、主にアヘンと原糸を取り扱ったが、一八六〇年代には上海の造船、倉庫、紡績、保険、公共事業の建設などへと営業を拡大した。製糸業は、怡和洋行の初期の主な事業のひとつであった。

上海開港初期の主な輸出品は、原糸と茶であった。一八四七年から一八五八年の間、上海から輸出された原糸とお茶の価格は、平均で一・七倍に上った。近代的な設備によって生産された原糸は、伝統的な製法により作られた原糸の値段より、一パウンド当たり六シーリングも高い値段がつき、運搬費の三シーリングを引いても儲けが多く、怡和洋行は製糸業に進出することを決めた、といわれる。

製糸工場は、一般的に養蚕農家に近い場所に建てられるのが最も効率が良い。しかし、清朝政府は、中国国内の養蚕農家が密集した内陸に外国人が工場を建設することを許さなかった。外国の商社にとっても、諸外国との条約によって開港された上海は、工場を設置するための諸条件が整っていたため、上海の租界に製糸工場が置かれることになった。

上海は元来、伝統的な製糸業が発達した地域ではなかったが、清末になると機械を導入した近代的な製糸業が最も早い時期に導入された地域になった。上海の製糸業は、外国人の商人から多くのことを学びながら発展した。イギリス資本の怡和洋行が上海で初めて製糸工場を作ったのは、一八五九年の怡和紡糸局が最初で、一八六一年には操業を開始し、正式な名前を上海紡糸局（Silk Reeling Establishment）とし、蘇州路に工場を設けた。ここで生産された原糸は、欧米市場で歓迎され、一八六三年には紡錘車を一〇〇台から二〇〇台へと増やしたが、原料の安定した供給と繭の備蓄など問題を解決できなかった。結局、安定した生産量も維持できず、一八七〇年には工場は操業を停止することになった。ところが、一八七〇年代の国際市場においては、近代的な製糸業により生産された原糸の価格は、旧来の伝統的な製法による原糸よりも二〇―五〇％ほど高く、平均して一担（約五〇キロ）に二〇〇銀という値段で取引されており、この高い利潤を求めて、再び上海に製糸工場が登場することになった。

欧米の企業による製糸業の開始は、上海の中国人投資家の関心を集め、なかには半ば公開で中国人の資本を取り入れる場合もあった。一八八二年から一八九四年までの間、上海には、すでに製糸工場が一二カ所あり（中国人資本八カ所、外国人の資本四カ所）、合計で三六六六個の糸車があり、年間生産量は三八六二担で、合計約八三〇〇名の労働者が働いていたという。わずか、三〇年という短い期間で上海は中国の製糸業をリードする位置を占めることになった。

一八九〇年代の上海は、外国資本による製糸業への投資が最も活発な地域になった。最初、恰和洋行は、製糸工場の設備一式を香港で製造し、蒸気機関と一〇〇台の糸車、そして熟練労働者を工場ごと上海に移転したのである。製糸工場は、置繭所と繰糸所、そして、繭を保管する倉庫に分かれていた。製糸工場の経営担当者は、最初はイタリア人で、工場の管理はイタリア人女性が一名、中国人男性が一名いたという。初期の上海の製糸工場は、ほとんどが二階建てであった。製糸工場の倉庫は、一階と二階に分かれ、四－五〇〇〇担の繭が保管できた。当時の上海の製糸工場は、ほとんどが蒸気機関により糸車を回していたが、恰和洋行はイタリアのカナル式糸車を使用し、二台の糸車ごとに専門補助人を配置し、生産性を高めていた。蒸気機関は煮繭の熱源であり、製糸工場のエネルギー源でもあった。陳啓源（一八三四－一九〇三）は、一八七四年に広東省の南海県に自前の製糸工場を設け、フランスの製糸工場の機械をまねた紡績機械をつくった。それは、煮繭の段階で蒸気を利用するもので、糸車は依然として脚踏み式の古いものを使っていた。当時の広東では、ひとつの製糸工場の平均煮釜数は上海より多かったが、上海の一工場当たりが生産する原糸の量は広東の一・六倍であった。上海の機械製の原糸は質が高く、商品の質、そして労働生産率において広東より高いものであった。(1)

初期の上海の製糸工場は、共同租界の蘇州河と黄浦江が交差する地域に比較的集中していた。当時、蘇州河だけで七カ所の製糸工場が位置していたが、これは水運による交通が便利で、さらに、工場に必要な工業用水を確保することが容易だったからである。一八六〇年代の後半、上海に蒸気タービンが輸入された後、製糸業と印刷業がまず蒸気機関を導入したが、この蒸気機関の導入で上海の産業は大きく変化した。上海のガス業も大きく発展し、一八六七年にはガス管は新聞から虹口まで延伸し、虹口にも製糸工場が進出するようになった。一八九四年の上海の製糸業全体の資本総額は三二六余万両で、紡錘車は四〇七六台、年間の生産量は四四〇二担で、労働者は九六〇〇人という規模にまで発展した。

（二）製糸工場の経営

製糸工場の経営は、中国と外国人の合弁による場合が多かった。当時の養蚕地帯は中国内陸の江南地域で、その市場は主に欧米であった。中国人商人は外国の貿易事情に疎く、外国人は中国国内の商慣習に慣れていないという状況のもとで、お互いの弱点を補う形で合作は進んだ。また、株式の募集による資金の募集は、中国人の豊富な資金と投資を呼びかける有効な手段であった。

上海では、最初は多くの場合、中国人商人が一部資金を出し、繭の収集などを担当し、外国の商人は設備の輸入と販売の面で責任を負い、中国人理事や買辦が工場の経営管理を担った。たとえば、怡和洋行の場合、最初の製糸工場には三名の理事がいたが、西洋人の理事が一名、中国人の理事は二名いた（徐鴻逵、李国杰）。執務室には中国人理事のための専用の豪華な肘掛の椅子が準備された。理事会は、欧米人の理事が主導権を握っていたが、時には買辦の唐杰臣なども会議に参加した。工場の資金の増額や配当金の支給、人事の更迭などは、すべて理事会において決定された。大部分は、欧米人の理事が議案を提出し、中国人理事の賛成を得て、署名される場合が多かった。たとえば、徐鴻逵（字は棣山、浙江省海寧人）は、怡和洋行の製糸工場の株主であり、大成絲桟の通事であった。製糸工場が徐鴻逵に無錫地方の繭の買い付けを依頼した時の記録によれば、かれは繭毎一包当たり一元の手数料を要求し、これとは別に毎年の交通費として二五〇〇両を受け取っていた。怡和絲廠の第一買辦を務めていた徐三吾も、徐鴻逵の親戚であった。外国の企業が上海に工場を設置する動きが活発になり、一家の多くの人が買辦になることも珍しいことではなかった(2)。

製糸業の原料になる繭の生産地は、中国内地の農村にあったが、近代的な製糸業が中国の伝統的な社会環境と遭遇したときに、きわめて重大な問題が生じることになった。上述した陳啓源が広東省の南海県に製糸工場を建てたときにも、多くの村民は高い煙突が風水を破壊したと苦情を訴えた。陳は、このような迷信と対決しなければならなかった。また、工場で男子と女子の労働者が一緒に仕事をすることも問題になった。結局、一八八一年、陳啓源は、製糸労働者の暴動をきっかけに工場をマカオに移転せざるをえなかった。養蚕農家は旧来の伝統的な生産方式と因習にとらわれ、機械を導入した製糸業の導入を受け入れなかったのである。当時の中国の古来の製糸の方法によれば、繭が孵化する約一〇日―一二日間、糸車を使って作業を進めるため、原糸は結局、家庭の労働力の制限を受けざるをえなかった。蒸気機関を利用する近代的な製法によれば、新鮮な繭を茹でることが必要で、さらに上海まで運ぶには運送費がかかった。しかし、当時の養蚕地帯では、蘇州、無錫地域が生きている繭の販売に同意したのみで、湖州、杭州などは繭を販売してくれなかった。彼らにとってみれば、繭を蒸して殺してしまうことは、繭の恩を忘れることであると強く反発したのである。ある地域では、地方官が近代的な製糸業を営む工場には繭の販売を禁じたほどであった。このため、近代的な製糸工場が上海で開業した当初、十分な原料を確保することは至難の技であった。

しかし、中国の古来の製法によって作られた原糸の質は悪く、世界の市場から不評をかったために、中国の製糸業者も近代的な方法を取り入れないわけにいかず、繭を殺すことに反対する声も次第に小さくなり、上海には中国人が経営する近代的な製糸工場も出現していった。ただ、中国の近代製糸業の生産量は、一八九五年になっても中国全体の製糸量の一〇％程度にとどまったといわれる。

(三) 製糸工場における女子労働者

上海の製糸業は、最も早い時期に女性の労働者を受け入れ、工場の周辺は女子労働者が集団居住する地区が形成された。一八九四年の記録によれば、上海には一二カ所の製糸工場があり、従業員総数は二〇〇〇名を数えたというが、そのうちの四分の一は女子労働者であった。当時の上海には、労働者一〇〇名以上を雇用する工場が一〇か所あり、製糸工場は四か所、綿紡績工場は三カ所あった。労働市場における女子労働者は、男子労働者より給料が低く、男子の三分の一程度であったという。怡和絲廠も、最初は熟練した男子労働者を多く雇い、月給は三〇〇枚銅板（同板一〇〇枚が約〇・〇九ドル）であった。後になって、女子労働者が最も有能で、かつ経済的であるという理由から、女子労働者を雇用するにいたったが、その月給は一〇〇枚銅版であった。経営者は人件費を安く抑え、莫大な利益を得ることができたが、女子労働者は最も収入の少ない労働者階層に転落することになった。一九一一年になると、製糸工場の女子労働者は約三、四千名に達していた。

以上でみたように、近代製糸業が上海に定着した意義は極めて大きい。それは、中国と外国の企業が合作という新たな企業経営を学び、互いが競争する自由な空間を作り、潜在的な市場を共に開拓することになったことによる。上海近郊の農民の婦女子は、女子労働者として製糸業の発展を支えた。こうした点でも、製糸業は上海に新しい事業モデルを提示したと評価できよう。製糸業がもたらした先進的な生産設備と経営方式によって、上海は世界との競争を経験することができたのである。さらに、中国人投資家は製糸業に投資し、安定した高収益を確保することができた。

これは、近代工業に対する中国人投資家の投資熱を刺激し、中国人と外国人がお互いに利益を共有するようになった。

しかし、アジアの近代的製糸業の厳しい競争は、上海の製糸業に楽観を許さなかった。米国の研究者黄山農は、怡和絲廠が上海に製糸工場を設立したことについて、「合理的な費用をかけ、効率の高い工場を建設し、良好な労働力を確保し、訓練を施し、質の高い原糸を製造できれば、国際市場においても高い値段を維持できただろう」と述べている。怡和絲廠の最初一〇年間の資本の支出内容は、繭の収集六五%、資本（支出）一七%、賃金一三%、燃料二%、その他二%であったという。工場は質の良い繭を合理的な値段で安定的に確保することができず、「結局、伝統的な制度と中国社会の因習を乗り越えた企業経営を開拓していくことはできなかった」のである。このような観点からみれば、製糸業が中国に近代的な生産様式を導入したことは成功した、と評価できるものの、財務上の損失などを勘案すれば、全体的には失敗したといえる(3)。近代的な工業の発展が遅れた中国が欧米に追いつくには、やはりそれなりの時間が必要であったといわなければならない。

二 「紡績革命」と綿紡績工場――上海機器織布局の経験

（一） 綿紡績機械と在来綿糸

一八六〇年代頃から、綿紡績機械がアジアの沿海都市に輸入され、空前の「綿紡績革命」を引き起こした。インドのボンベイでは、一八五七年に最初の綿紡績工場が出現したが、その三年後にはインド中西部の最大の綿紡績の産地として、インドを代表する綿紡績工場の中心地として知られるようになっていた。また、日本の紡績工場は、一八七〇年代に、水力を使う生産設備を整え、大阪紡績会社が紡錘の数で一万を超える企業として経営に成功していた。

上海開港初期、怡和洋行の新しい社屋はまだ完成しておらず、呉淞に船を停泊させ、綿と毛紡績の貿易を取り扱っていた。当時の中国人は、近代的な技術によって製造された綿製の洋布よりは、丈夫な中国製の綿布を好み、洋布は中国綿布の三分の二の値段で取引されていた。

一八六三－一八六四年の間、怡和洋行はイギリスのリバプール市場向けに、二〇〇万元相当の中国産原綿を輸出したが、繊維の長さが短くて紡絲には適しておらず、二八万元の損害を出した。初期の紡績業の営業成績は、決して良好であったわけではなかった。しかし、一八六〇年を境に状況は一変し、洋布に対する需要が急増した。怡和洋行が取引する年間の洋布の価格は一〇〇万元を越え、一八七〇年代の初期には年平均三〇〇万元に達するようになった。一八七二年には、怡和洋行と元芳洋行は上海で競売による洋布の販売をおこない、市場はさらに大きく刺激を受けた。

しかし、外国の資本が中国に綿紡績工場を設立する時には、さまざまな困難を乗り越えなければならなかった。火輪機紡本布公司、上海火輪機織本布公司は、いずれも中国政府側の規制により、会社が経営できなかった。一八八二年九月、米国資本の豊泰洋行の経営を担当していたウェットモア（W.Shepard Wetmore）と買辦の王克明は豊祥織洋棉紗線公司の開業を準備する際に、清朝政府の許可を得ていないことが問題になり、李鴻章はこの会社の設立に反対し、十二月には王克明が逮捕される事件が起きた。王克明の表立った罪名は、太平天国の軍隊とつながりがあったということであったが、じつは、彼が豊祥織洋棉紗線公司の設立に深くかかわっていたからに他ならなかった。結局、王は、この会社の設立にかかわらないことを約束し、工場設立予定地を手放すことで釈放された。こうして、この工場の設立は取り消され、株主から募集した資金は返却された。一八八三年一月十七日の英字新聞ノース・チャイナ・ヘラルド紙（North China Herald）は、この事件の経過について、「企業の設立は失敗し、反対者は完全な勝利を収めた」と報道している(4)。十一月に入り、怡和洋行は、綿紡績工場の設立に加わりたい意向を上海の地方官に伝えたが、外国人が紡績業を営む権利は保障されていないこと、そして、中国国営の工場と営業利益が衝突するという理由から、工場の設立は許可されなかった。

外国資本の綿紡績工場の設立が許されない背景には、清朝政府が自ら経営する綿紡績工場「上海機器織布局」の設立を推進し、一〇年間の特権を与えていたという理由もある。一八七〇年代の洋務派官僚と知識人の間では、近代的な綿布を自らの手で生産するという考え方が流布していた。すなわち、中国の豊富な綿花と欧米の紡織機械の力を利用し、中国で国産の綿布を作りたいと考えていたのである。一八七八年に四川省の官僚を務めていた彭汝琮は、清朝政府に「官督商辦」の形式で運営されていた輪船招商局の事例にならい、資本金五〇万銀両を集め、上海機器織布局を設立することを提案した。この提案は李鴻章の賛意を得て、一八八一年七月には米国の紡績技術者ダンフォース(A.W. Danforth)を招くことになった。ところが、その後、国産の綿布を作る計画は、泥沼の混乱に直面することになる。

まず、最初にぶつかった問題は、国産綿糸の品質の問題であった。当時のアジアの綿布市場では、一般に二四番手以下の綿糸を粗紗といい、二八－三二番手を中紗、三二番手以上を細紗といっていたが、中国の綿花の繊維は短く、一六番手以下の粗紗しか生産できなかった。しかし、上海機器織布局の経営者は、中国の綿花ではせいぜい二四番手以下の粗紗しか生産できず、三二番手以上の優れた綿布を生産できないという事実をまったく認識していなかった。

また、欧米から輸入した紡績機械で、中国の綿花を取り扱うためには、機械の調整が必要であった。しかし、たんに機械を輸入して工場を設立することが急がれただけであった。この問題は、ダンフォースが中国のさまざまな種類の綿花を欧米に持ち込み、実験を重ねたときにさらに明らかになった。当時の欧米の紡績機械は、欧米の綿花の品質に合わせて製作されたもので、欧米の綿花でなければ綿布を生産することができなかった。ダンフォースは、一四カ月の間に八－九回も改修をおこない、ようやく中国の綿花に適した機械を作ることができた。上海機器織布局が設立されてわずか一年を満たない時期に、国産綿布をつくるという清朝の思惑は無残にも砕かれたのである。

もうひとつは、低い番手の綿糸では質の良い綿布を生産することができないという問題であった。中国の綿花を用いれば、イギリスの粗い番手の綿糸を生産することは可能であったが、低い番手の綿布を生産するのは不可能であった。その結果、上海機器織布局が生産した粗布は欧米の洋布に対抗することができなかった。[5] 過大な投資と販売の不振によって、上海機器織布局の赤字は拡大し、最終的には工場は破算を余儀なくされた。

このような重大な誤りを正すために取られた対策も、じつに杜撰なものであった。李鴻章は買辦商人の鄭観応が提案した上海機器織布局の特権を延長する主張を取り入れたのである。一八八二年四月に清朝政府は、上海機器織布局が綿布生産を独占する権利を一〇年間にわたり保障し、一〇年以内は中国人の増資と合併を認めるが、その他の工場建設は認めない、という方針を公布するに至ったのである。

(二) 上海機器織布局の経営危機

上海機器織布局が成立し、一〇年間という独占運営権が与えられたにもかかわらず、その業績は、多くの人々を失望させるものであった。上海機器織布局の初代の経営を任された彭汝琮は工場を運営した経験がなく、李鴻章はその配下におさめていた商人の鄭観応に経営を委ねることにした。怡和洋行の曽毛遂は、工場の運営を任せてほしいという申請を清朝政府に提案したが、許可されなかった。彭汝琮は、立派な工場を建て、多くの中国人の投資を集めることを計画して、独断でイギリスの新泰興洋行と八〇〇台の紡織機械を輸入する契約を結び(紡織機械と附属設備を含め合計五万両)、その他に怡和洋行から機器を購入する商談を進め、三・二万両の資金を投じて、広大な工場敷地を購入した。しかし、工場設立の初期の資本集めは思惑通りにはいかず、彭汝琮は怡和洋行からの機器購入計画を中止せざるをえなかった。結局、一八八〇年の冬、李鴻章は、彭汝琮を「虚偽の報告で、人を騙し、まったくのでたらめ」であるという理由で解職した。彭の離任後、工場の運営は鄭観応と経元善など四名の商人が発起人として責任を取ることになり、彭汝琮が契約した機器の購入、工場敷地の買収などはすべて取り消され、罰金として一・五万両が支払われた。組織の立て直しを図った計画によれば、上海機器織布局は資本金を四〇万銀両にし、その半分は四名の発起人が負担し、残りを一般から集めることにした。また、工場の規模も紡織機械四〇〇台に縮小された。しかし、資本金集めは難航し、多くの投資家は当初約束した資金を支払わないという状況であった。さらに、鄭観応が運用していた資本金が、一八八三年秋の金融危機の影響により、二・三万銀両（全体の株式の六五％にあたる）が回収不能になり、再建計画は再び頓挫した。

上海機器織布局の三回目の救済案は、古い株式を新たに発行する株式によみかえ、経営規模を縮小することであった。すなわち、新しい工場の資本金総額を二〇万両に設定し、まず、一株一〇〇両の株式を発行し、二九〇〇枚余りの株式は額面価格三〇％だけを認めることにした。そこで、旧株一枚ごとに三〇両の手数料を支払う人には新しい株一枚と交換することにし、今までの損失分は旧い株主が受け入れることで調整が進められた。上海機器織布局は、新しい規定を制定し、一〇〇〇株以上を保有する株主の選挙によって理事を決めることにしたが、財務の監督などは依然として厳格なものではなかった。上海機器織布局は、建設計画から一〇年の年月を経て、最後に代表を務めた楊宗瀚が地方の軍事費一〇万両を捻出し、一八九一年についに完成し、翌年からは部分的に操業を開始するにいたった。

しかし、経営の初期、官吏が監督をおこない、商人が運営を担当する「官督商辦」経営の弊害は早くも露呈された。当時の上海機器織布局の規模は、三・五万個の紡錘を設置し、紡績機械五三〇台を設置することを想定しており、三階建てで面積一・二万㎡の建物を計画していた。五台のボイラーを設置し、生産能力は一日一〇時間稼働時、約一〇〇〇匹の粗布を生産できる設備であった。しかし、工場の設立当初から順調に稼働した紡績機械は少なく、労働者の技術も低かったことから、実際には一日わずか六〇〇匹を生産するのがやっとのことであった。五〇〇台の紡績機械であれば、棉繰り機は二〇台で十分であるが、四〇台の棉繰り機が置かれていたというから、その半分が放置されていたことになる。上海機器織布局が購入した工場の敷地も、実際の工場建設に半分が使われただけで、残りは賃貸を見込んだものであったという。このように考えれば、上海機器織布局が建設されたときの効率は、極めて悪かったことがよくわかる。

このほか、工場の配置にも大きな問題があった。綿花を綺麗に処理し、抜き取る作業を進める作業場が、綿織り機が置かれた工場と隣り合わせの場所に置かれたことも問題であった。たとえば、四〇台の綿織り機が二階に置かれていたが、この機械が稼働している時には火花が散ることも多く、紡績の機械と同じ場所に設置するのは危険であった。一八九三年十月に上海機器織布局で火事が発生したが、綿花処理場の床の下の綿花を処理せず、残余物が七、八尺にも積もっており、屋根裏にも燃料を燃やした油の屑が溜まっていたことが、火災の直接の原因となっていた(6)。

上海機器織布局は、火災の後、再建され、一八九四年からは華盛機器紡織総局（南工場、北工場からなる）という看板を掲げ、盛宣懐は李鴻章の命令で再び資本金を募集することになった。当初の計画では、資本金八〇万両を集める予定であったが、結果的にはその三分の一ほどを集めたにすぎなかった。資本金の募集が目標に達しなかったことで、また、旧例に従って「特権」が保障された。すなわち、工場で生産された綿糸の一包あたり銀一両の補助金を支給し、火災による損失の補填ができるようにしたのである。華盛機器紡織総局は、この後、何回か経営主がかわり、一九一三年には三新紡績工場に名称を変え、財産は盛宣懐の名義になった。

一八九五年四月に締結された「下関条約」によって、外国の商人は中国で工場を開くことが正式に認められたが、これは、従来、清朝政府が独占していた紡績業が自由になったことを意味する。それから一〇年が経過していない時点で、上海にはすでに一〇カ所以上の外国の綿紡績工場が設置され、浦東の楊樹浦一帯は中国と外国の多くの工場がひしめく綿紡績工場地区になったのである。

三　上海の工場地区の誕生——楊樹浦と曹家渡

（一）紡績工場における電力供給

上海の紡績工場に電力が導入されることによって、経営環境は飛躍的に改善した。一八八四年に入ると、まず外国の資本が経営する楊樹浦の工場に電気が導入され、夜間作業が可能になった。夜間作業にロウソクを使わずに済んだことで火災発生の危険が減少し、労働者は石炭やガスなどの利用による汚れた空気を吸わなくてもよくなった。一九一二年、恒豊紡績新工場は、蒸気機関をやめて電気タービンを導入し、上海で初めて電気を導入した中国資本の紡績工場になった。

清末の電力の導入は、上海の工業を発展させるエンジンのような役割を果たした。一九〇五年に入ると、工部局電気処は原動機を貸し出し、工場で電力を使うように積極的に指導した。一九一〇年、上海で初めて電気タービンを使った製粉工場では、設備単価は、ガスタービンを使うときに比べて二〇％ほど廉価であったという。一九〇八年、工部局は、楊樹浦の沈家灘付近に三九畝〔約二六〇アール〕の土地を購入し、発電所を建設した。発電所を川沿いに設置した理由は、水の供給と、石炭の運搬などに便利であったためである。中華民国に入ると、工業用電気と発電設備は急速に改良が進んだ。楊樹浦の発電所は、一九一三年正式に営業を開始したが、その時のコストは一年前に比べて一五・六％下がったという。一九一二年－一九二一年の間、工部局の電力供給量は年平均一・二八倍に増えたが、動

【図2】上海電力公司（年代不詳）

【出典】唐振常主編『近代上海繁華録』商務印書館、1994年

力発電による電力量は毎年五六・六八％に急増した(7)。一九二三年、楊樹浦の発電所は、その設備を拡充し、一二・一万kWの電力を供給できるようになったが、これは当時、東アジアでもっとも大きな火力発電所であった(8)。この間、上海の地価は高騰し、その値上げ幅は、場所によっては一〇倍以上になった場所も珍しくなかったが、工場経営者が電力を購入する際には、動力設備に多大な資金をかける必要はなかったのである。

一九二〇年代になると、工部局は、電力の値段を使用量によって定める方式を採用した。電気モーターや直流昇降起重機（クレーン）、精米、紡績、製粉、造船など、電力を多く用いる工場であればあるほど、優遇されたのである。当時の浦東電器公司は、昼間には電力を供給しておらず、工場の夜間作業も電力の供給時間によって制限された。また、黄浦江の上流の曹河涇地区の工場は、電力の供給さえ受けることができなかった。一九二八年の上海の工場のエネルギー源は、電力八四・七％、蒸気一三・一％、ディーゼル二・二％

という構成であった[9]。一九三六年、上海は全国の発電力の五八％を生産していたが、これに伴って石炭の価格も急騰した。しかし、上海が消費する国内産の石炭価格は、世界のどこよりも安い値段で、平均一〇〇〇kWの電力を生産するのにかかる経費は〇・〇〇八ドルにすぎなかった。上海があらゆる産業を引き寄せた理由のひとつは、廉価な電力を確保することができたことにあった[10]。

中華民国初期、工部局は楊樹浦に産業発展のために必要な基本インフラを整備し、これは上海の工業発展を支える重要な役割を担うことになった。インフラ設備が整ったことによって、上海の東西両工業地区に、水道、ガス、電力などが優先的に供給されることになった。上海の初期の工業発展は、綿紡績を主にしたもので、滬東の楊樹浦一帯と滬西の曹家渡一帯が、その中心となった。これらの地域は、共同租界と中国人街の境界にあたる地区で、地価も他の繁華街に比べれば廉価で、水道、電気、ガスが供給され、労働者も集住していた。工部局の管理によって、この二つの地区は最も早い時期に完成した工業投資区になった。

すでに、一八八〇年には、滬東の楊樹浦には多くの工場が設置されていた。清末まで、これらの工場地区は、紡績産業がその中心であり、また、労働者の集住区でもあった。工場の建設と住民の増加によって、楊樹浦の景観は大きく変わり、水田と工場が向かい合い、工場の道路と村落が隣り合わせのようになり、工業化は必然的に都市化を促した。

（二）工場の劣悪な環境をめぐる諸問題

租界の行政を担当した工部局は、滬東と滬西の治安、消防、衛生など、幅広い地域の工業化と都市化に対応しなければならなかった。以下、いくつかの事例を取り上げてみよう。

一八九三年の工部局理事会は、蘇州河の紡績工場で働く女子労働者が浙江路橋を渡る時に、橋の周辺に集まる不良者の嫌がらせを受けて困っているという新聞の記事を取り上げて、警察に厳しく取り締まることを求めた。この後、この種の事件が発生しなかったのはいうまでもない。同年一〇月、共同租界のジェスフィールド路（Jessfield Road、現在の万航渡路）付近に中国人の住居が急増したことで、中国人の警察を新たに派遣し、同地区の治安維持に乗り出した。むろん、中国人人口の急増は、その付近に紡績工場が操業を開始したことによるものであった。また、一八九四年になると、工部局は租界の企業に課していた税額に照らして、上海機器織布局に対する税金も徴収した。

また、一八九〇年には楊樹浦の道路を掃除するために一名の専任の中国人労働者を雇用し、散水車と用具を揃えた。一八九二年四月になると、毎週二回、楊樹浦路の道路掃除がおこなわれるようになった。また、清末、浦東の楊樹浦港、威妥瑪路（現在の懐徳路）、近勝路（現在の景星路）、怡和路（現在の高陽コンテナ港内）の合計四箇所に下水道が敷設されていたが、一八九二年六月、工部局理事会は、楊樹浦路の下水道設備のために五〇〇〇銀両を投資し、全面完成させることを決定した。綿紡績工場は、消防設備が必要な場所でもあった。工部局は、紡績工場が集まっていた楊樹浦と曹家渡の工業地区における火災被害を防ぐために、消防署を設置した。一八九六年十二月に楊樹浦路の匯山路（現在の霍山路）一帯に紡績工場が設立された時にも、工部局理事会は、付近の交通量が急増することを予想して、二〇本の電信柱とアーク灯を設置することを決めていた。

工場の安全設備を監督することも、工部局の日常業務のひとつであった。一八九六年、工部局理事会は、欧米人が運営する共同租界の工場八三か所のボイラーについて、定期点検を実施することを決めている。当時、中国人資本の紡績工場で運用していたボイラーは、蒸気の圧力が四〇～五〇ポンドに達し、規定の一〇ポンドをはるかに超えており、明らかに危険であった。そこで、工部局当局は、必要があれば中国人の運用する工場の機器をも点検できるという規則を適用して、同年の八月電気処職員の羅奇を派遣して、中国人資本の綿紡績工場のボイラーを、毎月一回点検することにし、点検を拒否する工場に対しては、工場名を公開して注意を促すようにした。

また、工場周辺の公害問題に対して、住民らの苦情が寄せられた時の対応も、工部局の仕事であった。一八九九年の記録によれば、東区の住民から蚕糸の処理過程の悪臭と早朝の汽笛の騒音に対する苦情が工部局に寄せられたため、工部局は七月下旬、工場の早朝作業を知らせる時には汽笛を使わず、別の方法で労働者に知らせるように通知している。一九一四年の工部局理事会の記録の中でも、西戈登路（現在の江寧路）付近の工場の汽笛の騒音に対して、西洋人から苦情が寄せられたという記述が見える。しかし、これらの紡績工場は、租界の境界を越えた場所に設置されていた場合が多かったため、工部局理事会は中国当局と相談して、各工場で利用できる汽笛は二回を超えて鳴らしてはならず、一回の汽笛も五秒を超えてはいけない、という規定が定められた。(11)

工場地区周辺にできた中国人労働者の住宅群も、紡績工場がもたらした都市化現象のひとつであった。これら工場周辺に形成される住宅群は、安い賃労働に従事する労務者が大部分であったため、住宅環境も劣悪で、上海の貧民が身を寄せる場所でもあった。また、紡績工場の女子労働者の多くは、地方から出稼ぎに来ている人が多く、おのずと工場周辺に生活の場を求めることになった。「女子労働者は、一声かければ、簡単に集めることができた」という記述からも、女子労働者が工場周辺に密集して住んでいたことがわかる。紡績工場を設立する場所は、労働者を集めやすい場所、そして、彼らが通いやすい地域が選定されたのである。一八九九年に振綸繅廠が、鉄馬路（北河南路、イギリス租界とアメリカ租界の境界地）の大橋北に設立される時にも、付近の銭業会館付近は「人口が稠密で、女子労働者を集めるのにきわめて便利」であったことが考慮されていた。(12)このような理由で、清末から民国の初期までに、上海の閘北一帯に紡績工場が集中することになったのである。

工部局は、これら工業区に必要な公共設備を順序よく整備した。一八九四年、工部局は、楊樹浦の水道局付近に郵便ポストを設置し、浦東の住民に対する郵便サービスを改善してほしいという要求を受けて、匯山路に郵便ポストを設置した。また、工部局は、一九〇五年頃すでに楊樹浦で営業をしていた個人経営の市場に対して、公共市場と同じ規定を適用し、小売業者に税金を課すことを決めている。工部局は、一九一二年には、楊樹浦と開答路（現在の松潘路の）に公営市場を設置している。

清末から民国初期において、中国の内地では、自然災害はもちろん、政治の不安定による大きな社会変動に見舞われ、多くの難民が発生した。これに比べれば、上海の租界は相対的に安定しており、生命の危険を感じない安全な「孤島」であった。これに加えて、公共設備が比較的に整っていたために、多くの難民は上海の租界に集まった。工場の経営者側からみれば、上海は安い労働力を確保できる場所であった。このような理由からも、上海は中国国内の綿紡績産業の最大の基地として成長し、浦東と浦西に巨大な紡績工場群を抱えることができた。一九一三年の統計によれば、上海は当時の国内の全紡錘の約六〇％（その内訳は中国資本が三〇％、外国資本が七〇％程度）を保有しており、一九二五年の紡錘の数は一九一三年に比べて一・四倍増加している。一九二八年の上海の綿紡績工場の労働者は、浦東と浦西にそれぞれ約五万人に達しており、二つの工場地区が全体の約九六％を占めていたという。こうした紡績工場の登場は、上海に莫大な数の低所得労働者層が現れたことを意味する。たとえば、一九三五年は中国にとっては大きな戦乱もなく、比較的安定した年であったが、上海共同租界がこの一年間、路上で回収した死体は五五九〇体で、翌年の一九三七年には二万七四六体に上ったという[13]。これらの数字は、近代都市上海が抱えていた貧困人口層が極めて多かったことを暗示している。

四　紡績工場の女子労働者と未成年児童の労働

（一）「労働法」施行の内実

上海において、紡績業は最も多くの労働者を雇用する産業であった。また、紡績業は、多くの女子労働者と未成年児童が働く労働現場でもあった。紡績工場は、多くの場合、労働時間を昼夜交代の二交代制をとっていたが、その中心を担っていたのが女子労働者であった。女子労働者は、綿紡績業に消すことのできない刻印を残したといえる。

農婦が紡績工場の女子労働者になった時、伝統的な概念にみられる労働の性差は、すべて破壊された。女子労働者は、男子労働者と同じように一〇－一二時間に及ぶ二交代の過酷な労働に耐えなければならなかった。彼女たちは、妊娠、子供への授乳、生理期間においても、十分な休憩をとることはできなかった。清末の紡績工場では、女子労働者が子供をつれて工場の仕事に従事することを、それほど厳しく制限していなかった。母親が仕事をしている間、子供は工場の床の上で遊んでいたのである。しかし、中華民国に入ると、規模の大きな紡績工場では、女子労働者が子供をつれて仕事につくことは許されなかった。ある工場では、女子労働者に嬰児がいる場合、午前九時と午後三時にそれぞれ搾乳した母乳を親類に預けることができると規定していた。女子労働者は、出勤する前に十分な母乳を準備し、また、子供を保育園に預けなければならなかった。当時の記録によれば、女子労働者が仕事を終えて帰宅する途中に亡くなったり、工場で子供を出産した、という悲劇も時たま発生していた。

清末から民国初期における紡績工業の急成長に対して、中国政府内部には、「労働法」または「工場法」などの法律を制定し、労働者の権利を保護するという考え方は芽生えなかった。租界の工部局においても、労働問題を管理する専門部署を設置しておらず、同時代のイギリスの関連する法律を参考にして、一部の規定を設けたにすぎない。上海では、紡績工場の経営者が、安い資本で大規模な工場を運営することができた反面、労働者の権利はまったく保護

【図３】紡績業に従事する女子労働者

【出典】唐振常主編『近代上海繁華録』商務印書館、1994年

されなかったのである。

当時の工場管理のシステムのなかで、女子労働者は機械の一部のように、決まった操作の繰り返し、時間の厳守という役割が求められたのであった。当時の紡績工場は、それぞれが独自の罰則規定を設けていた。たとえば、労働規則（遅刻や作業場の離脱）を守らない場合の罰則、機械に損害を与えたときの罰則、操作違反（欠品、原料の浪費、機器の破壊）の罰則、勤務怠慢（殴打、喧嘩、女子労働者に対する悪戯、飲酒）による罰則などである。もちろん、職務規則をよく守り、監督者の指示に従順に従う場合、そして遅刻や欠席なしに一カ月の勤務についていた場合には報償があった。工場の経営者は、これらの罰則と報償制度を使って、女子労働者たちに近代的な職業規範と道徳を教え込み、彼女らに規則を守り、監督に服従し、礼儀のある態度で仕事に向かうように求めた。職場において厳

しい労働規律が求められたのは、流れ作業の工程が保障されることで工場が休業することなく操業できたからにほかならない。しかし、このような厳しい規則は、女子労働者の権利と人格を侵害するものも含まれていた。たとえば、仕事が終わって帰宅する労働者に対して、身体検査がおこなわれたり、監督による暴行が許されたりするなどの問題があったのも事実である。

このような劣悪な労働環境は、女子労働者の健康を著しく脅かした。一九三一年におこなわれた上海綿紡績工場の調査によれば、作業場の温度と埃は、いずれも許可値を大きく上まわり、また衛生設備も十分ではなく、工場の周辺にまで悪臭が漂っていたという。また、多くの女子労働者は、幼い年齢から仕事を始め、一部の児童の名前は給与名簿にも記載されていない場合もあった。母親が工場に子供をつれてきて、働く場所のそばで子どもをあやしていたこともある。一部の女子労働者は、勤務地に嬰児を同伴して出勤することも珍しくなかった。夜勤の時であれば、紡錘機がまわる危ない環境で、子供は寝たり、ひとりで遊んだりするしかなかった。一九三〇年代の上海の紡績工場の労働者は、そのほとんどが女子労働者、または未成年の児童で、労働時間は一日一二時間（六時－一八時）におよんだという。また、紡錘機を動かすには、つねに熱湯が必要であったため、工場の温度と湿度は、室外に比べれば異常に高かったため、長時間労働に従事する女子労働者の中には、気を失ったりする人も少なくなかったという。

一九二四年の時点で、上海の女子労働者は一〇万五五〇〇名で、そのうち綿紡績と製糸業に従事する労働者は九万一〇〇〇名もいたという。一九三二年－一九三三年の上海市の工業総生産高において、紡績業が占める割合は四〇－五〇％であった。この紡績業の内訳をさらに細かく見れば、製糸と綿紡績が首位を占めていた。一九三五年の統計によれば、一九三五年の上海の紡績業従事労働者は、計一四万八六九〇名で、全市の労働人口四一万六三六八名の三五・七％を占めていた。

また、一九二五年から一九三四年まで、上海全市の電力を供給したのは上海電力公司（全体の八三％）で、その主な顧客は、言うまでもなく大規模な工場（販売全体の七八％を占める）であった。しかも、紡績工場は、産業全体が消費する電力の七八％を消費していたという。これらの統計からみてもわかるとおり、紡績産業は上海の工業の基幹産業のひとつであった。

（二）未成年の児童労働者問題

上海の未成年の児童労働者は、多くの場合、貧しい労働者か、または周辺の貧しい農村の子弟であった。中国の農家では、主に経済的な理由により、子供を幼少の頃から働かせる場合が多かった。未成年の児童労働は、特定の業種や地域に限られた問題ではなかったのである。

上海の工業区は、貧民居住区とほぼ重なっており、父母が未成年児童を同伴し、工場の仕事につかせることも珍しくなかった。一部の未成年労働者は、請負業者によって農村から集められる場合もあった。請負業者は、子供の食事と住居を手配し、児童労働者ひとり当たり毎月四元の給料を手数料として徴収し、父母には毎月二元が支払われたという。同じ時期のフランスとイタリアの紡績工場では、児童の年齢が一三歳以上でなければならないという規定があったが、上海では、はなはだしい場合には六歳前後の子供が労働者として働く事例もあった。一九三〇年代に出されたR・フィータム（Richard Feetham）の報告書[14]によれば、未成年の労働者は休憩なしで、五－六時間の仕事をこなし、「ときおり肘の屈伸運動を繰り返す、独特な身体動作」を繰り返していた。彼女らの毎日の賃金は小洋銭二角－二角五分で、やわらかい指は熱湯に触れ激しく変形しており、不治の傷害を残す場合も多かった。ある医者は、「新式の工場で働く児童労働者は、その置かれた状況が一般の家庭よりさらに厳しい」というコメントを残している。

もちろん、紡績工場の児童労働者の仕事を女子労働者に代えることは可能であった。しかし、その場合、身長の差によって、作業場の機械の高さをすべて再調整する必要があった[15]。

一九二〇年代の上海の児童労働者が置かれた劣悪な労働条件については、以上で述べた通りであるが、国民政府は児童労働を禁じる有効な法規を策定することができなかった。租界の中に設置された工場と、租界の外に設置された工場の競争が厳しい現実においては、たとえ租界の中で児童労働を制限する規制が実施されたとしても、租界の外では依然として児童労働が維持されたであろうから、児童労働は未解決の問題であり続けた。

もちろん、「上海租地章程」の附則第三四条は、租界内で就業する人は工部局が発行する証明が必要であると規定している。紡績業への就業が、児童労働者の健康に悪い、または有害な場合は、工部局がこの規定に照らして、子供の就業を禁止したり、または制限を加えたりすることができた。しかし、すべての児童労働に対して、一律に禁止したり、制限を加えたりすることはできなかった。したがって、当時工部局としては、児童の就業年齢を制限したり、あるいは特定の就業に対して児童労働を禁じたりすることは可能であったが、児童労働の問題を根本的に解決することはできなかった。

工部局の施政に関する法的根拠は、「上海租地章程」と「附則」に依拠するものであるが、新しい「附則」を制定するためには、各国の領事や公使の批准を得る必要があり、さらに租界の納税者の特別会議を通過しなければならなかった。そのうえ、中華民国初期には、国内の関連法律の整備が遅れていたことも大きな問題であった。たとえば、出生証明があれば、児童の年齢を容易に把握することができるし、義務教育制度が実施されていれば、児童労働者の教育の程度も把握することができたのである。しかし、これら関連法規と制度が整備されておらず、実際には、児童労働者の年齢を確認することも容易ではなかった。したがって、中華民国初期、関連法規の整備が遅れていた時期に、児童労働問題は簡単に解決できる問題ではなかった。共同租界及び付近の工場における児童労働問題については、工部局の「童工委員会」（児童労働問題委員会）が一九二四年に意見書をまとめていたが、そこで指摘された問題は、一九三一年でもまったく改善されないままであった。

（三）形骸化された「工場法」

国民政府は、一九二九年十二月に「工場法」を公布したが、実際に実施されたのかについては、多くの疑問が残る。当時、上海には計一五〇〇余りの工場があり、そのうち中国人資本によるものが一四四一カ所であった。外国資本の工場は、資本面においても潤沢で、近代的な経営を取り入れ、中国資本の工場をはるかに上まわる優位を保っていた。中国系の資本の合計は、全体の資本金の三分の一程度を占めただけであった。各工場の資本総額を比べてみれば、日系の工場が二六〇万元、イギリス系の工場が二三〇万元、フランス系の工場が九〇万元、米国系の工場が四〇万元であったのに対して、中国系はわずか七万元ほどにすぎなかった。紡績工場の生産効率を比較してみれば、中国系の紡績工場で、ひとり当たりが取り扱う紡錘の数は、日系の紡績工場より四〇－五〇％も少なかったという。

このような状況において、「工場法」が厳格に実施されたら、中国系資本の工場は大打撃を受け、工場は閉鎖に追い込まれ、多くの労働者が失業することになることは容易に予測できる。たとえば、女子労働者の夜間就業を禁じ、毎週一日の休みを与えるという規定をそのまま適用したとすれば、綿紡績工場の機械一台当たりの作業時間は三分の一減少することになり、年あたりの労働時間で換算すれば（毎日二四時間を二班が交代勤務し、毎月の休みは二日に算定した場合）、労働時間は七二二六時間から四七二二時間にも減少することになってしまう。また、夜間労働につく女子労働者を男子労働者に切り替えた場合、男子労働者には長い時間の訓練が必要であることから実施は困難であると指摘されていた[16]。

その結果、国民政府が頒布した「工場法」は、ただ絵に描いた餅のようにまったく効果を伴うものではなかった。たとえば、工場は「可能な範囲」のなかで、労働者に「娯楽」を提供すること（第三九条）、子供と学生は教育を受けなければならない、学習時間は毎週少なくとも一〇時間を確保すること（第三六条）、女子労働者が出産後八週間の休みをとることができ、賃金が保障されること（第三七条）、工場の安全や衛生の設備には、工場の換気、洗面所、トイレなどを含むこと（第四二条）、「労働保険法」が施行される前であっても、労働者が作業中に事故に遭った場合には、工場は医薬品と見舞い金として補助金を支給すること（第四五条）、工場会議という形式を通して、労働者代表を選出し、労使争議の処理に当たり、もし解決できない場合には「労資争議処理法」に照らして対処すること（第五〇条、第五一条）、「工場法」の規定を違反した企業には五〇 - 五〇〇元の罰金を科すこと、などの規定があげられていたが、実際には実施されていなかったために、「工場法」の施行がどれほど難しいものであったのかがよくわかる。

上海の綿紡績業と製粉業は、そのほとんどが原棉と小麦などの原料を水路経由で運搬しなければならないことから、河川流域に工場が立地した。上海の主要な工業地区は、黄浦江、蘇州河沿岸部であり、上海北駅から呉淞までを結ぶ淞滬鉄道沿線に工場が設置されなかったのは、こうした理由によるものであった。R・マーフィー（Rhoads Murphy）は、著書のなかで上海を指して「イタリアのベニスと英、米の特徴がうまく混合した場所」であると表現している。中国国内で、綿紡績が発達した他の都市とは異なり、上海は海外から二〇％程度の原綿を輸入していたが、一方、一九三〇年代の青島、天津、漢口などでは国産原綿が占める比例はそれぞれ九三％、九五％、九八％であった。一九三五年の上海の原棉の平均価格は、上記の三つの都市より一〇％程度高い値段であったが、上海の綿紡績全体の生産コストはその他の都市に比べると約一〇％程度安かった。また、一九三六年の上海の紡績工場の紡錘が占める割合は、全国の五一％を占めていた。その他の地域から運ばれた生産品と比べ、上海の生産品は比較的低廉な価格で供給できたのである。上海は、「中国国内において、中国の工業設備に依頼して品物を生産する場合、資源の合計費用が最も低廉な地域」であった[17]。同時に、清末から民国初期にいたるまで、上海の公共設備が順調に整備され、市政の施行がスムーズに行われることで、上海の浦東と浦西に大規模の紡績工場地帯が出現したのである。近代上海の綿紡績工業は、常に国内の紡績産業をリードし、「上海・青島・天津の紡績」という言葉を残した。上海租界の紡績革命は、中国近代の工業の縮図であったと言えるかもしれない。

おわりに

本章では、上海の租界工業区に進出した欧米の製糸工場が、中国の伝統的な製糸業と競合しながら、圧倒的な強さで中国を席巻する過程を紹介した。租界の行政を担当していた工部局は、共同租界の楊樹浦と曹家渡にある工場地区の発展を支えるために、インフラの整備を積極的に進め、大きな成果を収めた。電力の供給や道路の拡張、上水道の整備などは、上海の産業を大きく発展させる要因となった。しかし、このような成果は、一方で、工場の劣悪な環境を労働者に押しつける副作用をはらんでいたのも事実である。本章が取り上げた女子労働者や未成年児童の労働の問題などは、同時代においてもすでに大きな問題として浮上していた。

この劣悪な労働環境の改善を図るべく、中国政府は一九二九年に「工場法」の実施に踏み切った。しかし、この法律が労働現場において、どの程度、厳格に実施されたのかについては、多くの疑問が残る。たとえば、中国政府が実施した「工場法」は、上海の租界内にあった欧米や日本の工場に対して、どの程度、法的拘束力をもっていたのだろうか。また、上海以外の天津、漢口、広東、青島などの租界では、こうした法律がいかに実施されていたのか。さらに、一九三〇年代、日中戦争の危機が高まるなか、「工場法」はいかに形骸化されていくのか。今後、解明すべき課題は少なくない。

【付記】本章は、羅蘇文『上海伝奇－文明嬗変的側影（一五五三－一九四九）』（上海人民出版社、二〇〇四年）の第一三章「金翼：工廠区的興起」に基づいている。

【注】

（1）徐新吾主編『中国近代繅糸工業史』（上海社会科学院出版社、一九九〇年）、一一三、一一五、一三三、一三八、一四三～一四四頁。

（2）徐凌雲「我家与怡和糸紗廠的関係」（上海市政協文史資料工作委員会編『旧上海的外商与買辦』（上海文史資料第五六輯、上海人民出版社、一九八七年）、三六～三八頁。

（3）黄山農「怡和糸廠：関於一九世紀外国技術対中国転譲問題的研究」（前掲『中国近代繅糸工業史』一三七頁から引用）。

（4）湯志鈞主編『近代上海大事記』上海辞書出版社、一九八九年、四〇三頁。

（5）鈴木智夫（池歩洲等訳）「上海機器織布局的創設過程」（丁日初主編『近代中国』第五輯、上海社会科学院出版社、一九九五年）、二五一、二五四頁。

（6）陳梅龍編「上海機器織布局」（汪熙等主編『盛宣懐档案資料選輯之六』上海人民出版社、二〇〇一年）、一五一、二〇六頁。

（7）徐雪筠等訳編『上海近代社会経済発展概況（一八八二－一九三一）－海関十年報告訳編』上海社会科学院出版社、一九八五年、二〇九頁。
（8）史梅定主編『上海租界志』上海社会科学院出版社、二〇〇一年、三八九－三九〇頁。
（9）上海特別市社会局編『上海之工業』中華書局、一九三九年、一二二頁。
（10）羅茲・墨菲（上海社会科学院歴史研究所編訳）『上海－現代中国的鑰匙』上海人民出版社、一九八六年、二二八頁（Rhoads Murphy, Shanghai: Key to Modern China, Cambridge（Mass）: Harvard University Press, 1953）。
（11）上海市檔案館編『工部局董事会会議録』第一九冊、上海古籍出版社、二〇〇二年、五二四頁。
（12）前掲「上海機器織布局」四一四頁。
（13）前掲『上海－現代中国的鑰匙』一四頁。
（14）*Report of the Hon. Richard Feetham to the Shanghai Municipal Council*, Shanghai: North-China Daily News & Herald
（15）工部局華文処訳述『費唐法官研究上海公共租界情形報告書』第二巻、一九三一年、五九－六〇頁。
（16）同上、五一、七四－七五、七七－七八頁。
（17）前掲『上海－現代中国的鑰匙』二三〇、二三二頁。

（翻訳：孫安石）

第五章　朝鮮総督府文書にみられる近代中朝関係

陳紅民

はじめに

韓国には歴史資料を保存する伝統があり、朝鮮王朝はかつて国内に四つの史庫（歴代の実録などの重要文献を保存するために設けた書庫）を築き、王室文書を所蔵した。うち一六〇六年に現在の慶尚北道奉化郡で作られた「太白山史庫」が最も有名であり、この史庫には朝鮮王朝の一六〇六－一八九二年の計二八六年間の「実録」が保存されている。日本による朝鮮占領後、一九三〇年に「太白山史庫」所蔵の資料は京城帝国大学へ移され、一九四五年の韓国独立後、それらの資料は国立ソウル大学に移管された。一九六九年には、行政自治部政府記録保存所という専門機関が設立され、国家文書の収集保管に当たり、二〇〇四年にはこれが国家記録院（국가기록원 National Archives & Records Service）として再編された。国家記録院の本部は大田市にあり、ソウル、釜山にそれぞれ分館が設けられている。

国家記録院には、①朝鮮王朝時代の実録計八四八巻、②日本占領期（一九一〇－一九四五）の文書計一万六千巻、

③一九四五年の韓国独立以降の政府記録百万巻、写真一三七万点、政府出版物二五万巻などを含む、あらゆる政府文書が保存されている。一般市民や研究者は、所定の申請手続をすれば、こうした国家記録院所蔵の文書を閲覧、利用することができる。

以下、この国家記録院所蔵の中朝関係関連文書の概要を説明し、さらに引用文書と併せてその史料的価値を詳しく述べることとしたい。とくに、「昭和四、五、六、七年各国領事館往復（中華民国領事館）」（組番号：八八、文書番号：六三）は、すべての文書の中で唯一中国駐京城総領事館が単独でリストアップした完全な公文書である。その数は最も多く、資料も最も揃っている。さらに四年間に及んでおり、反映している歴史の様相は比較的多岐に及んでいる。

なお、本章の一部は、『民国檔案』二〇〇七年二期に「韓国檔案中有関民国時期中韓関係史料」と題して発表しているが、本章は今回あらたに加筆・修正を加えて再構成したものである。本章の執筆にあたって、日本語原文の再調査に協力してくれた東隆志氏（韓国国際社会教育院）に心より感謝したい。中国語の引用資料は、日本語翻訳文があるものはこれを掲載し、それがないものは原文のままとした。

一　日本占領期の中朝関係の文書の概要

韓国の国家記録院に保存されている中朝関係の文書は、主として朝鮮総督府外事課の文書であり、全宗号八八として分類されている。その内容により、以下の通り五つの部分に大別できる。

（二）一九二八－一九四二年の中国駐京城総領事館[1]と朝鮮総督府外事課との往来文書

中国駐京城総領事館と日本の植民地当局である朝鮮総督府外事課との往来文書は、中朝関係史にかかわる韓国の文書研究においても、史料的価値はきわめて高い。以下に列挙するのは、保存公文書の具体名であり、括弧内の数字の前者は年度、後者は公文書の番号を示している。また、公式文書も同様である。

昭和三年二月－一二月領事館往復（一九二八：八八－四八）、昭和三年各国領事館往復（一九二八：八八－四九）及び領事館往復（一九二九：八八－五〇）、昭和六年各国領事館往復文書（甲）（一九三一：八八－五五）及び各国領事館関係（一九三二：八八－六二）、昭和四、五、六、七年各国領事館往復（中華民国領事館）（一九二九－三二：八八－六三）、昭和八年各国領事館往復綴（一九三三：八八－七五）、昭和九年領事館往復綴及び各国－七六）、昭和十年各国領事館往復関係（一九三五：八八－七七）、昭和十一年各国領事館往復関係（一九三六：八八－八〇）及び領事館往復（一九三七：八八－八六）、昭和一三年領事館関係綴（一九三八：八八－八九）、昭和十四年各国領事館往復関係綴（一九三九：八八－九七）、昭和一五年領事館往復綴（一九四〇：八八－九九）、昭和十六年領事（館）関係綴（一九四一：八八－一〇三）、昭和一七年領事館表関係（一九四二：八八－一一二）、領事館関係（二）（一九四二：八八－一一三）。

中国が朝鮮半島に領事館を設立したのは、清朝末期に始まるといわれる。しかし、筆者が国家記録院で見た最も古い総領事館文書は、一九二七年のもので、これは一九二八年の文書類にまぎれていた。また、筆者が見た最新の文書は一九四二年のものである。その年には、国民政府はすでに重慶に後退していて、守勢をとりつつ日本に対して宣戦布告しており、一方中国駐京城総領事館が代表するのは日本が支援した汪精衛傀儡政権であった。このリストからわかるように、中国駐京城総領事館の文書資料は、明らかに一九一〇－一九二七年及び一九四三－一九四五年の二つの期間の文書が欠落している。日本の植民地統治者の文書の保存習慣からいっても、資料の連続性や完全性から見ても、まだ発見されていない多くの資料があるはずである。どこで所蔵されているのか、より一層の発掘が必要である。

しかし、どのような欠陥があるにせよ、中国駐京城総領事館の文書は比較的完備しており、数量も多く史料価値が高く、それゆえ筆者は研究を思い立ったのである。関連する内容については、以下の部分で詳述する。

（二）一九〇八－一九二三年の中国の朝鮮租借地における状況

これにかかわる文書は、以下のものがある。

在韓清国居留地設定（一九〇九－一九一〇：八八－八）、仁川釜山及び元山清国居留地規程写し関係往復公文書（一九一〇：八八－一〇）、各国居留地関係書（一九一四－一九一五：八八－三三）、大正九年一〇月現在外国人所有地及借地調書綴（一九二〇：八八－三八）等。


清朝末期、中国商人と華僑の在朝鮮在住者は比較的多く、商業活動の利便性のため、清朝政府と朝鮮王朝は仁川、釜山などにおける租借地（租界）設立に合意し、中国人の居住に供した。これらの租借地の性質に関して、学者によって異なった見方がある。ひとつの観点では、中国の在韓租借地は中国が強権を笠に着て朝鮮に租借を強制したものであり、朝鮮にとっては不平等なものであり、列強と同様に「帝国主義的性質」を持っていたと考えられている。この観点を持つのは主として韓国の学者である。もうひとつの観点では、租借地は主として商業経営の利便性のためであり、商業契約の形で設定されており、租借地内は決して「治外法権」や「領事裁判権」などの適用はなく、中国における列強の租界がもつ性質とは異なっていると考えられている。

筆者は、中国の在朝鮮租借地関連文書を注意深く研究することは、学術界におけるその性質の確定、認識の統一に対して重要な価値を持つと考えているが、それを決定づける文書はまだ発見できていない。今後、なお検討が必要であると考えている。

(三) 一九〇六―一九三〇年の中朝国境状況の文書

黄草坪関係(一九〇六―一九〇九：八八―一)、鴨緑江小桑島関係(一九一二：八八―二五)、国境付近在留清韓人犯罪取扱方ノ件(一九〇八―一九一〇：八八―五)、国境付近関係類書(一九一〇：八八―六)、清国国境関係(一九一〇：八八―七)、清国国境関係(一九一一：八八―一六)、清国国境関係書(一九一二：八八―一三)、清国国境関係事件綴(警察報告外)(一九一二―一九一二：八八―二四)、国境付近関係書(一九一三：八八―三〇)、支那国境関係(一九一六―一九一八：八八―三六)在満洲朝鮮関係打合会報告(速記録)(一九二三：八八―四二)、在満洲朝鮮関係打合会報告(一九二三：八八―四三)、支那国境関係書(一九二〇―一九二四：八八―四四)、大正一四年露支国境関係書(一九二五：八八―四六)、大正一五年露支国境関係書(一九二五：八八―四七)、在外鮮人関係(一九二六―一九三〇：八八―五一)等。

これらの文書は、中朝国境を確定する法的文書ではなく、主として国境で発生した事件についてのものである。ただし、両国関係の研究に役立つだけでなく、当時の両国の国境についての実際の管理範囲をも判定する資料を発見することが可能であると考えている。

(四) 一九一八―一九四二年の中国東北地域に関係する文書

在満領事館職員特別任用ニ関スル件(一九一八：八八―三七)、政務総督満洲出張関係書類(一九三五：八八―七九）、満洲国建国功労章（一九三六：八八－八二）、自称清津中国領事館検索関係（一九三六：八八－八三）、邦人旅行者関係書類（一九三八：八八－九〇）、通州事件遭難者慰霊塔建設関係（一九三九：八八－九三）、通州事件遭難者見舞金関係綴（一九三九：八八－九四）、邦人旅行者関係綴（一九三九：八八－九六）、邦人旅行者綴（一九四〇：八八－一〇〇）、邦人旅行者関係綴（一九四一：八八－一〇六）、昭和一三年－一六年満洲国第二回勲章授与（一九三八－一九四一：八八－一〇九）、支那事変行賞関係（一）功績調書（一九四二：八八－一一〇）、支那事変行賞関係書類（一九四二：八八－一一二）など。

日本は、中国東北地域に対して長期にわたり侵略の野心を抱き、特殊地域に組み込んでいた。一九三一年の満洲事変後、日本は「満洲国」を設立し、「満洲国」は朝鮮半島に自らの総領事館を設置し、朝鮮総督府統治地域と特殊な関係を築いていた。

（五）一九三二年の国際連盟調査団受入関連文書

これに関する文書には、国際連盟支那調査委員会関係書類計一一巻（八八－六四～八八－七四）があり、文書往復口上書関係一巻、陳情会見記録関係三巻、質問事項応答資料関係五巻、打合・日程・接待関係一巻、Dr. Young 関係一巻を含んでいる。

一九三一年、日本は満洲事変を勃発させて中国東北地域を侵略した。中国は、国際連盟に訴えて日本の侵略を制止するよう求めた。国際連盟は即刻調査団（リットン調査団）を極東に派遣し、事実の真相について調査した。調査団は中国（東北を含む）、日本、朝鮮を訪問した。学術界は、国際連盟調査団の中国、日本における活動に関して研究を進めているが、朝鮮における活動について知る者はまれである。これらの文書はかなり完備しており、研究史上の空白を埋める史料のひとつになり得る。

以上の五つのカテゴリーに分けた中国関係文書の合計量は一〇〇巻近くで、多くはない。そのうち、(一)(二)の文書には、他国の領事館、租借地の資料が混じっており、また時期的にも完備しておらず、欠落している年度もある。

中国関係の文書は、日本語あるいは中国語で書かれている。多くの交渉事項にかかわるものが含まれ、中国側からの書簡の原本も含まれている。また、朝鮮総督府外事課の返答の写しも保存されており、交渉や事件の経緯と双方の態度を比較的はっきりと知ることができ、今後の研究に役立つと考えられる。

二 中国駐京城総領事館と朝鮮総督府外事課の往復文書の学術的意義

筆者の調査によると、上述の国家記録院所蔵の中国関係文書は、まだ学者による全面的な利用がなされていない。いかなる歴史研究も、最終的には史料上の根拠が必要であり、新しい史料が新しい歴史の様相を示し、また新しい研究分野を広く開拓して、新たな理論と方法論の形成を促す可能性がある。筆者の浅見によれば、国家記録院の中国駐京城総領事館と朝鮮総督府外事課間の往来文書は、次のような歴史学的意味を持つと考えている。

(一) 日本占領期の朝鮮の対外関係研究

一九一〇－一九四五年の期間、朝鮮は日本に併合されて国家主権は剥奪され、外交の主体は日本の植民地当局である朝鮮総督府にあった。当時、一部国家は朝鮮に領事館を置き、関連事務の処理に当たっていた。例えば、一九三一年に駐京城総領事館を設けていた国は、イギリス、米国、中華民国、ソ連、フランス、ベルギー、オランダ、ドイツなどであり、その文書も保存されている。これらの国々と朝鮮の関係は、一九一〇年以前の関係の継続と発展であるとともに、一九四五年以降の関係の基礎にもなっている。以下は、それを証明する史料である。

拝啓　九月五日付
貴課長ヨリノ御通告ニ依ルニ京城府黄金町七丁目所在靖武祠ノ敷地ハ明治四十二年四月六日統発第一八一八号統監府公文ヲ以テ貴総領事館ノ使用ヲ認可シタルモノナルモ調査ノ結果該地ハ国有地ニシテ土地台帳ノ記載ハ左ノ如シト有之候モ顧ミテ其現状ヲ見ルニ四番ノ二、九番ノ一、三番ノ一部ハ目下耕作地トシテ使用セラレ居リ候モ元来該地域ハ建築物トノ位置ニ対スル関係上如何ナル事情ノ下ニ在リトモ全ク其敷地トシテノ必要ヲ認メ申スモノニ候条茲ニ敝処ハ該地ニ関シテ其必要ナル所以ヲ具申シ以テ上述地域ノ還元ヲ希望罷在リ申スト同時ニ右土地台帳ノ御改訂ヲ願上度存念ニ在之申候且又敝館ノ調査ニ依ルニ朝鮮内ニ於ケル我官祀ハ唯此一ケ処ノミニシテ貴国ニ於ケル伊藤公ヲ専祀セラルル寺院ノ規模宏大ナルニハ比スヘクモ無之候得共本館ニ於テハ崇徳報公ノ趣旨ノ下ニ前賢ヲ彰表致シタキ念願ニ有之申候ノミナラス前清宣統元年閏二月十六日即チ貴暦明治四十二年四月六日付貴統監府ノ公文及其条件ノ下ニ於テ専ラ管理ノ職責ヲ尽シ申度目下整理計画ノ上他日ノ壮観ヲ期シ申候テ其名ヲ永遠ニ垂レシメント致シ居リ候モノニ有之候条　貴課長於テ必スヤ当ニ御賛成被成下候事ヲ深信致シ偏ニ希願仕申候次第ニ有之何卒乍御手数右御回報ヲ賜リ申度期待罷有リ申候　敬具

中華民国駐京城総領事　盧春芳

朝鮮総督府外事課長　田中武雄　殿

中華民国二十二年十月二十五日(2)

いまひとつは次の史料である。これには、日本語への翻訳文はない。

敬復者：我歴宣統元年閏二月十六日接准
来函内開本京城南部明哲坊〔現在の中区奨忠洞〕訓練洞靖武祠合祀陣亡将弁擬嗣後接辦祭祀起見将該祠由貴総領事管理前経協議在案茲准韓国政府照復将該祠付属基址屋宇訂立章程絵図移交管理等因准此除已由本総領事照所絵図紅線内地段屋宇勘明接管歳時致祭外相応函復
貴長管査照転知韓政府可也専此佈啓

大清駐韓総領事官　馬廷亮

辦理統監府総務長官事務　石塚英蔵　殿
宣統元年三月初二日(3)

この二件が示しているのは、一九三三年に朝鮮総督府が京城にある中国の靖武祠の回収を求めたのに対して、中国駐京城総領事館は一九〇九年の清朝政府と朝鮮統監府の往来書簡を根拠として、当該土地の所有の合法性を証明し、その外交の連続性をはっきりさせていることである。

確かに、当時の外交主体は朝鮮総督府であったが、外国人居留民と日常的につきあい、商売をしたのは多くが朝鮮人であり、外国の教会の信者や、ミッションスクールの学生も、やはりその多くは朝鮮人であった。さらにいえば、各国領事館と朝鮮総督府が交渉処理をおこなう各種紛争でも、大体において朝鮮人が主役を演じた。私たちは、このような関係を「民間の対外関係」と呼ぶことができる。外国人居留民、会社、教会、学校と朝鮮の関係は、一部、一九四五年の大韓民国独立後も継続された。したがって、日本占領期の朝鮮の対外関係に関する研究は、学理上と現実上の二重の意味を持っており、日本占領期の外交文書の公開は、この研究に益するところが大なのである。

(二) 北東アジアの国際関係研究

中朝日関係を中心とする北東アジアの研究は、新しい学問的分野である。北東アジアの国際関係の研究にあたり、その歴史を重視しないわけにはいかない。中国は、一九一〇年から一九四〇年代にかけて、日本が占領する朝鮮半島に総領事館を設立し、日本の植民地当局と交流し、中国政府や華僑、中国人商人の朝鮮における事務を処理していたため、それ自体が当時の北東アジアの国際関係を解読する独自の視点を持ち得ることになる。日本による朝鮮占領という現実に適応するため、中国駐京城総領事館は名目上、中国駐日本公使館の管轄ではあったが、一方外交部の直接管轄は受けていない。以下の文書はこの問題を明らかにしている。

午字第三二七号

以書翰致啓上候陳者今般在朝鮮敝国総領事ヨリ「仁川領事館裁撤後在留民ニ関スル事務ハ当館ニ於テ合併辦理スルコトトナレルカ仁川ハ在留民稍稠密ニシテ之ニ関スル事務モ目前繁忙ナルヲ以テ事アル毎ニ倥傯往来スル公務上ノ不便及地方ノ事情ニ対スル疎隔ヲ避クルカ為ニ起見シ館員ヲ派駐シテ事務ヲ辦理セシメントシ右ノ次第朝鮮総督府ニ知照シタルニ対シ同府外事課長ヨリ本件ハ外務省ニ請訓シタル処同省ヨリハ単ニ中国政府ノ仁川領事館裁撤及同館事務ノ京城総領事館ニ於ケル合併辦理ニ関スル照会ヲ接受セルニ止マル旨回電アリタルニ付当方ヨリハ更ニ詳細書面ヲ以テ請訓スヘキモ貴国側トシテモ駐日公使ヨリ敝国外務省ニ照会相成コト可然旨非公式通知ニ

接シタルカ査スルニ当館カ仁川ニ事務所ヲ設クルモ辦事ニ当ル者ハ当館館員ニシテ所辦ノ事務亦当館ニ合併辦理スヘキ館務ナルヲ以テ領事分館ノ設置トハ遙カニ其ノ性質ヲ異ニスル次第ニテ駐在国側ニ在リテモ毫モ不便ノ点ナキ義ト被思料ニ付テハ日本外務省ニ対シ朝鮮総督府ニ移牒ノ上速カニ承認セラルル様御照会相煩度」旨稟申ニ接シ候処査スルニ同総領事カ同館々員ヲ仁川ニ常駐辦事セシメムトスルハ専ラ館務処理ノ簡捷ヲ目的トスルモノナルヲ以テ貴大臣ニ於テモ本件ニ対シ諒解ヲ与ヘラルルト共ニ朝鮮総督ニ行文知照相成様致度此段照会旁本使ハ茲ニ重テ閣下ニ向テ敬意ヲ表シ候　敬具

中華民国特命全権公使　汪栄宝

外務大臣　男爵　幣原喜重郎　閣下

中華民国十九年十月七日(4)

ここからわかるように、中国総領事館が難題に直面した場合、駐日本公使に報告し、指示と協力を願い出なければならなかった。しかし、朝鮮は、かつては中国と密接な関係を持った独立国家であったし、状況が特殊であった。そのため、中国駐京城総領事館の地位は、ほかの一般の在外総領事館より高く、その下に複数の領事館を管轄下に置いており、駐京城総領事の張維城と范漢生はいずれも「公使級」であった。例えば、この点を説明する文書には、張維城が京城に着任した際、朝鮮総督斎藤実に宛てた次の書簡がある。

拝啓　陳者本国政府ノ命令ヲ奉ズルニ張維城ヲ派遣シ朝鮮総領事トシテ署駐セシメ記名公使ヲ以テシ候ニ付　本総領事ハ業ニ本月二十三日着任事務取扱致シ候ニ付　貴総督ニ御通知申上ゲ並ニ関係各官庁ニ御伝達方奉願上候

敬具

中華民国駐朝鮮総領事記名公使　張維城

朝鮮総督子爵　斎藤実　閣下

中華民国十八年十一月二十五日[5]

（三）中国近代外交史の特殊な事例研究

現在、中国の近代外交史に関する研究成果は、その多くが重要な外交政策の制定と実施、重大な外交事件の交渉、中国と一部主要国や国際機関との関係の変遷などの動的な面に集中している。外交政策を具体的に実施していた駐外国大使館の研究はきわめて少なく、さらに在外（総）領事館（組織、職責、権限、人員構成、応急処理等）に関する静的な、微視的な研究は見られない。中国駐京城総領事館の資料は完全ではないが、民国時代の在外領事館の組織と機能の研究用に有用な事例を提供しているといえる。当時の中国外交部の出版による内部刊行物『外交部公報』には、朝鮮駐在の数多くの外交官が記した朝鮮の産業と経済、各地の華僑、日本の政策などに関する研究報告が掲載されている。

中国駐京城総領事館の概況について、次の二つの表から説明することができる。

表1　中華民国駐朝鮮各領事館経費及年俸教育等費表（民国十九年分）[6]

地点	館別	館費及其他	年俸	教育費
京城	総領事館	一五二〇〇元	二七五二〇元	四七〇〇元
新義州	領事館	二五〇〇元	一四六四〇元	四六〇〇元
釜山	領事館	二五〇〇元	一四六四〇元	八〇〇元
元山	副領事館	二五〇〇元	一二八四〇元	一四〇〇元
鎮南浦	副領事館（暫由総領事館派員分駐辦理）	二五〇〇元	二四〇〇元	
清津	領事館	一五〇〇元	七五〇〇元	八〇〇元
仁川	総領事館辦事処	一五〇〇元		三四〇〇元
合計		二八二〇〇元	七七一四〇元	一八一〇〇元

京城総領事館以外に、中国は新義州、釜山、清津に領事館を、元山、鎮南浦に副領事館を、仁川には総領事館事務所を設けていた。まさに朝鮮各地にあったといえる。一九三二年以降「満洲国」が別途朝鮮に設けた機関は中国に属するものではなく、長い間、中国駐京城総領事館及び傘下の領事館の組織に大きな変化はなかった。

中華民国建国後、中国は依然として弱体であり、かつ内乱が続いており、対外交渉は往々にして屈辱的な屈服という結果に終わり、いわゆる「弱小国に外交なし」の状態であった。後世の学者は、国民政府の外交に言及する際、不満の声も多いが、国家記録院の文書資料によると、国民政府は少なくとも対朝鮮の外交においては、近代的な外交原則と戦略性に富む柔軟さをはっきりと示している。一方で、国民政府は弱小民族に同情し、共に奮闘するという理念

表２　中国総領事館員名簿（1933 年 11 月）

領事館名	所在地	氏名	官位	妻	住所
中国総領事館	京城府	盧春芳	総領事	有	京城府明治町
		魏錫賡	副総領事	有	同上
		余笏	主事	有	同上
		葉俊愷	研修員	有	同上
	鎮南浦府	張義信	領事見習（鎮南浦に駐在し副領事館事務を執り行う）	有	鎮南浦府
	仁川府	李映西	主事（駐仁川事務所主任）	有	仁川府中国街
中国領事館	新義州府	朱芾	領事	有	新義州真砂町
		張相	副領事級領事見習	有	同上
		張念萱	主事	有	同上
	釜山府	陳祖偪	領事	有	釜山府草梁
		朱旭	副領事級領事見習	有	同上
		曽鼎鈞	領事見習級主事		同上
	清津府	馬永発	領事兼副領事		清津府内
		楊殿鑣	主事	有	同上
	元山府	馬永発	領事兼副領事		元山府内
		胡済川	副領事級領事見習	有	同上
		繆文彜	主事	有	同上

【出典】『各国領事館往復綴（昭和八年）』全巻号八八、案巻号七五

に基づき、在中国亡命朝鮮人による抗日独立運動に対して着実にかつ長期的に支援し、「大韓民国臨時政府」設立の資金援助もおこない、さらには自国の政府代表を朝鮮に派遣し、正規の貿易関係を結んでおり、華僑を保護したりもしていた。このようにしなければ、中国本国の利益を最大限に追求できなかったからである。

一九三一年の満洲事変以降、中日両国は局地的な戦争状態にあり、一九三七年の盧溝橋事件から両国は全面戦争に突入したが、相互に宣戦していなかったために、両国の外交関係はなお維持されていた。しかし、駐京城の中国外交官の執務環境は苦難に満ちたものとなり、彼らの心情は重苦しいものであった。例えば、中国総領事館は、

一九三一年から複数回にわたり「十月十日」の建国記念日祝賀式典を中止し、日本の中国侵略政策に対して婉曲に不満を示していた。

急啓陳者本月十日ハ本国国慶日タルモ其ノ時ニ至リテ本館ハ祝賀接受ノ式ヲ挙行セザルベキニ付　御了知相成度
並各機関ニ御伝達相煩度候　敬具

中華民国駐朝鮮総領事　盧春芳

朝鮮総督府外事課長　穂積真六郎　殿
中華民国二十年十月六日(7)

一九三七年に盧溝橋事件が発生し、中日両国間で全面戦争が勃発すると、中国駐京城総領事館は建国記念日の祝賀行事を停止することになった。

(四) その他の学術上の価値

中国駐京城総領事館の文書は完備こそしていないものの、そこから導きだされる学術的意義は多方面にわたり、多くの重要な示唆を得ることができる。

(1) ある資料は、中国内部の屈折した政治的な特質を示している。文書が書かれた時代における中国国内の政治上の変化は激しく、京城に派遣されていた中国総領事は、前後して三つの政府に属していた。すなわち、北京政府、南京国民政府及び汪精衛傀儡政権である。しかし、政権交替の際にも、駐京城総領事館の外交官は交替してはいなかった。例えば王守善は、元々北京政府が京城に派遣した総領事であったが、一九二八年に国民革命軍が北京に進撃・占領し、政権交替が実現したあとも長い間その任に留まり続けていた。次の書簡は、そのことを証明する一例である。この文には、日本語の翻訳はない。

逕啓者：本日接奉敝国駐東京公使館電令祇悉改換新国旗業於本月十四日照会貴国外務省在案茲本総領事奉令転知敝国駐朝鮮各領事館一律懸挂新国旗。除遵照辦理外相応函達貴課長即希査照為荷。此致

中華民国駐朝鮮総領事　王守善

朝鮮総督府総務課長　中村寅之助　殿

中華民国十七年六月十五日(8)

この事実は、国民政府が旧政権の外交リソースを継承し、その専門要員（とくに外交面の）を解雇せず、そのまま雇用していたことを示す一方、官吏の旧政権に対する忠誠度が非常に低いことを示している。同じ状況が一九四〇年以降に再度発生し、国民政府が西部の重慶へ移り、日本は汪精衛を擁して偽政権を作り上げると、例えば中国駐京城総領事の范漢生は、民族の大義を顧みず汪精衛政権の総領事に転じたのである。

（2）別の資料では、京城の都市の発展が示されている。朝鮮における中国人の居留は、一九世紀末に始まる。当時、清朝の軍隊とともに朝鮮にやって来た中国人は、次第に民間用の商品を取り扱うようになり、朝鮮の住民と貿易をおこなうようになった。後に、多くの山東省の住民が、朝鮮半島へ生計の道を求めて渡ったが、彼らの中の圧倒的多数は短期間で金を稼ぐことが主な目的であり、長期的に朝鮮に居住するつもりはなく、また一般には青年・壮年が

家族を帯同せずに単身で朝鮮に渡った。このため、朝鮮で家業を興す者は非常に少なく、華僑の教育のスタートも遅れ、彼らの発展も比較的緩慢であった。一九二〇年代末、朝鮮で客死する華僑が増加すると、ようやく墓地の購入を考えるようになった。一九二八年、駐京城総領事の王守善は、朝鮮総督府の園田山林部長に、次のような書簡を送った。

拝啓　敝国居留民等の間に於て墓地購入の志望有之過般貴部長に面謁の際願上置候処今般特に別項の通願上置候に付何卒適当の地点有之候はゞ何分の御指示相受度奉願上候さすれば居留民共へ転告致し購入の便を得させ度と存じ此段奉願上候也

敬具

中華民国駐朝鮮総領事　王守善

園田山林部長　殿

中華民国十七年五月十八日(9)

王守善は、懸案となっていた華僑共同墓地の条件を、次のように詳細に提示している。

一　地点　南大門外或西大門外

一　坪数　三千坪内外

一　地勢　宜高

一　使用目的　華僑共同墓地

中国人や朝鮮人の習わしによれば、墓地の多くは俗世から遠く離れた辺鄙で静かな場所を選ぶ。そこで、王守善は、南大門外あるいは西大門外に、三千坪の大墓地を探すように希望したのである。現在は、南大門あるいは西大門ともに、いずれもソウルの繁華街となっているが、当時この二カ所は静かで荒涼としていたことが推察できる。七〇年の間に、大きな変化を遂げたのである。

三　一九二八－一九四〇年の中朝関係の別の一側面

国家記録院所蔵の中国駐京城総領事館文書は、私たちに中朝関係の別の一側面を示している。現在、中国、韓国の学者による、一九一〇－一九四五年の中朝関係の研究は、おおよそ次の二つの面に集中している。①中国における「大韓民国臨時政府」の指導による朝鮮独立運動と中国との関係、②中国の東北、華北地域で活動する朝鮮独立連盟と朝鮮義勇軍等の抗日武装と中国の関係。[10] 換言すれば、基本的に中国国内で起こった朝鮮の政治（軍事）団体や人物と中国との関係である。しかし、中国駐京城総領事館文書は、中朝関係の別の重要な側面、すなわち中国政府が朝鮮に設置した外交機関が処理した中朝関係の問題は、今もなお研究の盲点となっている（在韓華僑史の研究を除く）ことに気づかせてくれているのである。

筆者は、このような状況がもたらされた重要な原因は、韓国国内の学術界や一般市民がナショナリズム史観に導かれることで、研究の空白が生じたことによると考えている。

近代植民地主義が横行し横暴を極めた時期、弱小の民族や国家は激しい弾圧と侮辱を受け、耐え難い苦痛を味わったため、民族解放と国家の独立を勝ち取ることが彼らの戦いの中心課題となった。多くの情厚く志の高い者は、この課題のために、先人の屍を乗り越えて続き、勇敢にも犠牲となり、これらの国家の近代史を形づくる中心的役割を担ってきた。後世の者が、この歴史に直面した時、先賢を尊びあがめるとともに、植民地主義への激しい憎しみを募らせるのである。

いわゆるナショナリズム史観とは、植民地主義による支配の歴史に直面した時、ナショナリズムを喚起させ、一方では植民地主義を標榜する本国政府に対する圧迫や、経済的搾取、文化面における奴隷のような酷使を激しく非難し、他方では強力に民族独立運動を歌い上げ、団体・出来事・人物に対する評価は、主としてそれが直接植民地統治に反対するかどうかによって決定する。このような歴史観は当然のことであり、非常に理にかなっている。しかし、ナショナリズム史観を唯一の歴史観として、これを判断基準全般に据えることはできない。筆者は韓国滞在中、学術著作を拝読し、学者と直接交流を重ねるうちに、韓国の歴史学界では、ナショナリズム史観が主導的地位を占めていると感じた。例えば、二〇〇五年に韓国の国会で可決された「過去史法」及び国内の政界への影響が大きい「歴史清算」といった問題は、いずれも韓国ナショナリズムの旗印を高く掲げている。

しかし、時代ごとに特別なテーマがあるものの、人類の歴史の発展を促す要素は多岐にわたり、歴史の姿は多彩であるため、客観的に正しく歴史（植民時代の歴史を含む）を記すには、多様な歴史観を尊重すべきである。ナショナリズムが現実の政治において両刃の剣であるように、ナショナリズム史観もまた歴史学の研究における両刃の剣であり、過度に執着し、完全に他の研究方法を排除するならば、歴史研究にゆがみが生じてしまう。

中国でも、過去に沈痛な教訓がある。一九五〇－一九八〇年の三〇年間、階級闘争を中心とする「革命史観」が歴史学の研究を独占し、すべての歴史制度、事件及び人物の評価が、すべて革命に対する態度（極端な場合は中国共産党に対する態度へと簡略化される）を基準として下され、共産党が存在しなかった古代史、近代史の解釈のなかでさえ、「奴隷革命」「農民革命」「ブルジョア革命」などの概念を取り入れ、これらが時代を評価する基準とされた。その結果、史学研究の対象範囲は非常に狭くなり、政治史（実際には「偏った革命史」）があらゆる歴史に取って代わった。こうした風潮によって、学術界は誤りを犯すことがあっただけではなく、さらに「革命史観」を現実の政治闘争に取り入れたことで、一九五〇年の「反革命分子鎮圧」、一九五七年の「反右派闘争」、一九六六年の「文化大革命」が発生したのである。この一連の「歴史清算」のため、中国全体が莫大な社会コストを支払い、後世による清算が必要な歴史を作り上げてしまった。一九八〇年代以降になると、中国の歴史学研究は多元化に向かい、最初に取り入れられたのはナショナリズム史観であり、後に「社会発展史観」（近代化理論）などが取り入れられ、学術研究の分野がより広範になり、結論もさらに公平・客観的になった。

さて、中国政府が朝鮮に派遣した外交機関が取り扱った中朝関係についての研究が欠落したいまひとつの原因は、関連資料の不足であった。しかし、日本占領期の中国駐京城総領事館の文書により、この不足が補われることが可能になったと考えている。以下、いくつか文書の内容を列挙し、概略的に中国領事館の資料から見た中朝関係の内容を提示したい。

（一）国家を代表する政治交渉

在外使節の最も重要な任務は、国家を代表して国益を守ることである。一九二八－一九四〇年の中国駐京城総領事館は、この面で重要な責任を負っていた。なぜなら、交渉相手である朝鮮総督府は、中国に対して野心を抱いており、非常に長い期間にわたり双方は戦争状態という悪条件の下にあり、さらには、中国の中央政府は相対的に弱者であったためである。このような時、礼儀正しく相手とつきあうのはきわめて苦痛なことであり、同時に国家の尊厳を守ることはさらに苦難を伴なうことであった。
満洲事変以降、朝鮮にいた日本人はこの事変を口実に難癖をつけて騒動を起こし、華僑を脅して中国を中傷した。中国総領事館は、こうした動きに強く反発し、国家の名声を守ろうとした。

拝啓　陳者中国総領事館仁川辦事処ノ報告ニ拠レハ本月二日午后零時三十分頃吉本千代松ト称スル日本人ハ当地支那人街通過ノ際華商復成館ノ門頭ニ掲揚シアリタル支那国旗ヲ毀損シ且ツ不遜ノ言語ヲ弄シタルヲ以テ直ニ所轄花房町巡査派出所ニ交渉シ該犯人ヲ仁川警察署ニ連行シ警察署長ニ以下四項ヲ提出シ其ノ処置方ヲ申出タリ
一．法ニ依リ犯人ヲ厳罰ニ処スルコト
二．遺憾ノ意ヲ表スルコト
三．損害ヲ賠償スルコト
四．以後絶対ニ此ノ種事件ノ発生セサル様保証スルコト
想フニ仁川ニ一再ナラス此ノ種侮辱行為ノ発生スルハ真ニ遺憾ノ極ニシテ吉本千代松ハ貴国汽船八尾島丸機関長ノ地位ヲ以テ此ノ非常識ノ暴行ヲ敢ヘテスルハ最モ不都合ノ所為ナリト認メサルヲ得ス
茲ニ貴課長ニ申進何分ノ御措置相成度照令得貴意候

中華民国駐朝鮮総領事　盧春芳

朝鮮総督府外事課長　穂積真六郎(11)　殿
中華民国二十一年一月六日

一九三二年、日本は東北地域占領後、溥儀を擁して傀儡政権である「満洲国」を作り上げた。日本はまもなくして「満洲国」と「外交関係」を打ち立て、それを合法化した。同年七月、「満洲国」の旗が京城に出現し、中国総領事館はこれに強い反対の姿勢を示した。

拝啓　陳者京城府訓練院博覧会会場内に弊国東北省ノ不法ニ組織サレタル所謂満洲国ノ旗幟ヲ懸グルコト甚ダ多ク遂ニハ之ト貴国国旗軍旗ト交叉シテ掲グルモノアリ　其ノ理由何処ニ在リヤ独リ本総領事ノ了解ニ苦シムノミナラズ貴課長モ亦同ジク深ク不可解トセラレ遺憾トセラルナラント被存候条右御了知ノ上確実適切ノ注意ヲ加ヘラレ並ニ該会ニ通牒シテ即時ニ右旗幟ヲ毀去シ以後何レノ場所ニモ再此種ノ謬挙ヲ発生スルコト無カラシメ以テ国交ヲ重ンゼラレ度此段照会得貴意候

敬具

中華民国駐朝鮮総領事　盧春芳

朝鮮総督府外事課長　穂積真六郎　殿

中華民国二十一年七月二十五日(12)

中国側の反発は、それ程効果を挙げることはなく、ほどなく「満洲国」も京城に「領事館」を設置し、中国に対する日本の挑発はエスカレートしたが、中国側はなすすべがなかった。実際上、時勢と国力によってそうせざるをえなかったのである。

（二）総領事館自身の利益保護

一九三一年の満洲事変の後、中日両国は局地的に戦争状態にあり、しかも拡大傾向にあったため、朝鮮総督府は中国駐京城総領事館に対してもひそかに監視をおこなっていた。極端な場合、基本的な外交儀礼を顧みず、領事館に対する情報を封鎖し、往来書簡等を密かに開封するなどして業務を妨害した。

満洲事変以降、朝鮮総督府は理不尽にも中国総領事館が購読する国内新聞を押収し、外交官たちが国内の状況や時局の進展を知ることができないようにした。中国駐京城総領事の盧春芳は、これに対し厳しく抗議した。

拝啓　陳者本館カ本国ヨリ購読スル益世報、大公報ノ両新聞ハ此ノ二ヶ月来其ノ送付常ナラス或ハ送付シ来リ或ハ来ラサルニヨリ郵便局ニ於テ堆積シ居ルニ非サルヤヲ慮リ十月十六日京城郵便局ニ逓送ノ如何ヲ照会セシ所同月三十一日付右ノ如キ該局ノ回答アリタリ即チ貴館ノ購読スル益世、大公ノ両新聞ハ普通郵便ナルヲ以テ発送後ハ何等記録スル所ナシ思フニ内容記載事項ノ関係如何ニ依リテハ発送先ノ何処タルヲ問ハス行政上差押処分ヲ受クルコトアルハ最近ノ事実ナレハ貴館照会ノ各新聞モ或ハ亦同様ノ処分ヲ受ケタルモノニ非スヤトノ趣ナリ依ツテ本館ハ調査ニ便ナラシムル為経過情勢ヲ貴課長宛具陳シ貴方ヨリ更ニ該主管機関ニ御伝報相煩ハシ度且本館カ従来閲読中ノ新聞ヲモ御検出御送付ノ上閲覧ニ便ナラシメ尚今後モ郵便局ヨリ平常通リ逓送御取計相成度併セテ照会得貴意候　敬具

中華民国駐朝鮮総領事　盧春芳

朝鮮総督府外事課長　穂積真六郎　殿

中華民国二十年十一月四日(13)

しかし、日本側は決して矛を収めず、一九三二年九月、盧春芳は再度各地の中国領事館に対する新聞押収事件に対して抗議したが、日本の関係当局は「新聞が途中で押収された事」について、責任の所在は「知るよしがない」などと言い逃れをし、ごまかそうとした。

拝啓　陳者弊国ノ元山駐在馬領事ヨリノ書翰ニ拠レバ本月以来本館及管内居留民ノ購読ノ本国新聞紙ハ概ネ輸入ノ時ニ於テ日本当局ニ抑留サレテ祖国ノ事情非常ニ疎隔セシメラレ候　本月八日元山郵便局長ニ書翰ヲ以テ質シタル処結局該局長及郵便課長ノ答ニ依レバ本局ハ命令ヲ奉ズルニアラザレバ敢ヘテ擅ニ自ラ貴国新聞紙ヲ抑留セズ乃チ中途ニ於テ抑留セラレタルモノニシテ本局ハ従来到着次第送付シ居リ候尚郵便局長ノ請フニハ外国郵便ハ中央局ヨリ各地ニ分ケテ発送スルモノニシテ若シ差押物件アラバ中央局ニテ差押フルモノニ有之候　貴国新聞紙ニ至リテハ若シ中央局ニテ差押ヘザレバ為シ得ズ若シ調査セント欲スルナラバ京城ニ問合セラレタシトノ趣ナルヲ以テ此段書面ヲ以テ報告シ審理交渉ヲ請フト有之候条此段貴課長ニ申進シ右御了知ノ上主管機関ニ御移牒セラレ弊国ノ朝鮮駐在各領事館及各居留民ノ購読スル本国新聞紙ヲ到着次第送付セラレ抑留セラルルコト無ク以テ親睦ノ交誼ヲ敦ウセラレ而シテ郵便事務ノ使命ヲ完ウセラレ度此段照会得貴意候　敬具

中華民国駐朝鮮総領事　盧春芳

朝鮮総督府外事課長　田中武雄　殿

中華民国二十一年九月十六日(14)

さらにひどい場合は、日本の植民地当局が密かに中国総領事館の公式書簡を開封していた。たとえ密かに一般人の郵便物を開封したとしても犯罪行為であるのであり、この場合は一層外交慣例を顧みない暴挙といえるものであった。

拝啓　陳者昨年ノ二月以降本国政府ノ各機関ヨリ貴国ノ郵便局ヲ経由シテ敝館ヘ向ケ送付セラレタル公文書中屢々擅リニ竊開セラレタル形跡アルヲ認メ居リ候モ此ノ如キ光天日化照代ノ下ニ於テヨモヤカカル非法ヲ行フモノアルマジト考ヘツツ姑ク疑ヲ存シテ其ノ成行ヲ観究シツツアリタル折柄近頃貴京城郵便局ヲ経由シ来レル四月十五日付本国政府ノ公文中竟ニ其ノ上端ニ貼付シアリタル「四月十四日受」云々ト有之申候白紙ノ一小片ハ其ノ筆跡ト語気トノ上ニ見ルモ正シクコレ竊開者其ノ人ノ所為ニシテ其ノ紙片ヲ剥ギ去ルコトヲ忘レタルモノナル事明々白々断乎トシテ其ノ疑ヲ脱ス能ハザルモノニ有之候依ツテ原公文ヲ封筒ノ儘本国政府ニ郵送シテ其ノ指示ヲ請ヒタル処本月七日付ヲ以テ貴京城郵便局ヨリ本国政府ガ発送セル指令書到着ソレヲ見ルニ本国政府ヘ指令ヲ請イタル際証拠品トシテ差出タル原品ノ上端ニ貼付サレッツ明白ニ「四月十四日受」トアリタル白紙片ハ翼ヲ生ジテ其ノ行衛ヲ失シタル次第ト相成候等ニ依ツテ之ヲ見レバ今回ノ公文書モ又竊開サレタルモノナル事益々疑ナキモノト相認メザルヲ得ザルノミナラズ且細カニ内外封套ノ上ニ存スルシール、ワックスノ色沢及印章筆画等ニ遺サレタル痕跡モ亦其ノ証在トナスベキ多々有之候

由来書信ハ決シテ侵犯スベキモノニアラザル事ニ関シ已ニ貴国ノ憲法上顕トシテ其明文ノ存スル処ナルノミナラズ矧ンヤ事国際上ノ文書ニ属シ重要ナルモノナルニモ拘ラズ本領事ハ其ノ事実ヲ不明ニ付シテ再ビ緘黙ノ態度ヲ持シ候モソレラヲ竊開シタリシモノノ道徳上ノ罪悪ハソレ又必ズ法律上ノ責任ヲ存スルモノト相認メ申候

此ノ儀何卒貴課長ノ厳査ヲ煩ハシ申候上法ニ依リテ御懲戒ノ上向後ハ再ビ右様ノ違法行為ヲ慎ミ国交上ノ昭睦ヲ

重ンジ申候様仕度此段貴意ヲ得旁御回章ヲ賜リ度願上奉リ候

敬具

中華民国駐京城総領事　盧春芳

中華民国二十三年五月十日

朝鮮総督府外事課長　田中武雄　殿(15)

この書簡の内容を詳しく見てみると、これ以前にも中国駐京城総領事館の郵便物が密かに開封されるという事件が日常的に発生しており、総領事館側はすでに察知して注意を払っていたことがわかる。事実そうしたことがあったので、日本の植民地当局は弁明しがたく、この問い合わせに回答さえしなかった。さらに、密かに書簡が開封されるという事件は、その後も発生した。一九三四年九月、総領事の盧春芳は再度朝鮮総督府外事課長の田中武雄に書簡を送り、七月に再度公文書無断開封事件が発生したことを非難している。

拝啓　貴京城郵便局を経由致し候て逓送され申候本国政府の公文が頻次竊開せられ居り申候件に関し候ては、本年五月十一日を以て御通告申上置申候通りに候処、其後四ケ月を閲し申候今日に至るも何等の御回報に接せず深く遺憾に存し居り申候次第に有之候折柄、又候本月十三日を以て貴京城郵便局より接受致し申候本国外交部よりの逓到公文の如きも其封緘を竊開したる痕迹を存し、一再ならず文書の秘密を侵犯せらるゝ如きは豈に国際信義の容さゞる所なるのみならず亦貴国法律の許さゞる所のものに候はずや。本総領事は此件に対し再び厳重なる御交渉を以て貴課長を煩はし申候上、何卒実際上の御注意を以て厳重御調査の上該処務者を懲罰せられ向後は絶対かゝる違法行為を繰返さゞる事として以て法治を彰かにせらるゝと同時に親睦の意を表せられ申候様仕度此段奉

得貴意候と共に其回報を賜はり中度期待罷在り申候

敬具

中華民国駐朝鮮総領事　盧春芳

朝鮮総督府外事課長　田中武雄　殿

中華民国二十三年九月十五日(16)

どんな外交機関でも、正常な通信の安全さえ保障されないとは、中国駐京城総領事館の執務環境がいかに劣悪であったかを示している。

中国駐京城総領事館が自身の権益維持につとめた事例は、領事館の土地、道路の使用問題における日本側との交渉にも見られる。総領事館は京城郵便局に隣接しており、郵便局側は配達車の路線変更を理由に、総領事館と協議の上で領事館から郵便局前までの私道を借用して配達車を通行させていた。事件は、一九二九年に発生した。

拝啓　去る四月二日貴課長殿より照会有之候京城郵便局進出の局用自動車は従来道も交通頻繁なる本町通より出入し来りたる処今回改めて明治町方面より通行せしむる事となりたるも右道路内には貴館門前より郵便局前の空地に至る区間に於て貴館の所有に係るものあるに依り特に無償使用の承諾を得たしとの御事に候が本館の所有に係る館前より郵便局前の空地に至る私設道路に此際本館に於て未た何等変更の計画なきものなるを以て御所請に係る郵便局自動車通行道路無償使用の一件は御希望の通りに可致も唯該道路は狭隘なるが上に来往の人士多く加ふるに本館内に付設せる中華民国居留民小学校の学生等はいづれも幼少の児童なるに就き希くは貴課長殿より京城郵便局長に特命を発せられ所属運転手をして該区間通行の際は特別の注意を払ひ切に事故の発生を来さざる様

致さしめ被下度此段申進候也

中華民国駐朝鮮総領事　王守善

朝鮮総督府総務課長　中村寅之助　殿

中華民国十八年四月四日[17]

これを見て明らかなように、無償の借用にも条件があったのである。郵便局側は長期にわたり占用し、道路を大きく破壊して周囲の小学生の安全を脅かし、店舗の営業にも影響を与えた。総領事館は、郵便局に対して別の道路を選択するよううながしたが、このことが総領事館と朝鮮総督府外事課（総務課）との間で、長い論争の種となった。中国駐京城総領事館の文書中には、この交渉に関する往来書簡や電報が多くあるのが確認できる。

（三）朝鮮における華僑排斥の風潮

中国の朝鮮在住華僑の数は、一九一一年から一九三〇年の間に大きく増加した。一九一〇年の朝鮮在住華僑人口は一万一八一三人であり、一九三〇年には六万七七九四人に増加し、二〇年間で約六倍に増えたことがわかる。[18]この時朝鮮経済は問題を抱えており、一部の朝鮮人は、華僑が就業などの面で自分たちの脅威になると考えていた。さらに、朝鮮総督府が、華僑に対して入国、居住、就業などの面でさまざまな制限措置を施して中国人と朝鮮人との間の感情を刺激したため、華僑排斥残虐事件が起こってしまった。一九二七年末、朝鮮総督府は新聞を通じてデマを流し、中国が満洲の朝鮮人を虐待し追い出すという事実無根の報道をおこない、華僑に対する憎悪の感情を煽った。真相を知らない一部の朝鮮人は、十二月七日に全羅南道で華僑排斥事件を起こし、これが急速に朝鮮半島全体に広まったが、十二月十七日にはほぼ沈静化された。その間、朝鮮の二三の都市と町で、華僑に対する殴打、華僑の商店や菜園の破壊、華僑の資産略奪事件が計二五件発生し、華僑はきわめて大きな損害を蒙った。これは朝鮮で初めて発生した大規模な華僑排斥事件であり、中国総領事館はきわめて過敏に反応した。

一九二八年三月、中国総領事の王守善は日本の当局宛に書簡を書き、全羅南道の華僑排斥再発のうわさに対する懸念を、以下のように表明している。この書簡には日本語訳はない。

徑啓者准敝国駐仁川領事館電称拠仁川中華総商会派員来館面称近日外道復有流言宣称定於四月一日群起襲撃華人僑情異常惶駭尤以全羅方面為甚懇速請総督府預為消弭等語本総領事査此項流言雖難憑信而鑑於前次暴動事件自不能不光先事預防相応函達即希

貴課長即商主管局電飭全羅南北道及各道警察署妥加防護以息流言而安華僑并煩

見復為荷此致

中華民国駐朝鮮総領事　王守善

朝鮮総督府外事課長　松村松盛　殿

中華民国十七年三月二十九日(19)

この通達が功を奏し、そのときのうわさはうわさだけで終った。

一九三一年七月、中国東北で万宝山事件が発生したため、朝鮮の新聞は日本が提供した数多くの虚偽のニュースを掲載し、中国の農民が「暴力を振るう」、満洲の朝鮮人は「危険な境遇にある」などと発表し、この報道がきっかけとなって初めてといってよいほどの大規模な華僑排斥の動きが引き起こされた。これは、七月二日夜に仁川から始まって、次第に京城、平壌、さらに朝鮮全域へと拡大した。京城で起こった極端な例では、暴徒が中国総領事館に突入して、避難していた華僑を殴り、館内の重要な財物を略奪したという。朝鮮総督府の警務局の報告によると、このときの暴動で華僑九七名が死亡し、一一八名が怪我をしたとあるが、中国側の統計では、華僑一四二名が死亡、五四六名が怪我をし、九一名が行方不明、財産の損害は四〇〇万円余に達したことになっている。[20]史料の内容からは、中国では、上は外交部から下は駐京城総領事館に至るまで、事件の最中、そして事後に、日本側に対して厳格な交渉をおこなおうとしていることがわかる。しかし、奇妙なことに、中国駐京城総領事館の文書には、このときの華僑排斥暴動および交渉に関する内容がほとんど見られない。唯一の記録らしきものは、事件の最中に総領事の張維城が平城へ人員を派遣して調査する際に、総督府外事課長へ宛てた次の書簡である。

逕啓者査此次鮮人暴動平壌華僑死傷損害最重茲派本館主事李仲剛於今晩十一時偕同京城華僑代表張友芳鄭維芬前往慰問並実地調査真相相応函達

貴課長査照転知並見復為荷此致

中華民国駐朝鮮総領事記名公使　張維城

朝鮮総督府外事課長　穂積真六郎　殿

中華民国二十年七月八日[21]

記録が残っていない原因を推測すると、朝鮮総督府側が事件の最中あるいは事後に、中国駐京城総領事館との交渉文書を廃棄したからではないかと考えられる。

その後間もなくして、日本が中国東北地域を侵略する満洲事変が起こると、朝鮮における華僑排斥論があらわになり、華僑は次から次へと店をたたんで帰国したり、避難したりした。朝鮮に残った中国人はさらなる恐怖に慄き、次々と総領事館に対して、日本の植民地当局と交渉して保護を求めるように要求した。盧春芳総領事も、自発的に日本側に書簡を出して華僑の適切な保護を求めた。

急啓　陳者査スルニ在鮮弊国居留民ハ鮮人暴動事件発生以来益々其ノ他種々ノ問題ヲ以テ其ノ心情惶惑ヲ深カラシメ居候　本総領事着任ノ始貴国各関係長官ヲ歴訪シタルニ其ノ儘安心シ居住セラレンコトヲ請フ等ノ御言葉ヲ預リ候ヒシモ居留民ノ心理ヲ細察スルニ前車ノ鑒仍未ダ多ク疑懼ヲ存スルヲ免レズ以テ最近帰国者毎船輙チ数百千ノ多数有之未ダ早速帰国セザル者亦多ク安心居住シ平常通就業スルコト能ハズ候　人心ヲ鎮定スルタメノ趣旨トシテ貴課長ニ御了知相煩度並主管長官ニ伝請セラレ迅速ニ布告ヲ発セラレ本館ニ交付分布セシメラレ弊国居留民ヲシテ安心居住セシメラレ度他面各道ニ御通牒セラレ切実注意シ保護シ以テ万全ヲ策セラレ疑慮ヲ去ラシメラレ度此段照会申進メ何分ノ義御回示相煩度候也

敬具

中華民国駐朝鮮総領事　盧春芳

朝鮮総督府総務課長　穂積真六郎　殿

中華民国二十年十月五日(22)

日本側は、責任を逃れるために自分のことを棚に上げて他人をとがめ、「中国政府と市民、とくに中国兵の在満朝鮮人に対する迫害は、朝鮮人の人心を刺激するに足るものであり、遺憾に思う」と事実無根の発言をした。盧春芳は、これに対して理詰めで大いに論争し、次のように反駁した。

拝啓　陳者本月二十二日付貴翰ニ依レバ在鮮弊国居留民保護ニ関シ貴府ハ既ニ各道ニ通牒シ特別警戒ヲ以テ事件ノ発生ヲ予防シ以テ人心ノ安定及保護ノ万全ヲ期シ居留弊国人ヲシテ安心居住シ執業シ得シメ及目下尚引続キ厳重警戒中ナル趣閲悉致候　唯ダ貴翰中中国官民特ニ中国兵士ノ在満朝鮮人ニ対スル迫害ハ以テ一般朝鮮人民心ヲ刺激スルニ足リ認メテ遺憾ト為ス等ノ語有之候処、査スルニ弊国政府ハ素国交ヲ重ンジ居留外国人ノ生命財産ノ安全ニ対シテハ常ニ注意シ誠実ニ保護セザルコト無之候　本総領事ハ東北省地方当局ノ凡ソ権力ノ能ク及ブ地方ニテハ法ニ依リ処理シ夫々取締保護スルノ外東北省在住貴朝鮮人ヲ迫害スル事決シテ無之即凡ソ人民或ハ兵士モ東北省在住貴朝鮮人ニ対シテ亦迫害ノ挙動決シテ無之事ヲ深ク信ジ居候　試ミニ本年七月貴朝鮮人ノ居留華人惨殺事件発生ノ時ヲ挙グレバ中国居留ノ貴朝鮮人ノ絲毫モ影響ヲ受ケタルコトヲ未タ聞カズ候　此レ以テ弊国人ガ人道主義ノ精神ヲ甚ダ重ンズルコトヲ表ハスニ足リ亦即貴朝鮮人迫害ノ事実無之ヲ証明スルニ足リ候甚ダ望ムラクハ当地ノ貴朝鮮人虚大ノ宣伝ニ惑ヒ徒ニ誤解ヲ滋カラシムルナカランコトヲ貴課長モ亦同心ヲ有セラレ加フルニ深甚ノ注意ヲ以テセラルルナラント拝察致候、右照会得貴意候

敬具

中華民国駐朝鮮総領事　盧春芳

朝鮮総督府外事課長　穂積真六郎(23)　殿。

中華民国二十年十月二十六日

同時に、総領事館は朝鮮総督府に対して、平壌、馬山などで絶えず華僑排斥の風潮があるというさまざまな証拠を示して華僑の保護を促したことから、ついにはこうした華僑排斥風潮は自然と消滅していった。

(四) 在朝鮮華僑の基本的な生活状況

中国駐京城総領事館では、かつて「朝鮮華僑概況」という詳細な調査がおこなわれていた。内容は、華僑の歴史観、人口統計(道別統計)、華僑の商業、貿易、教育、職業(商業・農業・工業それぞれの従事者など)を含み、さらに「朝鮮主要都市華僑活動状態一覧表」も添付されていた。[24] 各都市の華僑人口、到着年度、主な職業別人数(府内居住者)、営業状況、本国送金額などの内容が記載され、いずれも極めて詳細であった。総領事館は、かつて特定の項目について華僑の鉱山労働者の状況を調査したことがあり、これも調査内容はきわめて詳しかった。すなわち、「鉱務中国人労働者調査事項表」には、「道名、鉱山経営形態(官、民)、中国人労働者数、工賃、待遇、生活状況、作業時間」など多くの項目が記載されていた。

日本側の華僑制限や排斥の政策は歴然としており、文書中には、中国駐京城総領事館が華僑の利益保護のために日本と交渉した際の往来文書が大量にある。しかし、多くの状況下で日本側はすべてこれらを拒否あるいは否認している。わずかに、以下の書簡の中に日本側の稀な率直さが見てとれるのみである。そこでは、華僑を制限せざるを得ない原因は日本の経済発展の問題にかかわり、日本国内の失業者の増加が起因していることを認めている。

拝啓　去月二十七日付を以て

貴課長殿よりの御通告に依れば貴国人の労働者に対する入国制限の件に関し候ては一に貴国総領事が本官を訪問せられ候際、委曲御説明申上置候如く最近に於ける内地の失業問題に関連致し、内鮮一体労働者の需要供給を調節致し候の結果、万不得已して終に貴国の労働者と入鮮者とに対し、日本内地同様の制限を設け候のみに有之決して何等他意あるものにあらざることを御承知相成度且又貴総領事が口頭及書翰を以って御示し相成申候従来より継続し居れる朝鮮在留者の往来に関して特別なる処置方法を希望致され候一件の如きも是亦詳細承り居り申候得共目下の処最初通りの方針を変更せざる事と相成居り候条何卒此儀御了知置相成度併せて御回答に及び申候と有之申候も従来我国に於ける工業界の振はざる所以は全く一部的の工業者と労役者との間に国外への移住を希望しそれに依って自己の生活向上を図らんとする気風を生じたる事が其一原因たるに相違なきも恐らく其起因と認め得られ候事は全く低廉なる外国貨物の大量が我国に輸入せられたる結果として、其の間に処したる我国の立場は恰も自国の金銭を費して他国の工業者を保育するが如き窮地に陥り且又一面それが為に圧迫せられて生活の機関を奪はれたるの状態を惹起せるに依り、か丶る場合に於ては其問題の解決上亦相当なる歩調を整へて外国物貨を排斥するの挙に出申候外なく、其機会を捉へて玆に我国の工業者を自覚せしめ、其国内に於ける自作自給の途を講するの難からざるを知り申候様の次第に候も当方に於ては頗るそれを自重して忍圧の態度を持し居り申候にも拘らす貴方の御態度真に慊らざる観を有し申候

由来貴管に於ける我中華民国の留鮮者は此前既に九万余人に達したりしに拘らす、未だ曽て貴国の労働者に対して何等の影響ありし事を聞かず寧ろ以って鮮内の労資問題を調節したりしが如き感ありき況んや目下全鮮の中華民国在留民の如き其数僅に四万余人、遠く其の盛時の半数にも達せす且又更に同胞相激して相乗する等の事なし、且又矧んや貴国の法律は其環境に於て特殊のものあり、故に今尚ほ朝鮮に適用し居られざるものあるを知れるに

於てをや、法律且つ然り何況んや此の種の局部的特殊規定は一層能く慎重に考慮せられて、其見遠大当に必ず深感の念に及ばるべきものなるに此等制限の結果は徒に感情のみを傷ねらるゝに外ならざるのみならず、所謂貴国の労働者需要供給の問題上必ずや利有って弊なきものといふを得べからざるに於てをや、本総領事は職在留民の保護に在りて其の在職中不幸茲事を目睹し、必ず発生せしむべからざる事を発生せしめて殊に錯愕を覚え居り申候

要するに今次の出来事の如きは貴課長殿の御回答書に依りて明かに非労働者の入国を制限し居らるゝ事なかるべきも全く相当の身分にして正確なる紹介書と証明書とを所持せる者等が我本国内に於ける貴国の郵船会社又は其船主等に於て認定の結果所謂提示金なるものを持参するに及はずと見做されたりし乗客等が仁川に到着致候上は矢張普通労役者同様厳重なる調査を受けて其の入境を拒絶せらるゝが如き事有之全く其言行の一致せざる処、一般行旅者等の妨碍を生ぜしめられ候如きは頗る深痛驚異の至りに属すへきものと存せられ申候段顧て東亜前途の福起の為には再三の注意を喚起致候も何の憚る処あらんやと存じ申候次第に有之申候何卒貴課長に於て毅然該制限の方針を変更せられて以て緩和を基礎とせられ申候て敦睦の誼に資せられん事を尚乍序御回報賜はり度申上候

奉得貴意候

中華民国京城駐剳総領事　盧春芳

朝鮮総督府外事課長　田中武雄　殿

中華民国二十三年十月三日(25)

中国駐京城総領事館は、日本側に対して、華僑の入国政策を緩和し、華僑の権益を保障するよう求め続けた。在朝

【表3】在朝鮮中国人受刑状況統計

資格別／月別	性別	受刑者	刑事被告人	労役場留置者	計
昭和7年12月	男	165	14	11	190
	女	5	1	—	6
昭和8年3月	男	162	16	3	181
	女	6	—	—	6

【出典】盧春芳から田中武雄宛の書簡（1934年10月3日）『各国領事館往復綴（昭和8年）』全宗号八八、案巻号七五

【表4】受刑者の人口に占める割合

種別	人口	在所者	人口1万ニ対スル（在所者）割合
内地人	514,666	481	9.3
朝鮮人	19,710,168	16,679	8.5
中華民国人	38,124	199	52.2

【出典】同上

鮮華僑の状況に関する最も興味深い文書は日本側の調査によるもので、朝鮮における中国人の犯罪及び逮捕・拘留状況にかかわるものである。これには、「既決囚人、未決囚人及び労役場留置者の人数、性別及び犯罪種別」などの内容が含まれている。表3は、その一例である。

また、表4の統計を単純に見ると、中国人一万人あたりの犯罪数は五二人以上にも達し、日本人の五倍以上、朝鮮人の六倍以上である。犯罪の具体的な原因は、今後精査すべき課題であろう。ただし、日本人や朝鮮人の警察官がもめ事に対応する際、つねに日本人や朝鮮人の住民をえこひいきする状況を非難する記録が、総領事館の文書のなかに多いことを考えると、華僑の冤罪者は少なくなかったと考えられる。

（五）中国の関係者の朝鮮訪問と文化交流

中国と朝鮮は地理上隣接しており、歴史上も頻

繁に交流がおこなわれていた。日本の朝鮮植民地化後、中国政府の役人による交流や文化面で上の交流は大幅に減少したが、一部は存続していた。例えば、河北大学の馬文剛教授が団長を務める「北平特別市立中、小学校校長視察団」は、一九三〇年六月に朝鮮の釜山、京城を訪問し、京城中学校と京城第一高等女学校を見学している。見学の後、北平市教育局は朝鮮総督府に次のような書簡を送っている。

拝啓　先般敝局ヨリシテ
貴国参上致シ候観光団一同儀貴府ニ於テ格別ノ御招待及説明御指導ヲ蒙リ御蔭ヲ以テ詳細観光非常ナル参考ト利益トヲ相受申候事浅少ニアラズ特ニ専函ヲ置シテ右御礼迄申述度如斯有之候

敬具

北京特別市教育局

朝鮮総督府御中

中華民国十九年六月十一日(26)

また、同年八月、中国海軍艦「鎮海」が仁川を訪問した際、青島海軍司令部が朝鮮総督府宛に次のような書簡を送っている。この書簡に、日本語訳は添えられていない。

逕啓者敝国鎮海軍艦日前駛抵
貴国仁川港備荷招待業経本総領事具函致謝在案茲准敝国青島海軍司令部江（三日）電開煩転朝鮮総督及仁川府尹暨各機関勛鑒平敝部鎮海軍艦日前装載学生駛抵貴治荷蒙懇切招待至深感激謹此申謝等因相応函達

貴課長請煩
查照分別代達為荷此致

中華民国総領事記名公使　張維城

朝鮮総督府外事課長　穂積真六郎　殿
中華民国十九年八月六日[27]。

文化交流の面でも、中国の中央研究院は明清文書及び安陽〔の殷墟〕などの考古発掘報告と、朝鮮の古跡図鑑などの資料との交換を試みている。その書簡の末尾には、中央研究院の交換可能な出版物の目録が添付されている。

拝啓　茲ニ本国国民政府外交部令ヲ奉ズルニ国立中央研究院ヨリノ書面ニ依レバ日本朝鮮総督府出版ノ朝鮮古蹟図譜及其他考古方言ノ各書等ノ考古学及歴史学ノ為ニ貴ムベキノ参考文書ハ既ニ該総督府ヨリ印刷シ列国ノ各学術機関ニ送呈セラレ現在本院モ極メテ此ノ種印刷物ヲ捜シ求メ度ニ付該総督府ニ書面ニテ刊行古蹟図譜及其他考古刊行物全部ヲ御恵贈セラルヽヤ否ヤ照会セラレ度ク本院ノ明清ノ往復古文書整理方言調査及安陽龍山発掘等ノ労作ニ至リテハ既ニ国際学術界ノ重視スル所ニシテ最近ニ既ニ出版シ及将ニ出版セントスル書籍モ亦三四十冊ヲ下ラズ願ハクハ全数ヲ該総督府ニ寄贈シ以後陸続出版ノ書籍モ仍随時寄贈シ奉リヨリテ日支学術ノ相互好意ヲ彰ニシ度ク出版書目ヲ検定郵送シ査収処理セラレ度キ趣ニテ外交部ニテ交渉処理シ回答セラレ度シトノコトニ付送付シ来レル書目一部ヲ検シ貴課長ニ郵送シ御査収ノ上交換セラルルヤ否ヤ御回示願度此段照会得貴意候　敬具

付　出版書目一葉

中華民国総領事記名公使　張維城

朝鮮総督府外事課長　穂積真六郎　殿

中華民国二十年二月十日(28)

ここでとくに説明しておかなければならないのは、文書中にこうした要員の訪問や文化交流が記されているのは、ほぼ一九三〇年から一九三一年の満洲事変までの短い期間であるということである。これ以前は中国の国内の政局は安定しておらず、この種の交流をおこなう状況にはなく、三一年以降は日本が東北地域を占領し、中朝間の関係が急速に冷え込んでいったからである。

（六）中朝間の経済貿易

経済貿易関係は、当時の中朝関係の重要な一面であり、以下の文書には、当時の両地域の経済水準が示されている。一九三一年六月、中国は国産品の見本一式を朝鮮に輸出し、展示に供している。その製品の詳細なリストは次の通りである。

中華民国々産見本目録（付タリ刊行物）(29)

品名

一．石鹸　十種

一．磁器及漆器　六種

一．チョコレート糖　一箱
一．ゴム製覆鞋　四種
一．駱駝織服地裏見本　一冊
一．砂糖菓子、ビスケット缶詰野菜　十種
一．玩具　三十五種
一．大小型靴足袋　八箱
一．白粉、化粧品、石鹸、醤油素、蚊遺香（中国化学工業社出品）　四十八種
一．各種化粧品類（家庭工業社出品）　十六種
一．燈（照明器）茶壷、棚　五種
一．水泥様（ニスノ見本？）　二瓶
一．各種紗（薄物）繻子　二十一種
一．各種月光綢（縮ミ織物）　九種
一．各色写真張紙？　一揃
一．各種砂糖製菓子（蜜蜂糖製食品公司出品）八種
一．三号六号タオル　半打宛
一．沈氏仁壽天薬室胎産金丹　一箱
一．綢緞　頼見本　一冊

一．綢　見本　三冊
一．和合粉「味の素」ノ如きもの？　大　六函
　　　　　　　　　　　　　　　　　小一百三十二瓶
一．巴黎《パリ》紗見本　一冊
一．燈心縐見本　一冊
　「レース」又ハ「シャ」ノ如キモノ？
一．化粧品（永和実業公司出品）　二十三種
一．半磅白桃缶詰　三缶
一．〃白梨〃　二缶
一．〃長葡萄〃　二缶
一．〃西瓜〃　二缶
一．〃無子露〃（不明）　三缶
一．中英（支英）文章科程　六冊
一．国産貨物宣伝連盟機関会報　百四十冊
以上

この記録から、当時中国が朝鮮に輸出しようとしていた商品を具体的に知ることができる。中国商人の一部は、自らの勤勉さと聡明さにより朝鮮で大成功をおさめ、一部の交易部門では日本人や朝鮮人の商人よりも優位を占めることもあった。しかし、日本による朝鮮植民地化以降は、たえず中国商人に対する制限が設けられたことで相当な損失

を蒙ることとなった。以下は、日本が塩の専売を実施した際に、中国駐京城総領事館が、中国の塩商人の利益保護のためにおこなった交渉記録である。

拝啓　外国塩が専売局の管理に帰するとの件に関し候ては、敝国商人等の苦悩一通りならず既に前回職員参上の上面陳仕候様の次第に候も尚又先般貴課長殿を煩はし候て其御取調方を願上候儀も有之、其際態々御回答を得申候事に有之候処、今回又復仁川及び鎮南浦に駐在罷在り候敝国領事館より、該地に於ける塩商人等の請願書を申達致し来り候に付、一応其内容を閲し申候に曰く、敝商等儀は朝鮮に留住の上、塩商に従事罷在り候事既に二十余年、朝鮮人に対しての商取引上滞積し居れる債務等頗る多く、一朝外国塩が本年内を限りて専売局の管理に帰し申候様の事も候はゞ、恐らく多大の影響を敝商等に及ぼし、結局莫大の損害を蒙り可申事必定に有之候条、特に朝鮮総督府に懇請の上、果して実施決定に相成り居り候はゞ、其等に対するの一弁法として、管理規則の公布に先立、或幾年かを限りての猶予を与へられ、特に敝商等をしてそれが準備を為し得るを得せしめられ候はゞ吾人等は適等なる方法の下に懸売金を回収して更に別途の生業を謀り可申候も、万一之に依りて損失のみを受くる事と相成申候はゞ、何卒専売局に於て相当の補償を付与せらるゝの途を講して、昭かに国際貿易上の情誼を御重視相成候様願上度、特に貴課長殿を煩はし奉り候儀に有之候条、何卒可然御配慮被成下度奉願上候、若又管理の一件にして、既に確定致し居り申候はゞ、其内容如何、何時よりしてそれを実施するかとの件に関し、特に御恵示を蒙り申候はゞ、敝国人等に告知の上、塩商人等をして安心営業の途を得せしめ申度何卒此儀御了知の上、可然御配慮の程偏に懇願此事に奉存上候。

敬具

中華民国朝鮮駐劄総領事記名公使　張維城

朝鮮総督府外事課長　穂積真六郎　殿(30)

中華民国十九年一月十五日

（七）中国人と朝鮮人との紛争（刑事犯罪を含む）交渉

朝鮮に居住する華僑は、商業活動、就労、貿易及び日常生活において、現地住民との間で紛争が起こることがあった。中国人と朝鮮人の間で紛争が起こると、とくに突発的に重大事件が発生すると、華僑はしばしば領事館に援助を求めた。実際、領事館の重要な職責とは本国国民の利益を守ることである。このことに関係する文書資料は多く、以下は中国人と朝鮮人の間の比較的典型的な紛争事例である。

拝啓　陳者弊国駐釜山陳領事ヨリノ来翰ニ接シタルカ全州中華商会ヨリ同領事ヘノ報告ニ拠レハ中華商姜雲秋ハ年齢二十歳原籍山東省牟平県ニシテ中華商姜雲昌経営支那パン屋ノ店員ナルガ一月十九日午後九時朝鮮人ノ為ニ頸部ヲ傷ツケラレタリ時恰モ付近中華商金福館店員張書春通行シタルニヨリ被害人ハ速カニ此ノ旨警察署ニ報告スルヤウ張ヲ呼ビタレバ張ハ引返シ本町派出所ニ馳セツゲタル処門前ニテ自転車ヲ携行シタル日本人巡査ニ出逢ヒタリ張ハ同巡査ニ対シ姜某支那パン屋ニテ抗争闘格アリ至急取調べ方ヲ報告セシニ同巡査ハ一言モ応答セスシテ自転車ニ乗シ東方ニ去リ行キタリ張ハ已ム無ク原地ニ帰リタルニ被害人ハ田島薬舗ノ北ニ臥倒シ流血地ニ満チタリ加害者ハ已ニ渺トシテ行衛不明ナリ次デ警察官現場ニ来リ兇刀ヲ検出シ尚被害人ヲ医院ニ搬入シタルモ間モナク死亡シタリ、屍体ハ警察署ヲ経テ道立医院ニテ解剖ニ付セラレタリ、一方全州警察署ニ加害者検挙ヲ請ヒタルモ月余ヲ経タル今日尚逮捕スルニ至ラス茲ニ書翰ヲ以テ申達シ御了解ノ上関係当局ヘ交渉セラレ度シトノ趣ナリ査スルニ貴国警察制度ハ元ヨリ完備シ居ルト称セラルルモ弊国僑民被害事件ニ対シテハ仮令被害人或ハ発見者ノ報告アリテモ常ニ貴府警戒保護ノ方針ヲ顧ミス其ノ職責ヲ尽サザルナリ此ノ種情形ハ鮮内各地大様略同様ニシテ貴課長モ亦能ク知悉ノコトヽ存セラル、今次ノ如キ弊国僑民姜雲秋被惨殺事件ハ若シ該処警察一度報告ニ接シ即時弾圧制止ヲ行ハバ何ゾ加害者ハ恣ニ殺人惨禍ヲ演成スルヲ致サン、惨殺ノ原因ハ警察処置弛緩ノ結果ナリト認メザルヲ得ズ且事件ハ殺人重大事件ニシテ又往来大道上ニ発生セシモノナリ

若シ報ヲ聞キ直チニ真剣ニ検挙セバ其ノ検挙モ困難事ニ非ルナリ乃チ事件勃発シテヨリ月余ヲ隔テタル今日加害者尚逮捕スル能ハサルハ警察処置ノ事前ニ弛緩シ居タルハ勿論事後ニ於テモ弛緩シ居タル結果ナリ之豈ニ唯之幽魂ヲ慰ムル能ハザルノミニアラス当ニ警察ノ名誉ヲ傷ツケルモノナルベシ

茲ニ貴課長ニ書翰ヲ以テ申進シ御了知ノ上主管官庁ニ転達シ犯人ノ逮捕ニ努メ法ニ依リ処理シ今回ノ瀆職警察官ヲ懲罰ニ付シ且各道ニ通牒セラレ爾後華人投報事件ニ対シテハ親切ナル注意ヲ加ヘラレ度茲ニ何分ノ儀御回答相頼度照会得貴意候

敬具

中華民国駐朝鮮総領事　盧春芳

朝鮮総督府外事課長　穂積真六郎　殿

中華民国二十一年二月二十七日(31)

これらの書簡の内容は、当時の中国人と朝鮮人の民間における衝突としては比較的典型的な一例である。これらの

記録からうかがえるのは、華僑殺害に対する地元警察の反応がいつも鈍かったこと、彼らが躊躇して責任逃れする態度をもっていたこと、さらにはたびたび犯人を庇う行為も発生していたことである。

（八）一般資料の交換とビザ、財産、学歴交渉等の事務

ビザや財産、または学歴証明及び関係資料の取得は、領事館の日常業務である。以下の二件は学歴証明取得に関連する事件である。

拝啓　朝鮮京城中華総商会ノ照会ニ依レハ現ニ居留邦人姜義寛ノ子姜銀貴ト云フモノ大邱ニ於テ日本公立普通学校（六年制）ヲ卒業シ大邱中学ニ入学願ヲ提出致シタル処学校当局ニ於テハ外国人ノ子弟ハ総督府学務局ノ入学許可ヲ要スルモノナリト云フコトニ有之候間　貴総領事ハ総督府側ニ交渉シテ許可相成様取計ヒ被下度シトアル右後了承ノ上貴課長ヨリ学務局へ御照会シテ御許可相成様御取計ヒ被下度茲ニ本人ノ履歴書相添付へ及照会候也

中華民国駐朝鮮総領事　王守善

外事課長松村松盛　殿

中華民国十六年二月二十二日(32)

二つめの史料は、次のとおりである。

拝啓　敝国内政部ノ公文を奉スレバ金真英ノ医師証書受領ノ件ニ付当総領事館宛照会アリ

照会ノ内容如次

一．漢城医学校卒業生ノ医師証書ニ付照会ス
一．該校ハ公立ナリヤ私立ナリヤ
一．該校ハ何年ノ開校ナリヤ幾組卒業セルヤ
一．該校ノ組織如何
一．該校ノ教授科目如何
一．該校ノ卒業生ハ医師証書受領ノ上朝鮮内ニテ開業ヲ為シ得ルヤ

右後調査ヲ請フ
依ツテ書函ニヨリ貴課長ニ請フ何卒御査照ノ上各項ヲ御調査被下何分ノ御返答ヲ願フ

敬具

中華民国在朝鮮総領事　盧春芳

朝鮮総督府外事課長　穂積真六郎　殿

中華民国二十年十月十二日(33)

この二通目の書簡からは、当時朝鮮人が中国における医師免許を申請していたが、中国駐京城総領事館は朝鮮における医学校の教育事情に疎かったことがわかる。

（九）教育

当時の中国政府は、朝鮮に華僑学校を創立していたが、朝鮮総督府は学校教材に対する管理に厳格であり、教育内容の標準化を図ろうとした。一九三二年二月に、仁川の魯僑小学校は中国の煙台書局から各科目の教材数百冊を輸送しようとしたが、これらは仁川税関に「治安妨害」を理由に押収されてしまった。この件について、中国駐京城総領事館は何度も交渉したが、以下はそのうちの一通である。

拝啓　陳者七月十六日付貴課長ノ御書翰ニ依レバ六月二十日付貴館ヨリ仁川魯僑小学校ノ輸入申告書籍ニ関シテ御申出ノ趣閲悉致候　本件ハ仁川税関ニ於テ該書籍ガ治安ヲ障害スルモノト認メ輸入禁止処分ニ付シタルモノニシテ何等誤解ニ基クモノニハ無之候　従ツテ輸入禁止処分ヲ取消シ之ヲ輸入セシムルコト不可能ノコトニ有之候右回答得貴意候トノ趣ニ有之候処按ズルニ該書ハ既ニ教科書ニシテ決シテ治安ヲ妨害スル理無ク若シ仁川税関ガ果シテ治安ヲ妨害スト認ムルナラバ其ノ点何処ニアリヤ指示セラレ度候茲ニ貴課長ニ申進右御了知ノ上仁川税関ガ再ビ考慮ヲ加ヘ解禁スル様致サレ以テ国交ヲ重ンゼラレ度此段照会得貴意候

敬具

中華民国駐朝鮮総領事　盧春芳

朝鮮総督府外事課長　穂積真六郎　殿

中華民国二十一年七月二十一日[34]

ほかの書簡によると[35]、仁川税関が審査の上差し止めた中国の教材は、具体的には『中華高級歴史』教科書一〇冊、『新時代地理』教科書一〇冊、『三民主義』教科書六〇冊であった。今となっては書籍の具体的な内容を知ることはできないが、差し押さえられた教材の名称と、当時日本の東北侵略に対して中国国内で起こっていた愛国的な感情から推測すると、教材の中には「反日」的な内容が含まれていたのではないかと考えられる。また、最近の日本の教科書事件から連想すると、日本がかねてから教科書問題を重視しており、いわゆる執筆と採用の「自由度」はそれほど高くはなかったことがわかる。

おわりに

以上のような区分だけでは、中朝関係にかかわるすべての問題をカバーできていないかも知れない。つまり、ここで指摘しておくべきことは、中国駐京城総領事館の資料が反映している中朝関係は、全局面を覆い尽くすものとはいえないということである。実際、普通に考えると、困難、紛争、対立などが起こらなければ、外交機関が表立って交渉することはないだろう。したがって、中国駐京城総領事館の文書で見ることができる中朝間の民間関係の多くは、やはり刑事犯罪、商業上の衝突、財産紛争などであり、正常で友好的な民間関係はこうした資料からは見られない。それゆえ、客観的かつ完全なものとして当時の中朝関係を述べるには、さらにさまざまな文献を照合しなければならず、そうでなければ、中朝関係についての解釈を誤ることになるだろう。

これまで取り上げた内容は、国家記録院が所蔵する朝鮮総督府文書によって明らかにできる中朝関係のごく一部にすぎない。今後、中国、韓国、日本の間で、これら文書を用いた全面的な共同研究が実現することを願ってやまない。

[注]

（1）中国の在朝鮮外交機関は、一九三二年九月以前は「中国駐朝鮮総領事館」と称し、その後、「中国駐京城総領事館」と改称した。盧春芳は、一九三二年九月二十八日に田中武雄に宛てた書簡に、次のように記している。「本国の外交部令を奉じ、「駐朝鮮総領事館」を開設し、「駐京城総領事館」と改称する……今月二十七日より新印の使用を開始する」（韓国国家記録院所蔵『各国領事館関係（昭和七年）』全宗号八八、案巻号六二）。以下、国家記録院所蔵文書を引用する場合は、「公文書名」全宗号、案巻号のみを記す。なお、本文では、すべて「駐京城総領事館」と称し統一する。

（2）盧春芳から田中武雄宛書簡（一九三三年一〇月二五日）『各国領事館往復綴（昭和八年）』全宗号八八、案巻号七五。

（3）馬廷亮から石家英蔵宛書簡（宣統元年三月二日）『各国領事館往復綴（昭和八年）』全宗号八八、案巻号七五。

（4）汪栄宝から幣原喜重郎宛書簡（一九三〇年十月七日）『昭和四、五、六、七年各国領事館往復（中華民国領事館）』全宗号八八、案巻号六三。

（5）張維城から斎藤実宛書簡（一九二九年十一月二五日）『昭和四、五、六、七年各国領事館往復（中華民国領事館）』全宗号八八、案巻号六三。

（6）「中華民国駐朝鮮各領事館経費及年俸教育等費表」『各国領事館往復文書（昭和六年）』全宗号八八、案巻号五六。

（7）盧春芳から穂積真六郎宛書簡（一九三一年十月六日）『昭和四、五、六、七年各国領事館往復（中華民国領事館）』全宗号八八、案巻号六三。

（8）王守善から中村寅之助宛書簡（一九二八年六月十五日）『各国領事館往復（昭和三年）』全宗号八八、案巻号四九。

（9）王守善から園田山林部長宛書簡（一九二八年五月十八日）『領事館往復（昭和三年二月から一二月）』全宗号八八、案巻号四八。

（10）中国の学者による中朝関係研究については、黄寛重編『中韓関係中国語論著目録』（増訂本）台北：中央研究院北東アジア地域研究所、二〇〇〇年七月を参照されたい。

(11) 盧春芳から穂積真六郎宛書簡（一九三二年一月六日）『各国領事館関係（昭和七年）』全宗号八八、案巻号六二。
(12) 盧春芳から穂積真六郎宛書簡（一九三三年七月二十五日）『各国領事館関係（昭和八年）』全宗号八八、案巻号七五。
(13) 盧春芳から穂積真六郎宛書簡（一九三一年十一月四日）『各国領事館関係（昭和七年）』全宗号八八、案巻号六二。
(14) 盧春芳から田中武雄宛書簡（一九三二年九月十六日）『各国領事館関係（昭和七年）』全宗号八八、案巻号六二。
(15) 盧春芳から田中武雄宛書簡（一九三四年五月十日）『八．各国領事館往復綴（昭和八年）』全宗号八八、案巻号七六。
(16) 盧春芳から田中武雄宛書簡（一九三四年九月十五日）『八．各国領事館往復綴（昭和八年）』全宗号八八、案巻号七六。
(17) 王守善から中村寅之助宛書簡（一九二九年四月四日）『領事館往復』全宗号八八、案巻号五〇。
(18) 楊昭全・孫玉梅『韓国華僑史』中国華僑出版社、一九九一年、一六六頁。
(19) 王守善から松村松盛宛書簡（一九二八年三月二十九日）『各国領事館往復（昭和三年）』全宗号八八、案巻号四九。
(20) 叢成義「池魚之殃：万宝山事件与韓国排華残案」『韓華学報』第二号、二〇〇三年七月、二八頁。
(21) 張維城から穂積真六郎宛書簡（一九三一年七月八日）『昭和四、五、六、七年各国領事館往復（中華民国領事館）』全宗号八八、案巻号六三。
(22) 盧春芳から穂積真六郎宛書簡（一九三一年十月五日）『昭和四、五、六、七年各国領事館往復（中華民国領事館）』全宗号八八、案巻号六三。
(23) 盧春芳から穂積真六郎宛書簡（一九三一年十月二十六日）『昭和四、五、六、七年各国領事館往復（中華民国領事館）』全宗号八八、案巻号六三。
(24)「朝鮮華僑概況」『在留外人関係綴（昭和六年）』全宗号八八、案巻号六一。
(25) 盧春芳から田中武雄宛書簡（一九三四年一〇月三日）『各国領事館往復綴（昭和八年）』全宗号八八、案巻号七六。

(26) 北平特別市教育局公式書簡第二三二号（一九三〇年六月十一日）『昭和四、五、六、七年各国領事館往復（中華民国領事館）』全宗号八八、案巻号六三。
(27) 張維城から穂積真六郎宛書簡（一九三〇年八月六日）『昭和四、五、六、七年各国領事館往復（中華民国領事館）』全宗号八八、案巻号六三。
(28) 張維城から穂積真六郎宛書簡（一九三一年二月十日）『昭和四、五、六、七年各国領事館往復（中華民国領事館）』全宗号八八、案巻号六三。
(29)「中華民国国産見本一覧」『昭和四、五、六、七年各国領事館往復（中華民国領事館）』全宗号八八、案巻号六三
(30) 張維城から穂積真六郎宛書簡（一九三〇年一月一五日）『昭和四、五、六、七年各国領事館往復（中華民国領事館）』全宗号八八、案巻号六三。
(31) 盧春芳から穂積真六郎宛書簡（一九三二年二月二七日）『各国領事館関係（昭和七年）』全宗号八八、案巻号六二。
(32) 王守善から松村松盛宛書簡（一九二七年二月二十二日）『昭和三年各国領事館関係』全宗号八八、案巻号四九。
(33) 盧春芳から穂積真六郎宛書簡（一九三一年十月十二日）『昭和四、五、六、七年各国領事館往復（中華民国領事館）』全宗号八八、案巻号六三。
(34) 盧春芳から穂積真六郎宛書簡（一九三二年七月二十一日）『昭和八年各国領事館往復綴』全宗号八八、案巻号七五。
(35) 盧春芳から穂積真六郎宛書簡（一九三三年四月三十日）『昭和八年各国領事館往復綴』全宗号八八、案巻号七五。

（校閲：貴志俊彦）

第二部　租界建築の保存と再生

第六章　上海・青島における在華紡——その概要と居住環境

大里浩秋・冨井正憲

はじめに

数年来中国における旧日本租界に関する共同研究を行ってきて、その範囲を租界を名乗った地域に留めずに、上海のように共同租界の一角に日本人街を形成した例や、青島のように旧ドイツ租借地を実質的に引き継いだ例や、東北地方に広い範囲で確保した南満州鉄道付属地の例などを含めて、租界および租界に類する地域の実態を総体的に考えようとしてきた。そして、そのことを外交・経済・社会等の歴史を追うだけでなく、建築史の視点からもとらえるべくその個別課題として、明治末から昭和二〇年の第二次世界大戦敗北まで中国で経営された日本紡績工場すなわち「在華紡」のたどった道のりを、関連企業の社史や年鑑等の資料で調べるとともに、中国現地に出向いて現存する建物群を調査し、現地の資料館（檔案館）で調べてきた。

本論文は、その途中経過を一、歴史、二、居住環境の二つの部分に分けて報告しようとするものである。

一　在華紡の歴史概観

「在華邦人紡績業は日本紡績業資本及技術の大陸進駐形態である」とは、『内外綿業年鑑』昭和一七（一九四二）年版に書かれた一節であるが、以下この日本綿業倶楽部が昭和二年度から発行してその最後になったと思しき昭和一七年版『年鑑』の記述を主とし他の資料を従として参照しつつ、中国における紡績業の発展とそこへの日本紡績業の「進駐」ぶりについて概観する。なお、『年鑑』では昭和一七年までの動きを創業期、漸進期、発展期、整頓期の四段階に分けているので、今はその分け方に従うことにする。

（1）創業期（一八九〇〜一九〇四）　中国における綿紡績の歴史は古いけれども、外国から機械を輸入して紡績工場を経営したのは一九世紀後半の洋務運動が推進されてからのことで、清朝の実力者李鴻章は外国製綿布輸入が年々巨額に上ることに鑑み、「之が防遏策として」中国内に紡績業を扶植しようとして上海に織布局と称する紡績工場を創設し、その後武昌、無錫などにも工場を設立した。中国紡績業発展の先駆となる動きであるが、時を同じくして外国資本が流入して、アメリカ、イギリス、ドイツが相次いで中国各地に紡績工場を設立したため、中国は「幼稚なる紡績業を保護する暇もなく、直ちに豊富なる資本と優秀なる技術とを擁する外国人経営工場の製品と競争せざるを得なくなった」。そして、この競争において中国人の紡績業は常に不利な結果をもたらしたが、他方で外国人経営工場の好成績に刺激されて杭州、蘇州、南通などにも工場が建てられた。しかし中国の綿産額がこれに応じて増加はせず、その結果原綿市価の暴騰と労働者の不足を招き、さらには金融機関の不整備や交通の不便等の障害があって、その後中国人、外国人いずれの工場も振るわなくなった。

なお、この中国における紡績業の創業時期に重なって外国資本による中国での工場建設が認められたのは、日清戦争に勝利した日本が下関条約で中国開港場での工場建設の権利を獲得したことによるが、当の日本はそのころ「近代工業移植の準備時代なりし為め」中国に進出する余裕がなく、他国の進出を横目で眺めるしかなかった。中国より二〇年早く幕末から紡織機の輸入を試みて近代的生産に脱皮しつつあった日本としては、中国進出の余裕がないというだけでなく、中国で生産するよりも日本で生産したものを中国に輸出する方が得策であるとの考え[2]もあった。ただし日本人の中に紡績工場経営の動きが全くなかったわけではなく、三井物産（中国では「三井洋行」と呼んだ）が一九〇二年に上海で中国人が経営する興泰紗廠を買収してその名前のままで経営を続け、〇八年上海紡績株式会社を創立した際その工場を上海紡績株式会社第一工場と改名した[3]。

（2）漸進期（一九〇五～一九一四）　日露戦争が終わった一九〇五年頃から中国経済界も新局面を迎え、金融機関や交通機関も整備され、綿花の栽培や労働者も増加して再び紡績業も活気を呈することになった。この一〇年間は「紡績業の平和に進歩した時代」であり、この間に日本人の紡績工場が進出して「英人紡績との角逐漸く熾烈となり」、イギリス人、中国人の紡績と対抗して「三者鼎立時代を現出した」。

具体的には、一九〇五年に三井物産が上海の中国人経営の大純紗廠を借りさらに翌年にはそれを買収して生産を行い、のちに上海紡績第二工場と改名した。また、一九〇六年に京都に本社がある絹糸紡績株式会社が上海製造絹糸を創設した。これは、本社が一九一一年に鐘淵紡績に合併されたことで経営が鐘紡に移り、のちに公大第三廠となった。さらに、内外綿株式会社は一九〇九年に上海共同租界内の小沙渡地区蘇州河畔に、翌年にはさらにその近くの宜昌路に土地を購入して工場を建設して、一九一一年から生産を開始した。これが内外綿第三工場であり、日本の紡績会社が中国に（綿糸）紡績工場を建設した最初である。内外綿はさらに一三年に第四工場、一四年には第五工場をいずれも上記第三工場の近くに開設した。

（3）発展期（一九一五〜一九二一）　第一次世界大戦が一九一四年に勃発するや、中国におけるドイツ資本が一斉退場を余儀なくされ、さらに世界綿製品市場に絶大な勢力を誇っていた英国品の供給減は世界綿製品市価の高騰を招き、そのため中国輸入の綿製品市価も高騰して中国綿業の勃興に大いに刺激を与えることになった。その結果一九一六年から二一年までの短期間に新たに開設された紡績工場は中国人、日本人経営の両方で計六二に上っており、とくに二一年だけで三一を数えることからこの年は中国「綿業発達史中最も光栄の年」と言われると『年鑑』は記している。また、この時期外国人が経営する工場は「認むべき進展の跡な」く経営難に苦しみ、アメリカ人が経営する工場がまず倒れ次にドイツ人の工場が退場し、残るイギリス人も工場を新設する力はなく、ただ日本人の工場のみは「欧州大戦により迅速且つ健全なる発展を遂げ」、中国人紡績も発達が著しいとはいえ「資本に於て経営法に於て到底日本の敵ではなく」しだいに中国人の勢いを圧倒するに至り、「終に在支紡績の覇権を掌握するに至った」と記している。

日本紡績業の当事者の主観および自負を文章化すればその通りに違いないが、冷静に歴史を振り返ろうとする側から見れば、この時期が第一次大戦で日英同盟の責任を果たすという名目で山東半島に出兵してドイツ軍を追い出してからも青島に居座り、さらに二十一カ条要求を袁世凱政権に突きつけて領土的野心を露わにして中国人の反発を買い、まもなく五四運動を惹起する時期に重なることを忘れるべきではないだろう。

この時期に設置した日本の紡績工場についてみると、日本の軍政署を置いたばかりの青島に内外綿が工場を建設して一九一七年から第六工場として操業を開始した。内外綿はさらに一八年には上海に第七、第八工場を設置、同じく一八年に中国人が経営していた上海の裕源紗廠を買収して第九工場とした。日華紡績は一九一八年にイギリス人が経営する上海浦東にある工場を買収して創設された。大日本紡績は一九一九年に青島に大康紗廠を設置し二一年から操業を始めた。鐘淵紡績は一九一九年に上海に造る工場の用地交渉を開始、翌年にそのための土地を確保して建設に取り掛かり、公大紗廠の名で二二年から操業を始めた。鐘紡はまた二一年に青島に工場用地を確保し、二二年から公大第五廠として操業を始め、二五年には上海の中国人経営の老公茂紗廠を買収して公大第二廠を名乗り、先の公大紗廠を公大第一廠に改称した。

他にも、同時期から二四、五年までにかけて上海に進出したものに、同興紡績（一九二〇年）、東華紡績（一九二〇年）、豊田紡績廠（一九二一年）、大日本紡績の大康紗廠、東洋紡績上海工場などがある。そのうちの東洋紡績上海工場は、のち一九二九年に本社から分離させて独立会社となり、裕豊紡績会社工場となった。また、上海紡績廠は一九二〇年に旧上海紡績株式会社の資産負債を継承して創立され、一九〇〇年代初頭には操業を始めている第一、第二工場に加えて、のちには第五工場までを経営した。青島にも上述の工場のほかに、富士紡績の富士紗廠、国光紡績の宝来紗廠、日清紡績の隆興紗廠が操業を開始した。

（4）整頓期（一九二一～一九三七）　中国紡績業の工場新設の機運はこの時期にも見られるものの、一九二九年以降になると世界恐慌のあおりで「破滅的打撃を受け」「弱体会社の解消、資本系統の整備等」の整頓工作が進められた。しかし日本紡績業の場合は、中国政府が綿製品の関税を引き上げたのが一因となって中国市場確保のためには中国に工場を設けるのが有利と考えたことから、「新設工場が再び激増するに至った」。この時期は、日本と中国の外交関係は次第に緊迫の度を増し、ついに日本は一九三一年に満洲事変を起こして「満洲国」をでっちあげたばかりか、軍事力を背景にしてさらに華北へと影響力を増さんと画策する時期にあたっていた。

そこで、この時期の紡績業の中国進出は「北支」、具体的には天津と青島が目指されたのである。天津で工場を建設しあるいは中国人の工場を買収して操業を開始したのは、鐘紡公大、上海紡績、裕豊紡績、天津紡績、裕大紡績、唐山華新紡績、双喜紡績、岸和田紡績などで、一方青島には、豊田紡績、上海紡績、同興紡績が工場を開いた。いずれも一九三五、六年の頃、間もなく日中戦争が勃発する時期にあたっている。他に上海でも同時期に新たに開設された工場は多いがここでは省略する。

なおこの時期、とくに一九二〇年代半ばに中国人労働者の日本人経営者に対する待遇改善要求運動が頻発した。日本から中国にやってきた経営者たちは労働者が定着して働くよう競って待遇を良くしようとし、給料を中国人の工場はもちろん、イギリス人、アメリカ人の工場よりも高くしただけでなく、食堂、診療所、宿舎などを設け、子弟のための学校を開いたりしたが、中国人の生活習慣を無視した強引な管理体制をとったことが労働者の反発を招いて、多くの工場で大小の労働争議が起こったのである。そして、中国共産党指導下で起こした大規模な運動は、日本を含む列強が当時中国各地に持っていた様々な権益への反対の意思を込めた民族主義的な運動に拡大する様相をしばしば呈することになった。その典型例が一九二五年春に起こった内外綿争議でありその延長で起こった五三〇事件である。また、日本が軍事行動を起こすたびにそれへの反対の意思が示され、とくに満洲事変のあとに起こった上海事変では、上海の日本紡績工場は前後三カ月間閉鎖休業に追い込まれた。

以上は、『内外綿業年鑑』を主に他の資料を従にし、さらに筆者のコメントを加えながらまとめた一九三七年までの中国綿業発展の概観である。かぎかっこの部分は、断らない限りは『年鑑』からの引用である。限られた資料しか使っていないことからくる偏りは免れていないことをおわびしなければならないが、日本側当事者の理解の中身を知る一助にはなろう。以下も、同じ『年鑑』を参照し他の資料を援用しつつ、その後の一九四五年までの経過を（5）とし、さらにその後を（6）として書き継ぐことにする。引用は、上記要領に同じ。

（5）独占期（一九三七～一九四五）　一九三七年七月に日中戦争が勃発してそれまでの中国綿業を取り巻く状況は一変し、在華紡各社は日本の対中全面戦争政策への支持を表明することになり、例えば鐘紡社長津田信吾は八月一〇日従業員を前に次のような演説をした。「戦へば必ず捷つ、是れ国民が国家に負ふところの最大の義務である。……戦士は戦場に産業人は産業戦線に殉ずるの覚悟だにあらば、（戦費）百億（円）何ぞ憂ふるに足らん、要は必死の努力に待つのみ、産業人の任亦重大なり。わが鐘紡の信条は、事業を通じてのご奉公である、我が社は今や国富の増進戦費の支弁、その一端を分担する亦光栄無限なるを覚ゆるものである。(4)」

しかし、日本人紡績工場は「長期抗戦を叫ぶ蔣政権が、日本の経済力を減損すべく最も手近かにあり、最も効果的なる対象とした為め」、中国軍によって爆破され大きな打撃を受けた。まず天津は、七月末に騒乱状態になって工場は運転中止に追い込まれ一部は襲撃を受けたが軽微な被害で終わり、八月初めには操業を再開した。上海の場合は、八月一三日からの戦闘（第二次上海事変）で工場閉鎖となり、一部の工場は爆弾攻撃の被害に遭い、また一部工場は機械が運び出され、放火されるなどの被害を受けた。そのうち、とくに被害の大きかった日華紡績浦東工場と豊田紡績第一工場は在華紡の統一的な方針に基づき復興は認められなかった。天津や上海以上に被害が大きかったのは青島の工場で、在留邦人が八月末に引き揚げた後一二月一八日夜「蔣政権の指令によって」全工場が爆破され大きな被害を受けた。その後、三八年七月には天津の工場は一〇〇パーセント、上海では八〇パーセントの操業までに復興し、青島の場合は遅れて三九年四月には各工場ともに全部復興して操業を再開した。

他方中国人の紡績工場も戦闘による多大な被害に遭ったが、『年鑑』の記載によれば、戦火で失った紡績機械は日中戦争前の二割弱で日本側被害三割七分より少ないとし、「戦禍により灰燼に帰せるものの外破壊を免れた工場は日本軍により占拠せられ、其後日本人の手により委任経営」されたものが多かった。具体的には、山東、山西、河南、河北などの工場は、「日本軍の手で管理され、たゞその経営のみを邦人紡績に行はしめて」おり、上海や江蘇に散在する工場の場合は「国際関係が複雑なことなどいろいろの理由から」軍管理とはいかず、日中合弁で経営する場合や中国人側から邦人紡績に経営を委託する場合などに分かれたが、(5)管理の主導権がどちらにあったかは自明なことであろう。こうして、在華紡が戦火で被った莫大な損害は、「天津地方における拡張計画」によって上海と青島で喪失した設備の大部分を「埋め合はせ」、先に見た委任経営工場の運転設備を加えると日中戦争前の生産設備を「凌駕する」ことになった。(6)さらに、イギリス人、アメリカ人経営の紡績工場については、一九四一年一二月八日太平洋戦争勃発と同時に軍が租界内に進駐して敵性工場として接収し、四二年一月九日を以て操業停止閉鎖を命じ、そのうちの一部の工場は在華日本紡績同業会上海支部の管理下で操業が継続された。「斯くの如く邦人紡績業は速かに事変前の状態に復帰せんとし更に事変に依って休業したる」中国人紡績工場の経営を受け継ぐことで、中国紡績業における「其の支配的地位を一層高めんと為しつつある」と『年鑑』は記し、さらに「大東亜戦下の今日大東亜を一体としての総合的繊維自給体制の確立にせまられ、その為めには」中国大陸における「綿花の増産並びに繊維工業の発展に俟つところ大なるものあり…在華邦人紡績業者はその使命の最重大なる事を感じ一層団結して、国家の要請に応え綿業報国の誠を致さんものと懸命の努力をしつつある」とも記している。

『年鑑』が上の如き決意を書いてから三年後、一九四五年八月に日本は敗戦を迎えて、紡績関係者は身の回りのわずかなものを携えて帰国することになり、工場の一切の設備は国民政府当局によって接収され、今度は中国の国営事業として受け継がれていくことになった。

（6）その後（一九四五～）　日本が敗戦して、それまで日本人が経営していた企業のすべての資産、および個人の財産はほんの一部の持参を許された以外は接収されてしまい、それは在華紡においても例外ではなかった。上海を例にとるならば、国民政府の接収後元々の在華紡の中国人技術者を上海日本紗廠復興委員会に組織して、一〇月一二日から続々と生産を再開していった。ただし、紡績機械の製造については技術的に困難があり、日本人技術者の協力が必要となり、豊田紡績の西川秋次など一二〇名余りが残って技術指導にあたった（技術協力で中国に留まることを中国語で「留用」といった）。この事情は天津や青島でも同様であったが、一九四九年頃にこれらの技術者は日本に引き上げることになり、それ以後は中国人のみで運営され、中国共産党政権に移ってからも引き続き国家の重要産業として機能して、日本人が残した工場設備が活用され、宿泊施設も使われてきたのである。しかし一九八〇年代から始まった改革開放政策によって赤字国営企業の整理統合が行われて、紡績業も例に漏れずにその対象とされたところが多く、経営内容を変更したり廃業したりする工場が相次ぎ、そのうちのあるものは郊外に移転し、あるものは壊されてその跡地に大型マンション群が建てられた。また、老朽化した宿舎も多くは壊されて別の建物に生まれ変わっており、一部残る宿舎が今後たどる運命が気になる現況である。

最後に、上に述べたような日本人紡績業の中国への大量進出がどうしてなされ、またそれがどうして可能であったのかについて、やはり『年鑑』を主な資料としてまとめることにする。在華紡がどうして急速に拡大発展したかと言えば、「其の最大原因が生産費の低廉（尤も之は労働能率の点より幾分相殺される）と綿布を消費する四億の人口より生ずる購買力にあることは勿論」だった。さらには前述したことだが、第一次世界大戦後の中国の関税自主運動によって関税の増徴が見通されたことから、日本で作って中国に輸出するよりも中国現地で作る方が有利であると考えたことも原因の一つであった。

また、『年鑑』では触れていないが、一九一六年に日本では「工場法」が施行されて、それまでのように一二歳未満の児童を雇用できず、女性労働者や少年労働者を夜間に働かせることができず、一二時間の労働時間を超えることができなくなったこと、さらに一九二〇年ごろからそれを改正する動きがあり、実際にも二三年、二九年の改正で就業条件をより厳しくしたことから、そのような法律が当時施行されていなかった中国に目をつけたという事情もあった。『年鑑』は他にも、中国紡績業が抱える外在的、内在的な条件を箇条書きにして、それに比べて日本がいろいろと有利な条件を持っており、とりわけ日本側には優秀な技術と経営があるから中国との競争に勝って今日の発展を見たのだと言う。

そこで『年鑑』が羅列した中国紡績業が抱える外在的、内在的なマイナス条件を見ておく。

外在的条件──（1）商品及資本による外国資本主義圧迫、（2）政治的社会的不安定と封建的租税の過徴、（3）国内市場の不統一及び内外市場の萎縮或は狭小、（4）重工業の未発達から来る紡織機自給不能、（5）奴隷的、農奴的性質を有する賃金労働の根強さ

内在的条件──（1）管理の拙劣、（2）労働及機械能率の低位、（3）流動資本の欠乏、（4）高利借入金の過多

日本がこのようなマイナスの条件とはどれだけ無縁であったかの検討は今は措くとして、中国がここに指摘されているようなたくさんの問題点を抱えていたことは事実であり、それが在華紡の中国への進出、拡大に有利に働いたこ

とも確かなことであろう。しかし忘れてはならないことは、在華紡の中国への進出と拡大は多くの場合日本の中国に対する軍事行動を伴っての権益獲得、あるいはその拡張がなされた後のことであり、つまりは国威をかざして経済的進出を図った結果として一時的な成功を収めたという点である。山東出兵と青島駐屯、二十一カ条要求の後の青島、上海への進出しかり、満洲事変と華北への軍事圧力の後の天津への進出しかりであった。

二　在華紡の居住環境について

在華紡は日本国内の経済構造において主要な役割を担う一方、中国社会においても戦前は勿論戦後も大きな影響を与え続けてきた。そこで働いた日本人、中国人の生活空間に注目してみることは当時の租界の周辺の居住環境の一端を明らかにすることであり、かつ戦前戦後の都市空間の形成過程を考察することは、日本はいうまでもなく、中国及び東アジアの住宅地計画の歴史を通観する上でも極めて重要なことである。そこで本論ではこうしたスタンスの下に、具体的には上海、青島、天津の日本紡績工場が計画建設した当時の居住環境の実態について、工場群の立地や工場に付属する社宅を中心とした住宅地を取り上げ、事例調査を行うことにした。

方法として、建設時の状態を示す当初の地図、設計図の入手、現地調査に基づく復元図の作成、併せて当時の生活環境を知るための文献史料、絵葉書、写真の収集、及び関係者への聞取り調査を行い、分析を進めた。特に現地調査は規制が厳しいために、中国側の歴史、建築分野の研究機関及び研究者との共同作業を緊密に行い、カウンターパートナーとの成果の共有につとめた。

本研究は二〇〇六年三月に最初の上海での予備調査を行い、内外綿、公大紡績、裕豊紡績の社宅の現存情況確認と檔案館で関係資料の存在を確認した。その後第二次調査（二〇〇六年八月）では、前回の三社宅群に中国人社宅地を加えて、現況調査、住人への聞取り調査を行うとともに、文献収集、現地研究者との意見交換を行った。二〇〇七年に入ってからは、天津、青島を調査地域に含めて現地調査を行い、その後は朝鮮半島における日本の紡績工場に関心を広げて調査を行いつつある。

本稿に関する先行研究として、戦前の論文には早稲田大学教授、日本学術振興会第三九小委員会委員佐藤武夫、早稲田大学理工学部建築学科研究補助武基雄による一九三九（昭和一四）年末の現地調査と、翌一九四〇年四月佐藤武夫一名の調査に基づき、一九四二年とその翌年に調査報告として発表した「近代支那住宅散見」、「中支に於ける邦人住宅事情」、「北支に於ける邦人住宅の実例」、「北支に於ける邦人住宅の現状」の四編がある。特に「近代支那住宅散見」は近代中国の新都市の庶民住宅を概観し、主には「里弄住宅」について具体的実例を上げながら詳細に論じており、また「中支に於ける邦人住宅事情」は当時上海における日本人の住宅の実態について代表的な事例にもとづいて報告したものであり、参考になる点が多い。

戦後の在華紡関係の論文においては、労働、経営、産業等の分野においては多くの研究がなされてきたが、在華紡の工場で働く人々の居住環境について詳しく検討しているのは芦沢知絵の「在華紡の福利施設―内外綿上海工場の事例を手がかりとして―」[(7)]のみである。ただし、この論文は歴史研究の立場から在華紡の福利施設を検討した論文であり、建築の立場から言及した研究はこれまでになかった。これは日本国内の事情についても同様であり、紡績工場に関する研究はいくつかあるものの、そこに働く人々の居住環境に関する建築の側からの研究は、藤谷陽悦他一名の「鐘ヶ淵紡績・兵庫工場の福利厚生に関する一考察」[(8)]一編のみである。

そこで本稿では、在華紡の中国における工場地帯の立地、在華紡のまちづくり、中国人労働者と日本人従業員の社宅等について、上海、青島、天津の地域を対象として具体的な事例をとりあげ、居住環境の分析を行うこととする。

二―一：紡績工場の立地について（データ・シート1、2、3、4）

紡績工場の立地について上海、青島、天津の順に取り上げ、考察することとする。

租界時代の上海は、①イギリス租界を中心とする市街中央部、②高級住宅街として発展したフランス租界の西郊外地域、さらにその西側の③蘇州河沿岸の普陀地区、④南の古くから中国人が住む旧県城のオールドタウンとしての市区、それから蘇州河北側の⑤上海駅を含む閘北一帯とその後ろの農業地域、⑥日本人が多く住む虹口地区、⑦虹口の東に隣接する楊樹浦、⑧東北部の大上海新都市地域、⑨黄浦江対岸の浦東地区にゾーニングされる。この九つの区域のうち戦前の工業地帯として開発発展した地域が、虹口の東に隣接する楊樹浦と、蘇州河南岸の普陀地区である。二地域とも河川による水運利用が大きな特徴を示すが、両者には大きな相違がある。楊樹浦地区は黄浦江沿岸の埠頭施設やインフラ施設に混在する形で綿紡績工場が配置されているが、普陀地区の蘇州河沿岸一帯は綿紡績工場群で占められているのである。

また一九三七年九月一日発行の『内外綿株式会社五十年史』に添付されている上海略図（東西紡績地帯）から、上記二地域における日本人紡績工場、英人紡績工場、中国人紡績工場の会社名、地区数、工場数を読み取ると次の通りである。（各会社が置かれた地区数、工場数がそれぞれ一つの場合は表示を省略する。）

a　楊樹浦東地域

日本人工場：上海五地区六工場、公大二地区二工場、裕豊二地区五工場、大康、同興、東華一地区二工場

英国人工場：博徳運、怡和二地区二工場

中国人紡績工場：中新三地区三工場、仁徳、恒豊一地区三工場、振華、緯通、経緯

b　普陀地区西地域

日本人工場：内外綿六地区九工場、公大二地区二工場、日華二地区三工場、同興、喜和一地区三工場、豊田一地区二工場、

英国人工場：怡和

中国人工場：申新三地区三工場、鴻章、永安、新裕二地区二工場、統益、大豊、鼎鑫、崇信、振泰、協豊、民生

c　浦東地域

日本人工場：日華紡績一地区二工場

全体の紡績会社の数は二九社である。その国別内訳は日本一〇社、英国二社、中国一七社である。また、一九三六年度末の資料によれば、上海には邦人の紡績会社が九社、中国人会社が二一社である。[9] 地域別にみると、東地域に一五社、二四地区、三一工場、その国別内訳は日本六社、一二地区、一七工場、英国は二社、三地区、三工場、中国は七社、九地区、一一工場である。また、西地区は一八社、二八地区、三五工場、その内訳は日本六社、一三地区、二〇工場、英国は一社、一地区、一工場、中国は一一社、一四地区、一四工場である。この他に浦東地区に日本一社一地区一工場がある。東西地域の会社数、地区数、工場数を比較すると一〇%ほど西地域が多い。これは中国の会社の東西の差をそのままあらわしている。東地区で地区と工場の最も多い上海紡績は西地区にはない。また、西地区で最も地区と工場数の多い内外綿は東地区にはない。東西二地域にわたって工場を持つ会社は日本の公大、同興、英国の怡和、中国の申新の計四社である。他には西と浦東二地域にわたって工場を持つ日本の会社が一社である。

地区と工場の数が多い会社は東地区では上海紡績の五地区六工場、西地区では内外綿の六地区九工場で、いずれも

各地区の二五%を占める。東西両地区を合わせた場合には中国紡績会社最大の申新が六地区六工場である。

紡績工場は敷地が沿岸に位置することが重要であるが、東地区では二四地区のうち約半数の九地区が黄浦江に沿っている。九地区のうちの五地区が日本の会社である。また西地域においては二八地区のうち三分の二の一九地区が蘇州河に沿っている。一九地区のうちの一〇区が日本、一地区が英国、残りの八地区が中国である。中国の八地区のうちの四地区は川を越えた対岸に位置する。川に接する敷地が西地域に比較して東地区が半分以下の理由は、黄浦江沿岸に埠頭をはじめ、水道、電気施設といった都市基盤施設と競合して空地がないためである。

次に、青島においては「日本紡績株式会社」「内外綿株式会社」「日清紡績株式会社」「株式会社豊田紡績廠」「上海紡績株式会社」「上海製造絹糸株式会社」「富士瓦斯紡績株式会社」「同興紡績株式会社」「国光紡績株式会社」の九つの在華紡工場が存在したことが報告されている（東華大学陳祖恩教授作成「日本在青島所建的九大紗廠簡介」）。

当時の「最新青島市街一覧図」（発行元：青島博文堂、縮尺六七五〇分の一、作成年代不明）に挿入されている「四方滄口地図」（縮尺二六〇〇〇分の一）によれば、従来の湛山の市街地より北北西に位置する地域に大康紗廠（現青島第一紡績廠）、銀月紗廠、隆興紗廠（現青島第三紡績廠）、豊田紗廠（現青島第四紡績廠）及び豊田紗廠宿舎、上海紗廠（現青島第五紡績廠）及び上海紗廠宿舎、そして李村河を渡って公大紗廠（現青島第六紡績廠）、国光紡（現青島第九紡績廠）、富士紗廠（現青島第七紡績廠）、同興紗廠（現青島第八紡績廠）の名前が認められる。更に他の市街地図によれば、一九一五年青島に最も早く進出した内外綿株式会社（現青島第二紡績廠）が山東鉄道四方駅隣に敷地を確保している。何れも市街地から離れた新興工業地帯の湾に面した地域に位置しており、湾岸に沿って鉄道が敷設され、海と陸の両交通と密接な関係を持った運送に便利な場所であることが指摘できる。

また、天津においては、「最新天津市街図」（著作兼発行所：天津日本租界寿街、日光堂書店、縮尺：一七〇〇〇分の一、年代不明）及び「天津地方主要工場分布図」（『大陸と繊維工業』添付第二図、一九三九年七月発行）の二枚の図より在華紡の位置が確認できる。「最新天津市街図」内に「本図いノ一より連続する邦資工業地帯略図」と著明索引邦人著明商社名が載っている。この資料より在華紡の会社を取り上げると、「裕大紡績工場」「天津紡紗廠」「上海紡紗廠」「内外綿予定地」「倉敷紡績」の五つの工場が認められる。またその図の下覧に著明索引邦人著明商社名が上がっているので、そのなかから天津に存在する日本の紡績工場を取り出すと、新たに「公大第六廠（鐘紡）」「公大第七廠（鐘紡）」「裕豊紡紗廠（東洋紡）」「富士紡紗廠」「呉羽紡紗廠」「大日本紡紗廠」「岸和田紡紗廠」の七工場が上げられる。この地図に一九三七年の「天津地方主要工場分布図」を重ねて、工場の位置を河川との関係で検討してみると、八工場が川や運河に沿って位置するが、「富士紡紗廠」「呉羽紡紗廠」「大日本紡紗廠」「岸和田紡紗廠」の四工場は水辺から離れており、水運を優先している上海、青島とは多少異なっている。

二―二：在華紡のまちづくり～内外綿の上海事例を通して（データ・シート５）

前項の紡績工場の立地で明らかにしたように、上海において最も地区と工場数の多い紡績会社は、西の蘇州河普陀地区一帯に展開する内外綿株式会社である。その数はすでにみてきたように地区が七つ、工場が九つである。ここではその内外綿の工場群を取り上げ、全体の居住環境について検討してみたい。

一九三七年九月一日発行の『内外綿株式会社五十年史』に添付されている「上海支店工場社宅分布図」と「当社各支店工場敷地及建物坪数」の表を併せて検討すると、九つの工場及び付属施設群は租界の中心から少し離れた共同租界の北の端の西蘇州河一帯に集中している。東西約一・五キロメートル、南北約一・三キロメートルのヒトデ形をした普陀地区のおおよそ六〇万坪ほどある土地に内外綿が最初に進出したのは、一九〇九（明治四二）年蘇州河に沿う土地九六一五坪を入手したときからである。次いで翌年宜昌路に沿う土地二千六百余坪を購入し、工場及び同工場の事務所、倉庫、寄宿舎その他付属建物一切の建築工事を上海在住の建築家平野勇造に請負わせ、工場の建設がスタートした。[10]その後一九一一年から一九三一年の二〇年間に建設された工場は九つを数える。一九三七年における内外綿上海支店の地所坪数は一八万四九〇三坪、工場坪数が四万五一〇三・八〇坪で、その広さは普陀地区のおよそ三分の一を占める。

ここに、日本人社員三八〇名、中国人労働者一万二五三二名（男三七三六名、女八七九六名）が雇用されていたのである。[11]

街路はおおむね格子状の体系をとり、南北、東西にそれぞれ基幹道路三本ずつが配置されているが、未完のため十字路が少なく、T字路が多く残っている。街区構造は大方矩形をなしているが、その大きさは工場敷地を基本にしているために各街区は大きく、住宅地スケールの小街区は全くない。

地区の用途構成を上海支店工場社宅分布図から検討すると、まず工場の敷地は水運を最優先することから、内外綿の第一・二工場地域、第三・四工場地域、第五・六・七工場地域、第九工場地域の四つの地区は直接蘇州河に接し、第八工場地域も河に近接して位置する。他の紡績会社の工場も同様に水際を占めているために、蘇州河沿い一帯は工場が専有している。

従って、河に沿った工場敷地の背後に社宅、公園、病院、学校、警察署、消防署、倶楽部、記念時計塔が置かれ、その他、社有土地も工場の裏手に配されている。また、内外綿本部も工場に隣接することなく、中央地区に近い場所に孤立して位置する。因みに内外綿の付属施設の建坪は八九九二・五五坪、社宅その他設備が二万一八四五・七七坪、二つをあわせると総建坪は七万五九四二・二二坪となる。[12]

こうした広い地域の建設計画方針は、一九二〇年本社通達の建設計画案から伺うことができる。計画案によれば「現各工場付近の地所にて、工場通勤に至極便利なる場所を選定し（蘇州河対岸居留地外にても可なり）、一大村落を建設し、当社工場工手に限り貸与する事に致度候。家の軒数は将来を見込み五十軒（平屋にて）、二階家なればその半数建設すると仮定して、地代建築費予算を御提出被下度候。夫れに依りて其の金額を支出する様、株主に承諾致さしむべく候。名義は居留地外なれば支那人名義と致し度く、之れは相当なる英米人支那人（仁記路家主または裕源持主等の如き）の有力者に御相談被下度候。[13]」とあり、社宅の立地は工場通勤に便利な現在の工場の付近を選定し、一つの大きな村落を建設することを目標としていたのである。先の社宅分布図を詳細に検討すると、日本人社員社宅と中国人労働者社宅は分かれ、それぞれが独立しながら点在している。その内容は「特に低額の維持費を以て貸与し、電燈、ガス、水道其の他衛生設備は無論、是等修理一切は当社の手を以て行い、其の使用料は格別低廉となし[14]」ていた。社員住宅の外に、独身者に対しては合宿所が設けられた。

日本人の社宅は、第三・四工場地域に隣接する内外綿社宅（現宜昌路社宅）と内外綿本部地域に併置された二カ所からなる。建物の配置はゆったりとした隣棟間隔を確保している。

また、中国人社宅は工場地域にも、日本人社宅にも隣接せず、工場周辺にそれぞれ独立して位置している。第一・二工場地域の周辺に櫻花北里、櫻華南里、梅芳里、東瀛里、江畔里の五カ所、少し離れて大旭北里、大旭南里の二カ所、第五～八工場地域近くの東京里、それに第九工場地域付近の錦繍里と、それぞれの工場敷地に近接して合計九カ所の中国人専用の社宅がある。

日本人社宅の延坪数が七八九一・五五坪、中国人社宅が一万三九五四・二二坪である。両方の社宅を合計すると、その延坪数は二万一八四五・七七坪である。

日本人社員用の内外綿宜昌路社宅は一九一一年に操業を開始した最も古い第三工場に隣接している。上層部のための日本式のレンガと木材を使った二階建ての社宅であり、二階部分に三角形のバルコニーが設けられている。社宅の周りに緑地を作り、歩道には街灯を設置し、稲荷神社を設け、桜の木を植えた。夏には緑地で映画上映を行っていた[15]。社宅分布図より判読すると、二九棟の建物が建設されている。住宅のタイプは五つの型が建設され、職階に応じて面積や設備が異なる。

また本部に併設して立地する二地区の社宅は七棟と三棟、両方で一〇棟である。写真と現地調査によれば、一、二階ともバルコニーをもつ典型的なコロニアルスタイルの立派なレンガ造二階建ての集合住宅である。

中国人用の社宅は内外綿では上海進出後間もない一九一三年ごろから建設が既に始まっている。その目的は職工の転職を防止し、かつ既婚者が主で自宅から遠路通勤する職工が多かったので、工場近くに低価格で定住させることが労働力の確保につながると考えたのである[16]。

中国人社宅は、工場地域にも日本人社宅にも隣接せず、工場周辺にそれぞれ独立して位置している。第一・二工場地域の周辺に櫻花北里（三一棟二階建て、二七三三一・八六坪、五一四五・七二坪）、櫻華南里（二六棟二階建て、二五四一・四八坪、延床四七八七・九六坪）、梅芳里（三三棟、二一二五・四四坪、延床四〇〇三・八八坪）、東瀛里（一二棟、五六五・七坪、延床九四六・六四坪、江畔里（四棟、不明、不明）の五カ所、少し離れて大旭北里（四棟、一七七・七六坪、延床三三三・五二坪）、大旭南里（二六棟二階建て、一一六九・六四坪、延床二一四六・三一坪）、の二カ所、第五～八工場地域近くの東京里（二〇棟、一二四一・一一坪、延床二二九一・二六坪）、それに第九工場地域付近の錦繡里（二九棟二階建て、一七七六・七四坪、延三三四八・四七坪）と、それぞれの工場敷地に近接して合計九カ所の中国人専用の社宅がある。

社宅分布図より判断するに、江畔里と東京里以外は中央通路をはさんで両側に棟割り長屋が短冊形に並ぶ「里弄住宅」である。資料によれば、二階建て家屋が約一四〇〇戸、平屋建てが約五〇〇軒との報告と、東京里には「中国式人字形気窗青瓦平房」が一七五間と、共同便所・店舗を有していたとの報告がある。

両側に短冊形の里弄住宅が長く建ち並ぶ当時の写真「上海支店華工社宅の一部」は、広い道路幅員、途中に横道があり右奥に七棟が建っていることから判断するに、櫻花北里を北に向かって撮った写真である。道路には電柱が立ち、中央を走る広い道路には両側に二階建ての石庫式里弄住宅が並ぶ。たくさんの人々が行き交い、当時の中国人社宅内の風景を良く伝えている。

社宅の構造については、「大抵棟割長屋で間口五間奥行五間、台所、物干しベランダ付二階のもので、日本内地に比較して数等上等である。」との報告があるが、建設時の図面が入手できていないため現在の段階では確認できていない。ただし、錦繡里と大旭南里の現存調査によれば、当時建設された内外綿の中国人用社宅は間口五間はない。また平面も中国的な里弄形式ではなく、日本の長屋を折衷した住宅であることが判明している。現存する錦繡里と大旭南里の現地調査によれば、その短冊形の里弄住宅群の周囲は高い塀で囲まれている。この他社宅に付属する施設としては「いずれの社宅にも一般店舗へ間貸しが行われており、東京里以外でも居住者の多い櫻華里や梅芳里には、小売商店がいくつか同居していた。」というように、社宅の一部分に店舗が入っていたことが判明している。

次に福利施設について検討すると、各工場内には社員並びにその家族のために購買会を置き、中国人労働者の為に売店を設け、それぞれ必要品を廉売していた。特に上海支店の購買会はその規模が最も大であって、多数日用品を常備して小デパートの観があり、注文取りから配達まで便宜を図っていた。その他に食堂、哺乳所、診療所が工場内に付属施設として設けられていたことが芦沢論文によって詳細に報告されている。

工場の外に設けられた福利施設としては、場所が判明しているものでは第一・二工場に隣接して水月花園と呼ばれる大きな公園がある。水月の名称は商標に因んで命名されている。水月花園は六六〇〇坪の広さをもち、百有余本の大和桜が移植され、芝生に覆われている。家族連れの一日行楽の場所であり、園内には野球グランドと六面のテニスコートがある。またその中には「その結構広壮設備亦華麗であって、花園に好点景を添えている」三階建ての合宿所と、茶亭、弓場がある。この他に柔剣道場が用意されていたが、詳細な位置は不明である。

本部敷地の道をはさんだ隣横には従業員の懇親、修養、慰安に資するための水月倶楽部厚徳館がある。上海事変や騒擾の際には海軍陸戦隊が置かれ、地方治安維持の本拠の役割も果たした。

第五～八工場横には社員及びその家族の療養に便して水月医院が設けられていた。また労働者の応急の医療手当から伝染病予防のために水月華工診療所が用意されていたが、位置は不明である。

教育施設としては社員の児童のために水月幼稚園を設け、中国人労働者職員の子弟のために学堂を置いた。華童学堂は中国人教師によって、小学教育を施している。なお、中国人労働者のために華人補習学校、華人日語学校を設置し、前者は簡易な技術的教育を授け、後者は日本語を教えているが、これも施設の位置は不明である。また、日本人社員の児童用に当初は水月小学校を経営し、教師も内地より招聘していた。その後一九二七年に内外綿が出資して西部日本小学校が設立され、内外綿従業員の子弟や日華紡、豊田紡、同興紡、東亜紡など、他の日系紡績会社社員の子弟も通学していた。その位置は膠州路六〇一号である。(17)

また、一九二六年普陀地区の中央にあたる小沙渡路と労勃生路が交差するロータリーに、内外綿の創始者、川村理利兵衛が時計塔を建てた。この川村時計塔は土台は方形の石、高さは四丈余りの六階建てで頭頂部には時計がはめ込まれ、一五分に一度時を告げることから「大自鳴鐘」とも呼ばれていた。

この他水月医院横の普陀路交差点には警察署があり、一九三二年には宜昌路に消防署も建築され、その高い火の見櫓は川村時計塔とともに普陀地区の広告塔として当時から大きな話題を呼んだ。

以上のように西蘇州河一帯の内外綿の工場社宅建設は、往時の資料をして、「内外綿の敷地の広さは、あたかも町のようだ」と言わしめるほど巨大であり、そこに工場、事務所、住宅、公園、学校、時計塔、消防署、医療と保健衛生のための病院、倶楽部、教育・修養、運動、慰安娯楽、その他の福利施設を計画建設したことは、都市のインフラ施設は工部局によって計画建設されるなかでの制約付であったが、小さな一まとまりの集団住宅地の計画建設ではなく、規模としては工場を中心とした若干の日本人社員世帯と中国人労働者約二〇〇〇世帯を対象とした町乃至は都市スケールのニュータウン事業であった。ただしその内容は各施設を有機的に配置して密度ある町を構成することとはほど遠く、工場周辺にそれぞれ孤立した村々がまさに内外綿が打ち出した村落として出来上がっていた。租界の中心部で銀行やホテル、マンションといった近代建築が建設されている同時期に、租界の北の端でも並行してこうした一大村落の建設が一企業によって行われていたことには大いに留意しなければならない。

二-三：社宅の居住空間

二〇世紀に入ると日本では、社宅が普及してくる。その主な理由は労働者家族の保護、労働者移動の抑制、熟練労働者の養成などの点から効果的であり、労働者の住居としては寄宿舎よりも適しているという高い評価に変わった結果である。[18] 在華紡においても労働者社宅の評価は同様であった。ただし海外である中国においては、内外綿でみてきたように日本人用と中国人用の二つの社宅が存在したことが大きな特徴である。日本人用社宅は技術者や経営に係る社員用の住宅であり、中国人用社宅は労働者専用の住宅である。これは当時の植民地であった韓国でも同様であった。

そこで本稿では、入手した計画建設当時の図面と、現地調査によって作成した復元図面から判明している一一事例の平面図をとりあげる。一一事例を中国人労働者社宅と日本人社員社宅に分類してみると、その内訳は中国人社宅が四例、日本人社宅が四例、それに邦人華人の社宅が併存する事例が三例である。そこでここでは中国人、日本人、中日併存の三つのグループに事例を分け、それぞれの社宅の敷地、配置、住居、付属の福利施設について分析し、中国人社宅、日本人社宅、中日併存社宅のそれぞれの特徴を考察する。ここで扱う事例は上海と青島の地域に存在している。その位置図と各々の図面はデータシートとしてまとめ、章末に添付しておく。

二―三―一：中国人労働者社宅（データ・シート6、7）

一九三九年の佐藤武夫の論文[19]には、都市の近代化と共に「里弄住宅」と呼称される棟割り式の集合式住宅が租界の中に多数建設され、密集する市街地を形成したことが報告されている。道路で囲まれた一つの街区を里と呼ぶ。周囲は商店街か、塀が囲み、なかに棟割り集合住宅が配置される。街区内に出入りするためにパッサージ風に穴があき、鉄扉が設けられる。車が通行しない街区の内側の路地を弄と呼ぶ。その弄に接して棟割り式の集合式住宅が高い住戸密度で配置する。収集した在華紡の中国人社宅もこの里弄住宅である。

現在判明している四事例はすべて上海紡織上海工場の平面図である。その建設年代は不明であるが、工場の操業時期から考えて一九〇〇年前後からである。揚州路・龍江路社宅、河間路社宅、福寧路社宅、錦州路社宅の順に取り上げ、それぞれの敷地、配置、住居、その他の付属福利施設について分析する。

一、**上海紡織上海工場揚州路・龍江路中国人社宅（データ・シート８）**

塩山路を挟んで二敷地が対面する。二面が道路に接する一列配置。両敷地とも後ろはクリーク。社宅は専用住宅地で、道をはさんで二区画からなる。全体戸数は一五棟一一一戸二階建てである。楊洲路地域は社宅八棟六四戸、龍江路は七棟四七戸である。住宅の形式は里弄住宅であり、福祉施設は別棟で設けることなく、社宅の二戸分をそれぞれ事務所と医局にあてている。周囲全体を塀で囲む。出入り口は各区画それぞれ二カ所ずつある。建坪は一〇六九・七七坪、延坪二一三〇・一二坪である。

二、**上海紡織上海工場河間路中国人社宅（データ・シート９）**

敷地は河間路、三新路、錦州路の三つの道路に接する角地に位置する。敷地形状は長方形で周囲を塀が回り、短辺にそれぞれ一カ所門が設置されている。敷地中央に幅広の通路が走り、両側に直角に二階建て棟割り長屋が配列された中国の典型的な都市型長屋の里弄住宅である。社宅は両側各々九棟ずつ、合わせて一八棟、全て同一平面を持つ住宅八二軒から構成されている。住戸配置は高密度である。社宅以外には事務所一棟が錦州路門横にあるのみで、便所も他の福祉施設棟も見あたらない。建坪七九八・六三坪、延坪一五七九・九二坪である。

三、**上海紡織上海工場福寧路中国人社宅（データ・シート10）**

敷地は福寧路と斉斉哈爾路の交わる角地に位置する。中央に幅広の通路を設け、両側に二階建て棟割り長屋が直角に配列された典型的な中国人都市長屋の配置である。社宅は両側各々八棟、合わせて一六棟、全て同一型の住宅九二軒からなる。正門のある福寧路に沿って福祉施設としての事務所兼門衛一棟、売店一棟、浴場一棟、便所一棟が配置され、更に社宅、一番奥にも便所が一棟配置されている。周囲は壁が周り、四カ所の出入り口が設けられている。建坪九六七、一五坪、延坪一八六五、八四坪で、日本人社宅に比較すると住戸は高密度である。本事例は、先の上海紡織上海工場河間路社宅同様、中央に通路を配した二列型の中国人の典型的な里弄住宅で、これに福祉施設の建物を別棟として計画した社宅福祉施設併存型の事例で、中国人社宅のなかでは最も高い居住環境を形成した事例である。

四、上海紡織上海工場錦州路中国人社宅（データ・シート11）

二面道路に接し、一面はクリークに面する、出入り口二か所。学校施設と二分した里弄住宅の一列配置型で五棟三〇軒の小さな社宅である。しかし社宅以外の建物として門衛一、浴場、学校、運動場、片隅に廟がある。社宅と福利施設の間には仕切りが記入されていることより判断すると、この学校と廟は他の上海紡織の中国人社宅の住人も共同利用したと考えられる。建坪は四三二・九一坪、延坪は不明である。

全体を概観すると、中国人社宅は工場にも、日本人社宅にも隣接せず、工場周辺に独立して位置する。敷地は長方形敷地を持ち、敷地周囲を塀が囲み、出入り口が数カ所設けられる。多くは中央を走る幅広の通路両側に沿って短冊形に二列の長屋が並ぶ里弄住宅である。住棟数は五棟～一五棟、住戸数は三〇戸～一一一戸、建坪は四三二坪～一〇六九坪である。判明している内外綿に比較すると住宅地の規模が小さい。福祉施設は事務所、医局が社宅の一部を充てている事例から、売店、事務所、浴場、便所を別棟で設けた事例まである。また、敷地の約半分を用いて浴場、学校、廟を揃えているのが目を引く。これは周辺の同社社宅の中国人も兼ねて利用していると考えられる。

この他に、裕豊紡績上海楊樹浦路にあった中国人用社宅について、その平面は入手されていないが概要について詳細に述べた会社資料が存在する。その資料によれば「従業員は社員六十名のほか、男工九百二十六人、女工三千百六十六人、計四千百五十二人であった。中国人職工に対する福利施設は大体内地同様であったが、華人社宅は別に一郭をなし、煉瓦造の二階建及び三階建五十棟を有し、戸数五百、居住工人男子約六百人、女子約二千人、その家族一千七百人が社宅係監督のもとに居住していた。社宅の中央に倶楽部を設け、その広い前庭の周囲に事務所・廟・診療所・浴場・及び店舗を設け生活の便に供し、宗教心の滋養に努め、冠婚葬祭のためには倶楽部を無償で貸与した。別に華工児童のために裕豊小学校を設立して基礎教育を施し、一般華工人には裕豊補習校を開設して算用数字・日本仮名文字・作業用語・心得・簡易作法等の補習教育を与えていた。なお、随時映画又は芝居の夕や運動会を催して慰安に努めていた」とあって、次に取り上げる日本人社員社宅に近いかなり充実した福祉施設が備えられていたことを知ることができる。[20]

二―三―二：日本人社員社宅

ここで扱う日本人専用の事例は、上海紡織の社宅三例と裕豊紡績の上海楊樹浦社宅一例の計四例である。建設年代は不明であるが、第一工場の操業開始を考慮すれば、一九〇〇年前後ではないかと思われる。上海紡織楊樹浦路第一工場社宅、上海紡織上海工場斉斉哈爾路社員社宅、上海紡織上海工場平涼路社宅の順に取り上げ、敷地、住居、その他の施設について分析する。

一、上海紡織楊樹浦路第一工場日本人社宅（データ・シート12）

楊樹浦路に面する古くからの第一工場の社宅は敷地内に工場と併存している。構内南西角地部分に事務所及び合宿一棟、甲型一棟六戸、丙型二棟一〇戸があり、斉物浦路をはさんだ構外に丙型二棟八戸がある。構内外社宅の総数は五棟二四戸である。建坪は四一六・二七坪、延べ面積は七八三・六八坪である。福祉施設は浴場が倉庫に隣接して一棟、それに合宿所と事務所にそれぞれ食堂がある。敷地は四周が道路で、構内は工場と社宅が一体で塀で囲まれ、出入り口は八カ所である。工場と社宅の境界はない。全体の配置図から判断すると、社宅は工場敷地内の倉庫や変電所の間隙や、あるいは道をはさんだ向かい側に建てられており、工場のスタート時より計画的に配置されたものではなく、工場の稼働に合わせて随時増築していった、工場と社宅が同一敷地内に併存する典型的な事例である。

二、上海紡織上海工場斉斉哈爾路日本人社宅（データ・シート13、15、18）

工場からは独立した社宅専用地域である。敷地は斉斉哈爾路と丹陽路の交わる角地に位置し、敷地周囲を塀が囲む。出入り口は正門と他の二カ所の合計三カ所である。社宅数は七棟六六戸二階建てであり、社宅のタイプは丙型一種類で他の型はない。一〇戸から構成された棟が六棟、六戸から構成された棟が一棟である。福祉施設は浴場のみが別の建物で北西角に配置され、他の売店、倶楽部、医局、隔離室は正門横の規格社宅のうちの五戸分を充てて、別棟を用意しない。つまり浴場以外は社宅を利用する社宅福祉施設兼用型である。正門を入った福祉施設のある棟の前には小さな広場がある。建坪は八九二・一五坪、延坪は不明。

三、上海紡織上海工場平凉路日本人社宅（データ・シート14、16、17、18）

上海紡織上海工場平凉路社宅は配置図、及び各社宅平面図が全てそろっており、当時の状況がよく把握できる。敷地は平凉路、臨青路、クリークが流れる錦州路、良郷路の道路に四周を囲まれたほぼ矩形の形状である。この敷地の中に二階建て社宅二二棟一四四戸が配置されている。社宅のタイプは乙社宅、新丙型、従来丙型の三種類である。その内訳は乙型一棟六戸、新丙型一二棟六八戸、従来丙型九棟七〇戸である。建物の配置は南北向き二〇棟、東西向き二棟である。広い乙型棟が正門前の敷地中央に位置する。社宅の他に福祉施設として中央正門わきに購買一棟、北側奥中央に倶楽部一棟と浴場一棟が隣り合って位置する。また南西角には病室を持つ医局棟があり、西北角には洗場棟が置かれている。敷地の周囲全体には塀がまわり、出入り口が三カ所設けられている。建坪は二〇五五・二三坪、延坪は不明である。乙型社宅は二戸一棟形式のレンガ木造の混構造二階建てである。平面は片廊下式で、一階は玄関を兼ねたバルコニー、ホール階段室、居間、食道、炊事場、化粧室WCの五室から構成され、二階は居室が四室で、そのうちの三室には寝室の表示がある。南側にはバルコニーが付属する。外観の様式はコロニアルスタイルである。一階は椅子式であるが、二階の最も大きな寝室はトコ、オシイレの記入があり、畳の部屋である。生活様式は和洋の折衷式で計画されている。従来型社宅はレンガと木の混構造による二階建て長屋形式である。短い棟は六戸、長い棟は一〇戸から構成されている。平面は片廊下式で、一階はエントランスを兼ねた南バルコニー、廊下階段室、居室二部屋（居間六畳、茶の間三畳）、炊事場、WC、裏勝手口から構成され、二階は居室が二部屋（八畳客間、六畳寝室）に南縁側がつく。一階のトイレ部分のみが平屋で、他は総二階である。一、二階四居室とも畳敷きの和室であり、生活は全て和式スタイルとなっている。一つの型の各戸の面積は建築面積一三・二五坪、延面積二六・五坪である。新型社宅もレンガと木の混構造による二階建て長屋形式である。四戸型と六戸型がある。平面は片廊下式で、一階は玄関、廊下階段室、居室二部屋（居間六畳、茶の間四・五畳）、炊事場、WC、裏勝手口から構成され、二階は居室が二部屋（八畳客間、六畳寝室）に、南縁側がつく。一、二階の形が等しい完全な総二階である。一、二階四居室とも畳敷きの和室であり、生活は全て和式スタイルを採る。以上一五〇軒ほどの規模の日本人社宅の概要がよく把握できる。社宅は数と規模に合わせて、予め計画されている型のうちから三タイプが選択される。その社宅の数や設備内容に従って必要な福祉施設が用意されている。プログラムが概略決まると敷地にあわせて配置計画が行われ、敷地全体は塀で囲み、必要に応じて出入口を設けている。社宅は工場と分離されているが、必要な福祉施設は敷地内に準備されており、日常生活はこの囲われた塀の中で可能となっている。一九二〇年代に海外に生活する日本人のために計画建設された集団住宅地の貴重な事例である。

四、裕豊紡績楊樹浦路日本人社宅（データ・シート19、20）

工場の位置は東地区黄浦江に沿い、上海碼頭に近い良い立地条件を備えている。一九三二年作成の地図に裕豊社宅、裕豊紗廠の記入があることを確認できるがその建設年代は不明である。ただし、工場の操業時期から一九二〇年代前半と考えられる。

工場敷地は全体で六万余坪で、社宅は道路をはさんで近接する。元のポイントホテルを買収して倶楽部とし、これを中心として住宅地をつくっている(21)。

設計者は現存住宅の意匠から平野勇造と推察されるが、確定する資料はない。建設時の図面がないため、現地調査と衛星写真、それに地図を用いて当時の配置図を復元した。近くに位置するはずの中国人社宅は現在不明である。建設時の日本人専用住宅数は一六棟八四戸であり、その内訳を規模別にみるとA型一棟一住戸、B型四棟八住戸、C型三棟一一住戸、D型三棟二四住戸、E型五棟四〇住戸である。各戸には南面に小さな庭がついている。構造は木と煉瓦の混構造で最も大きなA型が三階建てであったが、他は全て二階建てである。敷地周囲は高い塀で囲まれている。出入り口は一カ所である。聞きとり調査によれば、住居の他、敷地位置には現在サッカー場があるが、以前ここは子供の遊び場と集会場所に使われていたとのことである。現存調査ではその他の福祉施設の存在については確認できていない。

今手元に、戦前の裕豊紡績の社宅で生活していた人々によって一九九六年に作成された『上海裕豊思い出のアルバム』[22]がある。その中に社宅の今昔や当時の生活がよく記述されているのでここにそのいくつかを紹介し、当時の在華紡の社宅生活の一端を理解する手助けとしたい。

「新社宅の入居は一九二三年一二月二九日に始まり、一九三一年一〇月に会社の規模増大に対応した五ヶ月の増築で、現在われわれが目にする緑に映える赤煉瓦の威容が整った。社宅唯一の通用口は両開きの大門で、片一方に小門が付けられ、その姿は時局に応じて構えを変えた。ポイントと呼ばれた場所は事があると集結した場所で、創成期には合宿所として建てられたが、社宅完成で一九二六年四月社宅倶楽部として改装、娯楽室、食堂などを備え映画会などを開く集会場となり、単身者を収容した。一九三〇年一二月には購買組合のもとに売店が設けられた。診療所は一九二六年一二月の医局改造に始まり、一九三〇年一一月拡張の移転を経て施設の拡充を見た。芝生を敷き詰めた社宅の広場は何かしらの行事のたびに舞台とされたが、子供たちにとっても砂場あり、相撲場あり、滑り台、ブランコなど遊具も整っていた。遊び方も多種多様、戦争ごっこなど女児も観戦で、庭球場隅の廃材置き場まで戦線を広げ、日の落ちるのも気に掛けなかった。動乱時は軍が進駐しその宿舎として社宅を提供するのは常のことで、子供たちは忙中閑ありの兵隊さんを良き遊び相手として纏わりついて喜んだ。

社宅創建時の塀は真っ黒くアスファルトを防腐剤として塗布した竹編だったが、台風による倒壊と防犯に対応しセメントに代わり白くなった。その塀の外は今もプラタナスの並木道を残している。昔の工場長住宅は現在診療所、社員住宅には一軒に三～四世帯が入居し、一階の住人は裏口、二階は表玄関を利用している。サンタクロースの夢を育んでくれたチムニーは切断されて跡形もない。夏は涼風を呼び、冬は陽射を入れたベランダの優雅な影も一様に硝子戸をはめ、居室に変身している。正門辺りからテニスコート場にかけた桜の庭は高層アパートに埋め尽くされ、せせこましく埋められ、四つ葉のクローバーの広がりを見せていた広場もコンクリートの下に消えてしまった。」

一九四五年の終戦後の社宅についても興味深い内容が記述されている。社宅に住んでいた日本人はすぐに全部引き揚げたのではない。上海に八年間残留して、裕豊社宅に最後の別れを惜しんだのは強制留用者の人々であった。その顛末を「社宅を最期にした強制留用者」から一部分をここに紹介しておこう。「一九四五年の終戦により、国民政府より技術者の二カ年残留を条件に職員・家族を帰国させるとの通達を受け、会社の残留説得に一〇氏が応じたのだった。そして一九四六年四月裕豊従業員の帰還完了で中国紡織建設公司一七廠の技術指導に留用となり、社宅にとどまった。その後一九五〇年五月一〇日に上海で国民政府と中共軍との間で激戦があり、留用日本人技術者は既に社宅居住をしていた中国人とともに避難を開始した。そして同月二五日に国民政府軍が台湾に撤退し、中共軍が上海を掌握した時点で、二八日に身分財産を保証されて社宅に戻った時には社宅は無傷であった。その後一九五三年三月に中共政府からようやく帰国許可が下りて三月一七日に社宅を引き揚げ、社宅から全ての日本人社員がいなくなったのである。」[23]その後社宅は居住者がすべて中国人のみになって、今日まで来ている。

以上見てきたように、日本人用社宅は工場の敷地内に社宅が混在する工場社宅併存型と、工場から社宅が完全に分離した社宅独立型に分けられる。また社宅独立型も福祉施設の扱い方で、住宅の一部を福祉施設として利用する住宅福祉施設兼用型と、住宅とは別に福祉施設を独立に用意した住宅福祉施設併設型に分かれる。福利施設は購買棟、倶楽部棟と、浴場棟、病室を持つ医局棟、洗場棟が配置され、生活水準が高い。

ここで上げられている社宅は、一九〇〇年代に海外で生活した日本人の居住環境とその計画手法である型計画、福利施設の計画、一団の集団住宅地計画の事例を具体的に理解する上で貴重である。また建設された住宅は一、二階にそれぞれベランダをもつ、コロニアルスタイルの外観が目を引く。生活は一階が椅子、テーブルの洋式、二階が畳の和式の折衷様式の型と、一、二階とも和式の型の二通りが見受けられる。また、各戸には必ず南に小さな庭が配されている。

二-三-三：日中併存型社宅

日本人と中国人の社宅が併接し合う日中併存型社宅の事例は上海の公大上海第一工場社宅と公大紡績楊樹浦路社宅、それに青島の公大第五工場社宅の三事例で、いずれも鐘紡の社宅である。

鐘淵公大紡績会社は、一九一一年に上海絹絲紡績株式会社と鐘淵紡績会社が合併してできた会社で上海には四つの工場がある。東西紡績地域にそれぞれ二カ所ずつ立地している。東地域では、一九二二年に公大第一工場（平涼路二七六七号）が竣工し、続いて一九二五年に楊樹浦路にあった英国人経営の上海老公茂紗廠を買収して、公大第二工場が稼働する。また西地域においては、一九一一年合併時の蘇州河地区の絹絲紡績工場は後に公大第三工場と呼ばれた。また一九三一年にその第三工場敷地内に公大第四工場も稼働する。その他公大第一工場に並行して、一九二二年に青島に鐘淵紗廠（後の公大第五工場）を建設着工した。一九二〇年代以降鐘紡は上海、青島、天津などに紡績業を主体とした、日系企業としては中国最大の紡績工場を建設して、その従業員数は一万人に及んだ。

現在、上海の各々の工場に付属した社宅及びその福利施設群についての計画建設時の図面は入手されていないが、第二工場近くに位置する公大紡績楊樹浦路社宅の現存が確認され、現況調査と聞取り調査によってその一部の復元図面を作成した。そこで楊樹浦路社宅を中心にして、他の写真、絵葉書、その他の資料、及び青島の第五工場の戦前の図面と現存調査を併せて、居住環境の考察を行うこととする。

一、公大紡績上海楊樹浦路社宅（データ・シート21、22）

鐘紡公大紡績会社楊樹浦路社宅は黄浦江に面する第二工場の道一つ隔てた位置に近接する。現住所は楊浦区許昌路二二七弄、周囲を揚州路、許昌路、楊樹浦路、通北路に囲まれた菱形の地形である。敷地を二等分して南側が日本人、北側が中国人二つの社宅群が同一敷地内に隣接し合う。周囲を高い塀が取り囲む。

一九二〇年代に建設された楊樹浦路社宅は、三階建ての支店長宅とレンガ＋木造の日本式二階建て、タイプの異なる住宅七五棟からなる。このうちの約三分の二が日本人用、残り三分の一が中国人用住宅である。両社宅の間には塞ぐものはなく、自由に行き来できる。日本人住宅は規模の異なる数種の型が建設されている。一、二階にバルコニーを設けたコロニアル様式と、バルコニーを持たない様式の二通りの和洋折衷の外観がある。各戸に南庭がついている。庭の周囲は絵葉書によれば風を通す軽い板塀で囲われていた。内部は片廊下平面の畳室を基本とした和式である。中国人の社宅も二階建ての日中折衷住宅で、日本人住宅の隣棟間隔に比較すると、棟と棟の間が狭く、密集している。これも絵葉書の内部写真によれば起居室は土足に椅子の中国伝統の生活様式を採用している。

配置を概観すれば工場に近い東北に正門が位置する。正門入り口にロータリーが設けられ、その奥に支店長の住宅三階建てが位置する。その隣現在七階建てのアパートが建つところにはかつてテニスコートがあり、その東隣の現在小学校であった場所は公園が設けられていた。テニスコートの北隣りは現在も二階建て幼稚園がそのまま存続している。中央東側には二階建ての病院があったが、建物は多少増築して現在は住宅として使っている。日本人社宅の北の地域にも公園があり、当時はその一角に神社もあったが、現在は建物が新築された。公園の面積は建設時の三分の一ほどに減少している。目を引くのは東端に二五メートルプールが現存することである。当時ここにプールが設けられていたことに驚くが、今も子供たちが盛んに利用していて、当時の租界生活の進んだ一面を連想することができる。

二、上海公大紡績第一敝社宅（データ・シート23）

建設時の図面類は入手されていないが、当時の航空写真に現在の衛星写真、さらに現況建物配置図をベースに現地調査を行った。敷地は租界の最東端、運河に近接した郊外地に位置する。九万九千余坪の敷地の北約半分の地域には工場が位置する。現在閉鎖中の工場のなかには事務所棟、単身者用の合宿所二棟が現存する。敷地の中央部分は当時の写真を見ると緑で覆われていたが、現在東側には六、七階建ての中層集合住宅が七棟新しく建ち、西側は個人綿会社の空き地になっている。敷地の南半分には旧社宅が多数残っている。南東区域には外庭付きの戸建てや長屋式の旧日本人社員用住宅が一八棟現存する。煉瓦造二階建てで、外観はバルコニーやテラスを持つコロニアルスタイルが多い。中央を南北に走る幅員ある道路をはさんで南西区域には二階建て煉瓦造の中国人労働者用広東式里弄住宅が一四棟ずつ並列して、計二八棟現存する。住戸密度は高い。

更に南下端の地域は戦前の写真では建物はなく樹木が多かったが、現在は東側は三階から六階の低中層と一七階の高層集合住宅が新しく建っている。また南西角には建て直した小学校が位置する。

別資料として No. 1 Cotton Mill, Kung Dah のタイトルのつく上海公大紡績第一敝を紹介した戦前の貴重なポストカード二七枚がある。このなかから社宅と厚生施設に関係するカードを取り出すと、「網球場、中国人工房、工房、医院、花園、花園内稲荷神社、遊園地、中国人食堂、小学校及び補習学校、倶楽部其日園、花園内其日亭及水池、中国人住宅内景、中国人礼拝堂」が写っている。しかし、現況調査では現存する社宅と中央の道路以外、他の施設はみあたらない。

三、青島の公大紡績第五敞社宅（データ・シート24、25）

青島第五敞は滄口大馬路と膠州湾に挟まれた場所に位置する。一九四〇年作成の貴重な全体配置図がある。敷地は広く、二五万坪ある。膠済線に沿った東側に工場、中央に日本人社宅、中央道路をはさんで西側に中国人社宅、南に南山公園、更にその公園南に中国人用の南山社宅がゾーニングされている。表門は大通りの北西端に位置する。更に詳細な建物配置図から各福利施設をここに上げれば、先ず日本人社宅地域には遊園地、遊園地の一部に神社と境内、貯水池、テニスコート、倶楽部、茶室、浴場、売店、理髪所、図書館、売店、次に中国人社宅には茶館、浴場、厠、その他に工場と社宅の間に病院、病棟舎、宿舎、食道、合宿所、女子合宿所、温室、塀の外には公園、球場がある。

日本人社宅は規模別にA型からD型までの四タイプが用意され、その数は五六棟二一九戸である。住戸は戸建と長屋式の二階建てから構成され、外観はテラスやバルコニーのあるコロニアルスタイル、内部は畳の和風スタイルである。

また中国人社宅は上海のような里弄住宅ではなく、めずらしい分棟平屋型が八八棟七三二戸計画されている。近くにも南山中国人社宅一四棟があるが、住戸数は不明である。

判明した日本式と中国式合わせただけでも、その総数は一五八棟九五一戸にのぼり、大きな集団住宅地である。現在も全体の七割程度が現存し、住人は諸施設を継承しながら一団地の生活をしている。現段階では現況調査は許可されていない。

これをみると、一九二〇年代の公大の社宅の建設は単なる宿泊施設の計画ではなく、工場と一体となった塀の中に囲まれた一団の集団住宅地の計画であったことが認められる。日本人と中国人の社宅を隣接併存させて住居施設を配置させ、生活に必要な病院施設、教育施設、宗教施設、娯楽施設、運動施設の充実したコミュニティと福利厚生の施設を備えた計画は大きな特徴である。上海の第二、第三、第四廠及び天津では既成の工場を買収して企業展開をしたために工場と一体となった工場村は実現できなかったが、新設の上海第一廠と青島第五廠は兵庫同様に工場と社宅群が一体となった工場村の建設が可能であった。

こうした公大の水準の高い居住環境づくりは鐘紡の経営者武藤山治の経営理念とスタンスを表現している。武藤山治（一八六七～一九三四）は米国より帰国した翌年の一八九四年に鐘紡に入社し、同じく米国帰りの建築家平野勇造と組んで家族主義の理念のもとに、労使一体型の福利厚生施設を充実させた兵庫工場を完成させ、その経験を以て中国における工場においても同様に、日本人と中国人を一団とする住宅地を計画建設し、生活環境の充実を図るとともに、家族的なコミュニティを持たせることを意図したのである。それは別の視点からみれば、こうした公大の高い塀で囲いこんだ集団住宅地はすべてが中で用件を満たすことができ、労使問題や労働運動、それに労務管理の上からもすこぶる都合がよかったのである。一九二五年に勃発した五・三〇事件の後に「工場におけるダン壁門戸等出来る丈け其防備を堅固にするは勿論自家職工の合宿所或は住宅等に於ても可成集合主義を執り他会社職工又は無頼との混入雑居を避けしむるの策を執る可し」という方針がとられたことに因る。

武藤山治の経営理念を実現する上で、建築家平野勇造（一八六四～一九五一）の存在を欠かすことはできない。一八九四年米国から帰国後すぐに武藤山治の依頼で鐘淵兵庫工場を設計し、また一八九六年上海紡績の設計顧問として上海の現地調査にも参加している。その後一八九九年に三井物産支店長として上海にわたり、独立して後領事館や日本人学校等積極的な設計活動を展開する。その間の一九〇九年に内外綿の最初の工場及び付属施設の依頼を受け、設計を行っている。またその後につくられた公大、及び裕豊の施設も現存する社宅を検討するかぎり、平野勇造のデザイン要素が数多く認められ、在華紡の建築を検討していく上でのキー・パーソンである。

これまで在華紡の居住環境について具体的な事例の検討を行ってきたが、その特徴をまとめると以下の通りである。

在華紡の立地をみれば、上海は租界の郊外に位置する東の楊樹浦地域と西の普陀地域の二地域に展開した。早い時期に中国に進出した上海紡績は一九〇〇年前後から東の楊樹浦地域に多数の工場を建設し、それぞれその周囲に社宅を設けたが、相互の関連性に欠けていた。これは青島、天津も同様である。立地は原則として特に水運に恵まれた沿岸の敷地が選択された。

一九一〇年代になると内外綿が上海租界の西の普陀地域一帯に一大紡績村落を建設した。広い地域に社宅をはじめ様々な福利施設を多数建設した。しかし、全体の計画性に欠けたまとまりのないまちづくりであることは否めなかった。

一九二〇年代前半にスタートした鐘淵公大は武藤山治の家族主義の経営理念を掲げ、上海楊樹浦地域のはずれ及び青島に、兵庫と同様に、工場と付属施設が共存する計画性の高い工場村を建設した。また工場敷地外に社宅がある場合も、積極的に日本人と中国人の社宅を隣接させ、高い塀の中に福祉施設の充実した一団の住宅地を建設した。

その他、鐘淵公大以外の紡績会社の中国人の社宅と日本人の社宅は、一般的には別々に計画された。

中国人住宅は新しく生まれた空地の少ない都市型の棟割り長屋形式の里弄住宅である。平面は和洋折衷様式である。日本人住宅は予め規模別に準備された規格住宅のなかから型を選んで計画する、型計画の手法が採られた。その規格住宅は外庭付きの低層集合形式で、外観は一、二階にベランダのつくコロニアルスタイル、内部は和洋折衷式の生活様式が多い。それぞれの社宅は防備と管理のために高い塀で囲われ、それぞれが閉じた住宅群であった。

建築計画史からみれば、一九二〇年代前半に中国租界の中に管理、教育、医療、衛生、運動等の充実した福利厚生施設をそなえた密度の高い一団の集団住宅地の手法によって社宅が建設されたことは極めて重要なことである。

こうした質の高い一団地の居住環境は戦後中国に引き継がれ、その後ある社宅は取り壊され、ある社宅は改造し、さまざまに変容しながらも都市の歴史的な居住環境を構成してきている。近年は都市のウォーター・フロント開発が盛んで、特に水辺に位置した紡績工場施設の郊外移転に伴い、その跡地は再開発の目玉となっている。こうした状況の中で社宅群は単なるスクラップアンドビルドの開発手法で消滅してしまうのではなく、近代の都市生活を刻み込んだ歴史遺産としてはっきり位置づけ、記憶を継承する質の高い都市づくりの核となるべきである。

おわりに

最後に、本論は『人類文化研究のための非文字資料の体系化』研究成果報告書（二〇〇七年十二月発行）に大里・冨井連名で発表した「在華紡の居住環境―上海の事例」に、その後の研究成果を加筆して大幅に改定したものである。一を大里が、二を冨井が担当した。また、事例のデータシートは神奈川大学工学研究科建築前期課程に在籍した千葉神奈子が作成した。

本論をまとめるにあたって中国の東華大学人文学院陳祖恩教授、同済大学建築与城市規劃学院張尚武教授、武漢理工大学建築学院李百浩教授に現地で多大な調査協力をいただいた。また、東京大学大学院人文社会系研究科博士課程在籍の芦沢知絵氏からは貴重な図面の提供をしていただいた。ここに改めて感謝申し上げたい。

【注】

（1）昭和十八（一九四三）年十二月刊。
（2）桑原哲也「日清戦争直後の日本紡績業の直接投資計画―中上川彦次郎と上海紡績会社」、『経済経営論叢』第十五巻一―二号、京都産業大学、昭和五九（一九八四）年。
（3）陳祖恩『尋訪東洋人―近代上海的日本居留民』、上海社会科学院出版社、二〇〇七年一月を参照。
（4）西島恭三『事業王津田信吾』、今日の問題社、昭和一三（一九三八）年五月。
（5）（6）池上幹徳「事変下の支那綿業現地報告」、『大陸と繊維工業』昭和一四（一九三九）年七月。
（7）『中国研究論叢』第七号、一三三―四〇頁、二〇〇七年八月。
（8）『建築学会学術講演梗概集』九〇四七、二〇〇〇年。
（9）「満洲及支那における当社の地位」、『内外綿株式会社五十年史』一三頁、一九三七年九月。
（10）『内外綿株式会社五十年史』、一七九頁、および一七八頁の年表。
（11）（12）『内外綿株式会社五十年史』、六頁、「当社各支店工場雇用人員、昭和一二年上半期現在」。
（13）芦沢知絵「在華紡の福利施設―内外綿上海工場の事例を手がかりとして」、『中国研究論叢』第七号、二七頁から重引。
（14）『内外綿株式会社五十年史』一三三頁。
（15）陳祖恩「上海・旧日本探検」、三六頁、『上海ＭＹ　ＣＩＴＹ』二〇〇三年第一〇期。
（16）「在華紡の福利施設―内外綿上海工場の事例を手がかりとして」『中国研究論叢』第七号二七頁、二〇〇七年八月。
（17）『内外綿株式会社五十年史』、一三九頁。
（18）千本暁子「二〇世紀初頭における紡績業の寄宿女工と社宅制度の導入」、『阪南論集』社会科学編、三四―三、一九九九年一月。

(19) 佐藤武夫、武基雄「中支に於ける邦人住宅事情」、『建築学会集論文』第三十号、一八二―一八八頁、昭和一八(一九四三)年九月。

(20)「上海裕豊思い出のアルバム」、『東洋紡績七〇年史』、三九五頁、昭和二八(一九五三)年五月。

(21)『東洋紡績七〇年史』、八八頁。

(22)(23)『上海裕豊思い出のアルバム』、裕豊会、平成八(一九九六)年四月。

※文献資料

(1)『内外綿業年鑑』昭和一六年度版、第二編鮮満支の部 第三章支那。

(2)『鐘紡よお前は何所へ行く』安達春洋 昭和五年六月。

(3)『内外綿を語る』安達春洋 昭和七年三月。

(4)『鐘紡百年史』一九八八年一〇月。

(5)『内外綿株式会社五十年史』、昭和十二年九月。

(6)『鐘紡製糸四十年史』一九六五年九月。

(7) 大阪朝日新聞富士倉庫資料「上海F〇一二―一八政治」公大POST CARD 二八枚 COPY 公大紗廠(鐘紡支店)。

論文

終戦前

（1）調査報告「近代支那住宅散見」佐藤武夫、武基雄『建築学会集論文』第二八号、一二七－一三三頁、昭和一八（一九四三）年二月。
（2）調査報告「中支に於ける邦人住宅事情」佐藤武夫、武基雄『建築学会集論文』第三〇号、一八二－一八八頁、昭和一八（一九四三）年九月。
（3）調査報告「北支に於ける邦人住宅の実例」佐藤武夫、武基雄『建築学会集論文』第二八号、一五八－一六四頁、昭和一七（一九四二）年一一月。
（4）調査報告「北支に於ける邦人住宅の現状」佐藤武夫、武基雄『建築学会集論文』第二八号、一九四二年（昭和一七年）一一月。

終戦後

（1）「在華紡の福利施設―内外綿上海工場の事例を手がかりとして―」芦沢知絵『中国研究論叢』第七号、二三－四〇頁、二〇〇七年八月。
（2）「日清戦争直後の日本紡績業の直接投資計画～中上川彦次郎と上海紡績会社」桑原哲也、京都産業大学『経済経営論叢』、第一五巻一－二号、一一二－一三六頁、昭和五五（一九八〇）年八月。
（3）「日清戦争直後の日本紡績業の直接投資計画～東華紡績会社の事例を中心として」桑原哲也、京都産業大学『経済経営論叢』、第一四巻二号、昭和五四（一九七九）年九月。
（4）「戦前における日本紡績企業の海外活動～鐘淵紡績会社の事例を中心として～」桑原哲也、『六甲台論集』、第二二巻一号、一一二－一三六頁、昭和五〇（一九七五）年四月。
（5）「二〇世紀初頭における紡績業の寄宿女工と社宅制度の導入」千本暁子『阪南論集』社会科学編、三四－三、一九九九年。

（6）藤谷陽悦他一名「鐘ヶ淵紡績・兵庫工場の福利厚生に関する一考察」、『建築学会学術講演梗概集』九〇四七、二〇〇〇年。

資料編：データ・シート

注　1、DATA 欄において、（　）に入っている数値は概算したものである。
　　2、出典の明記していない写真は、調査時に撮影したものである。

01: 上海 東紡績地帯 略図

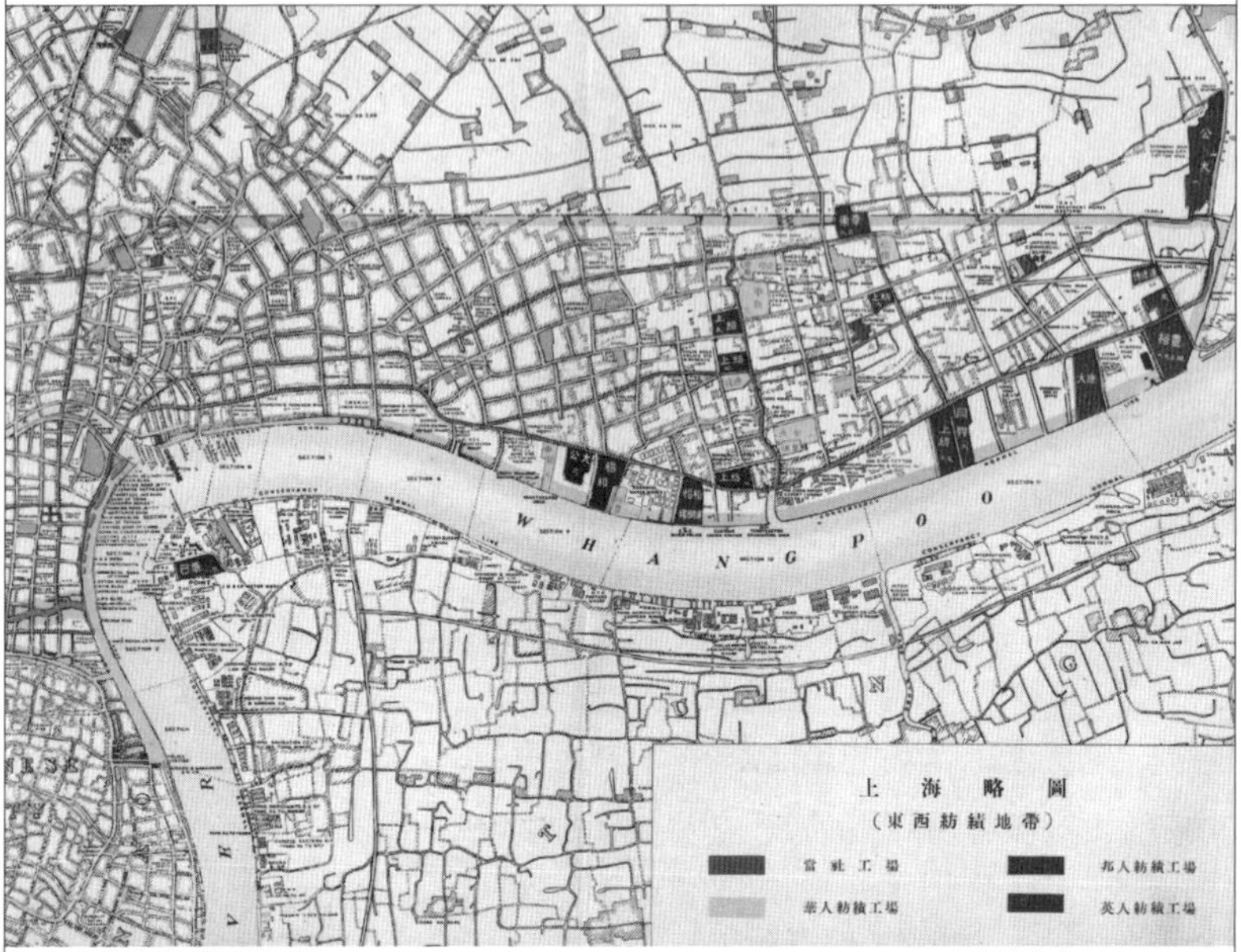

01-1 上海略図（右側部分） 出典:内外綿株式会社五十年史

PHOTO 出典:Google Earth

02:　上海　西紡績地帯　略図

02-1 上海略図（左側部分）　出典:内外綿株式会社五十年史

PHOTO　出典:Google Earth

03　青島紡績工場位置図

03-1　青島及四方滄口李村附近全図　（約1922年）

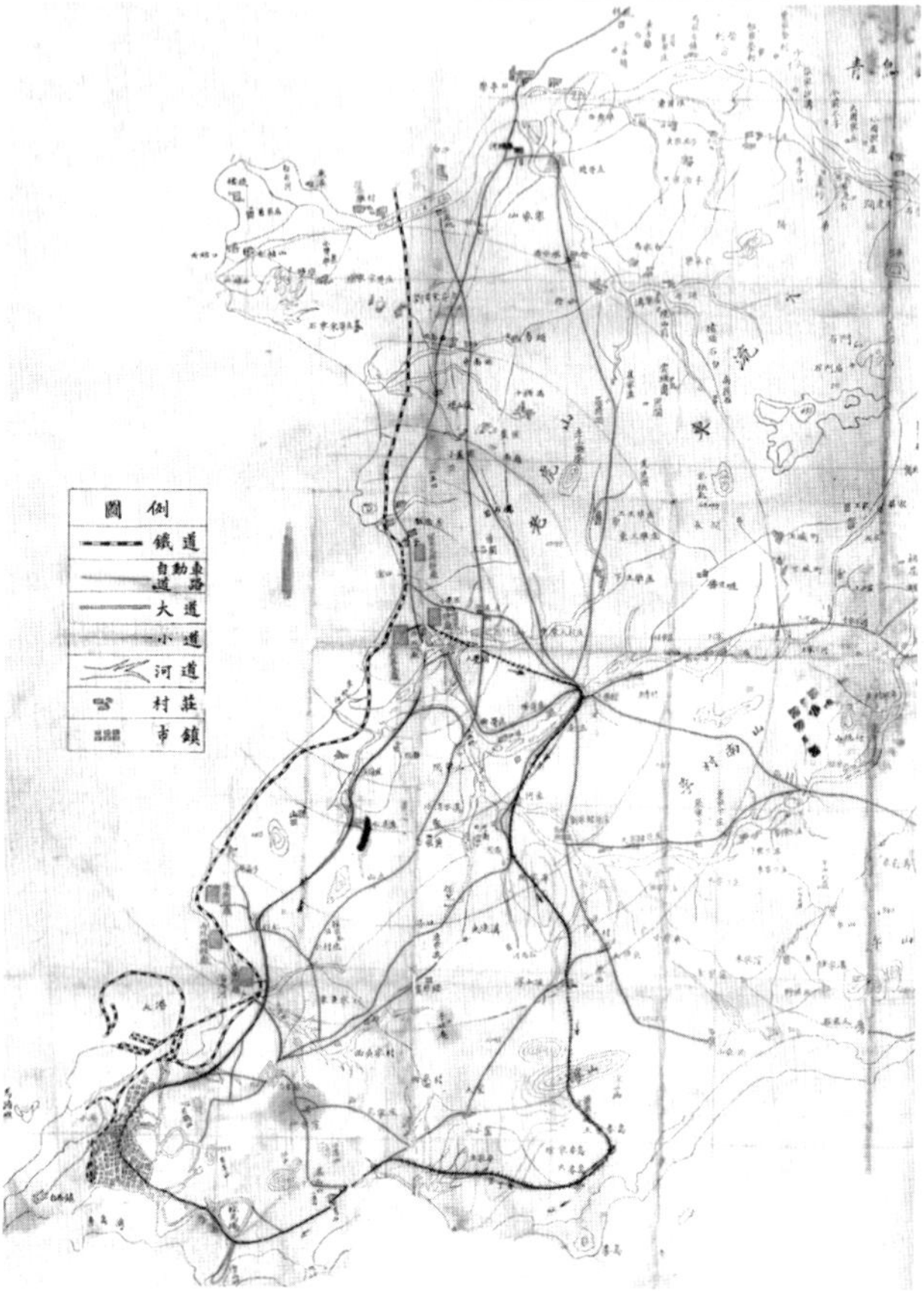

出典：青島地図通

03-2　青島市街及附近交通明細図　（約1928年）

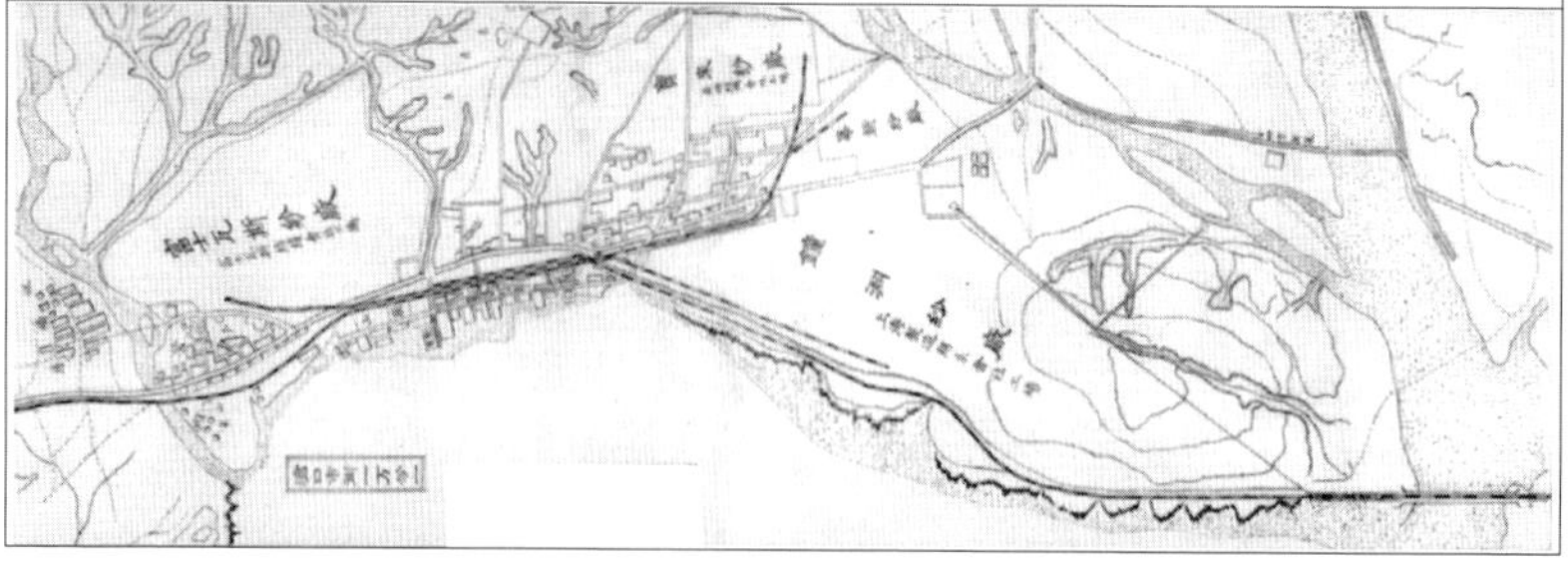

04　天津地方主要工廠分布図

出典：大陸と繊維工業

05: 内外綿株式会社　上海支店工場社宅分布図

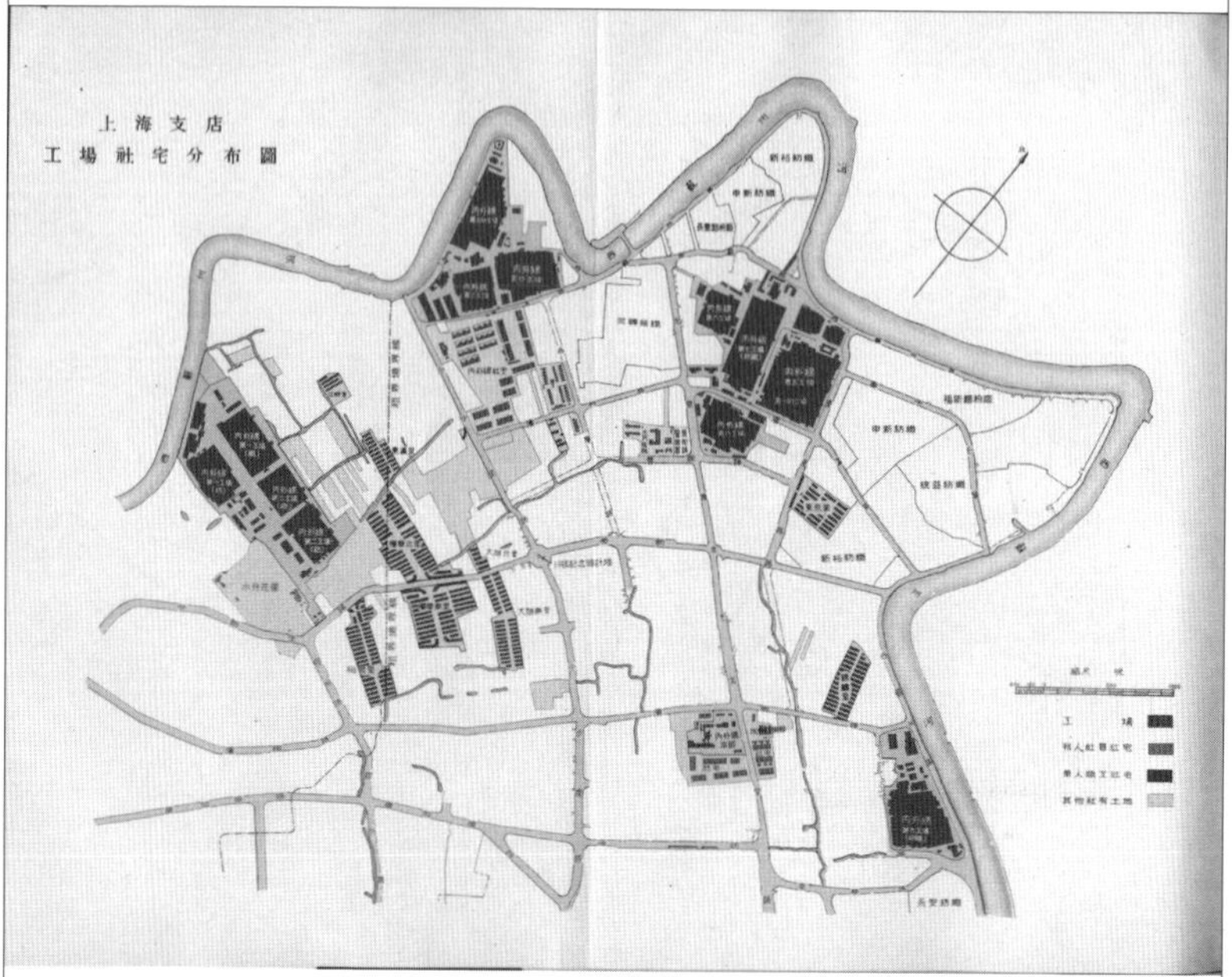

05-1 上海支店工場分布図

PHOTO　出典:Google Earth

PHOTO

05-2 上海支店本部

05-3 上海支店華工社宅の一部

05-4 上海支店社宅(1)

05-5 上海支店社宅(2)

05-6 水月花園合宿所

05-7 水月倶楽部厚徳館

05-8 水月花園茶亭

05-9 水月幼稚園

05-10 水月病院

05-11 水月華工診療所

05-12 柔剣道場(上海)

05-13 弓場(上海)

出典:内外綿株式会社五十年史

06：上海の里弄住宅

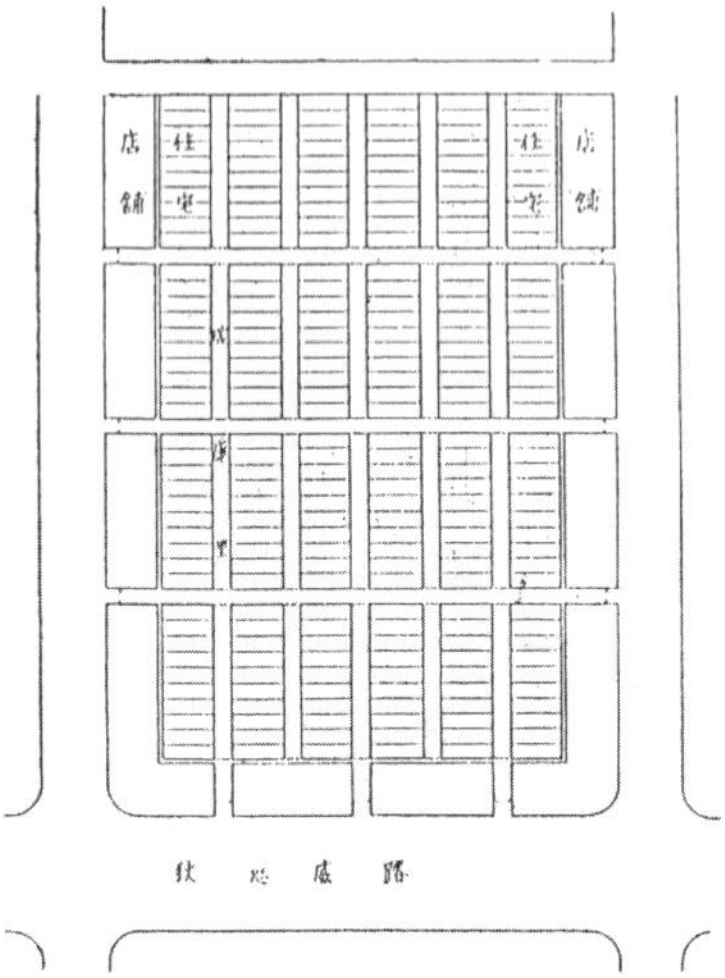

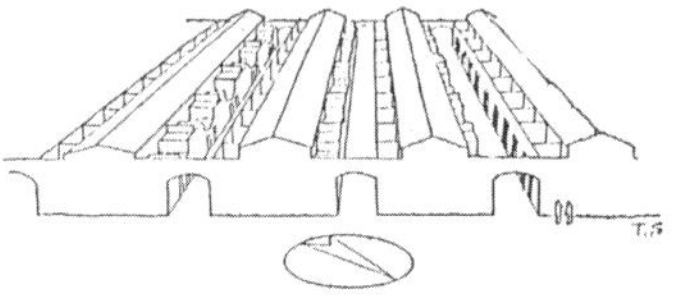

里弄住宅の鳥瞰図

里弄住宅一廓の例（上海共同租界）

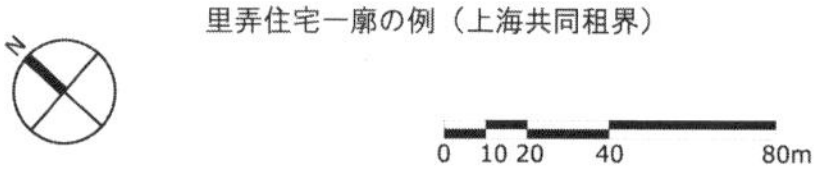

PLAN　　作成日:2007.09　作成:千葉

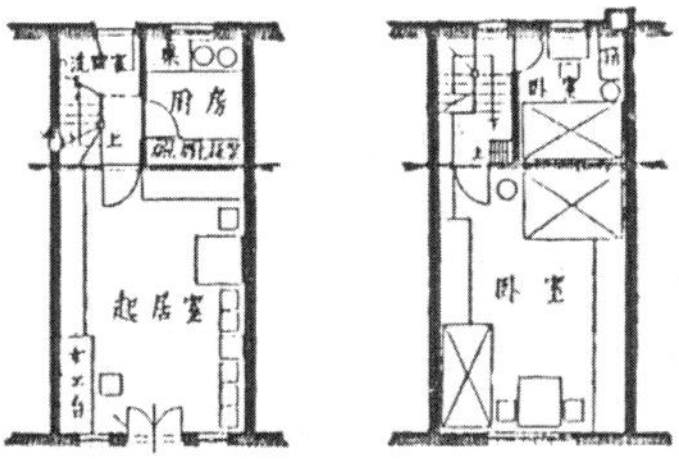

「広東式」里弄住宅の例

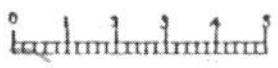

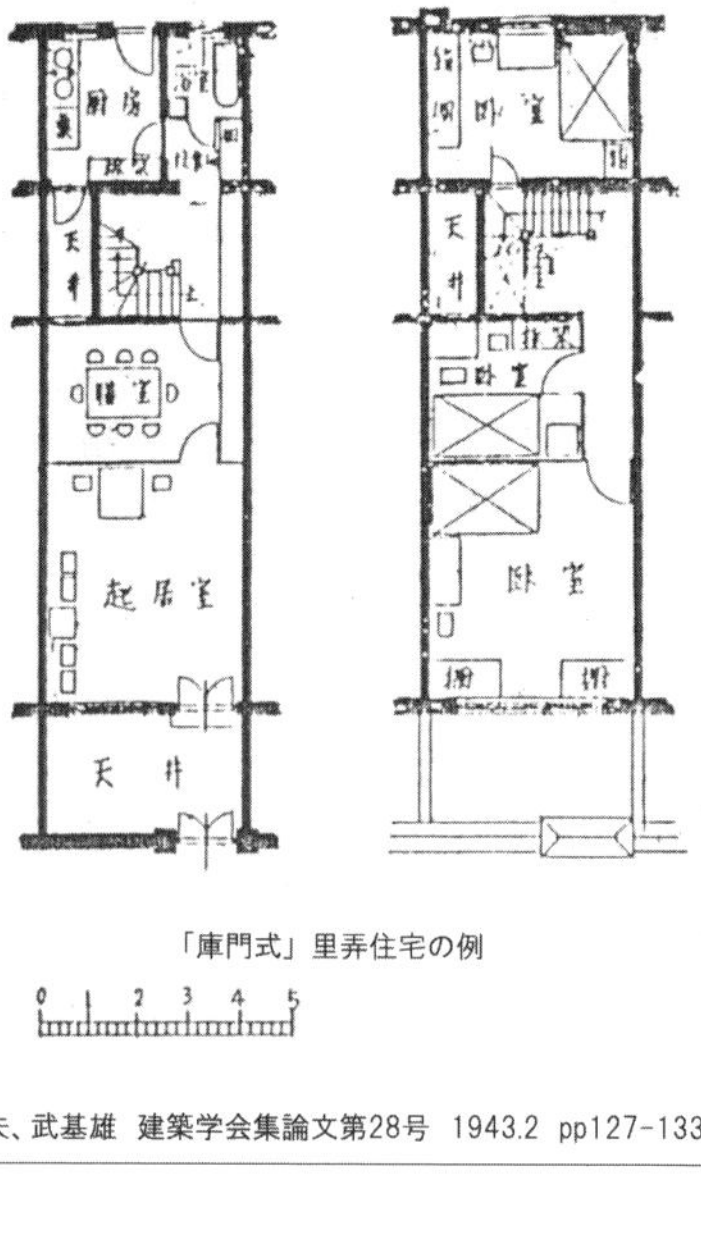

「庫門式」里弄住宅の例

出典：調査報告「近代支那住宅散見」 佐藤武夫、武基雄 建築学会集論文第28号 1943.2 pp127-133

07: 錦綉里中国人社宅

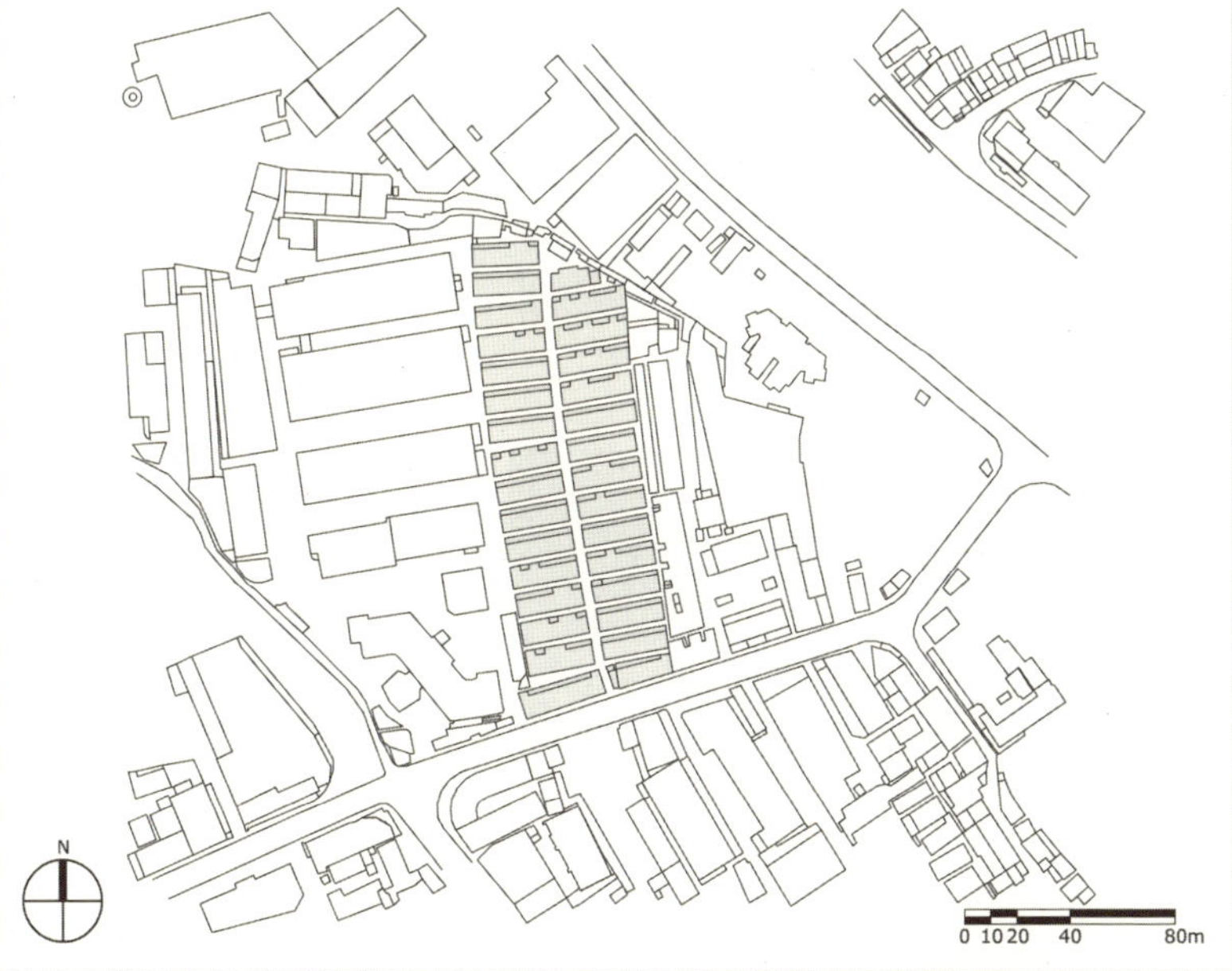

DATA　07-1 錦綉里中国人社宅配置図　　作成日:2007.09　作成:千葉

所在地:上海市	敷地面積:	建物棟数:29棟
	建築面積:	戸数:
建設年代:	延床面積:	出典:現地調査および地図を用いて
設計者:	建蔽率:	復元
建設者:—	容積率:	調査日:2006.08.22

PHOTO　出典:Google Earth

PHOTO

07-2 錦綉里　入口

07-3 中央通路

07-4 社宅①

07-5 社宅②

07-6 水回り

07-7 鳥瞰写真

08： 上海紡織　揚州路、龍江路中国人社宅

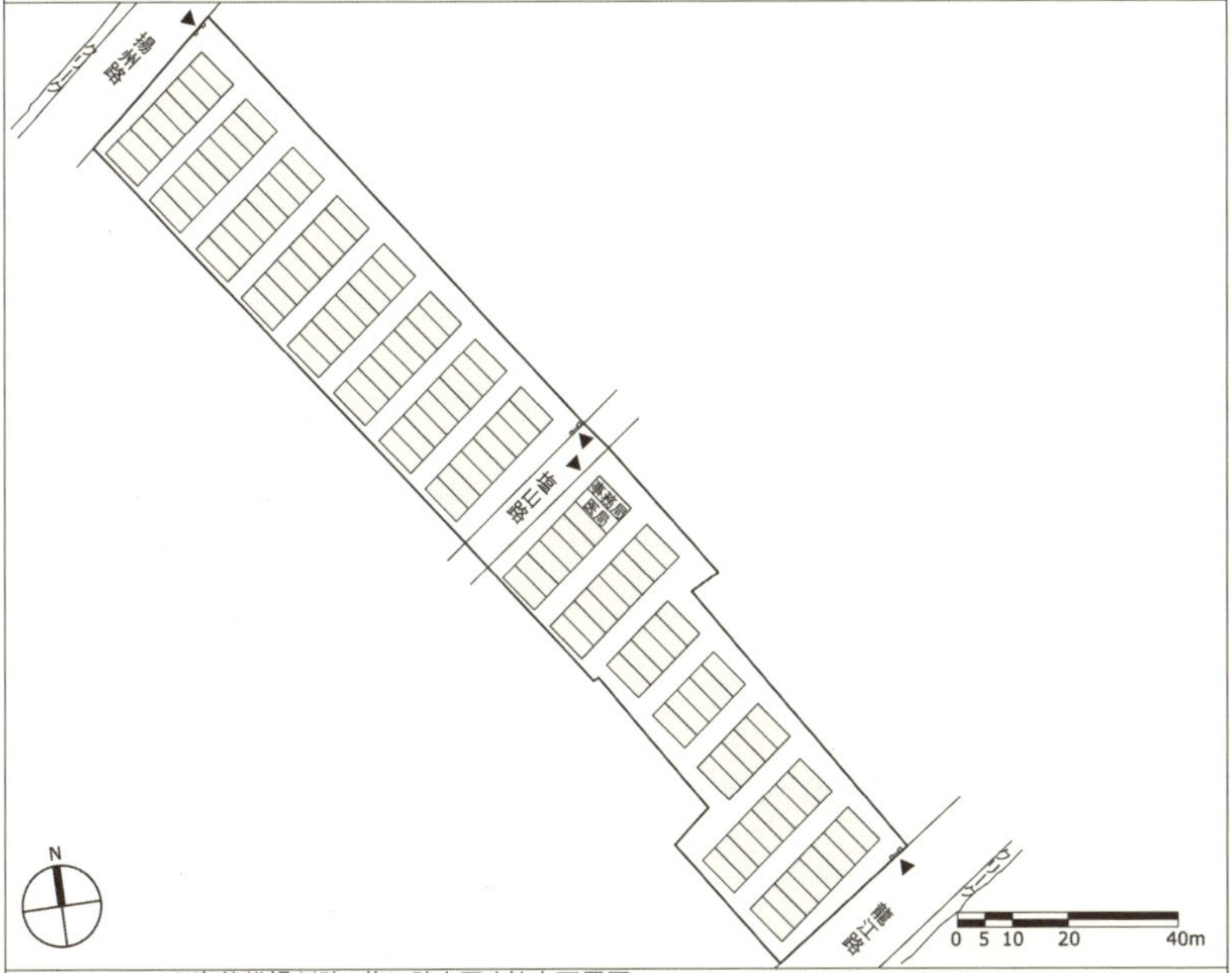

DATA　08-1 上海紡織揚州路、龍江路中国人社宅配置図　　作成日:2007.09　作成:千葉

所在地:上海市楊浦区揚州路	敷地面積:(5700㎡)	建物棟数:15棟
	建築面積:1069.77坪	戸数:揚州路64軒、龍江路47軒
建設年代:—	延床面積:2130.12坪	その他:
設計者:—	建蔽率:(62%)	出典:上海市檔案Q192-1-1432
建設者:—	容積率:(123%)	

MAP　08-2 上海紡織社宅分布図

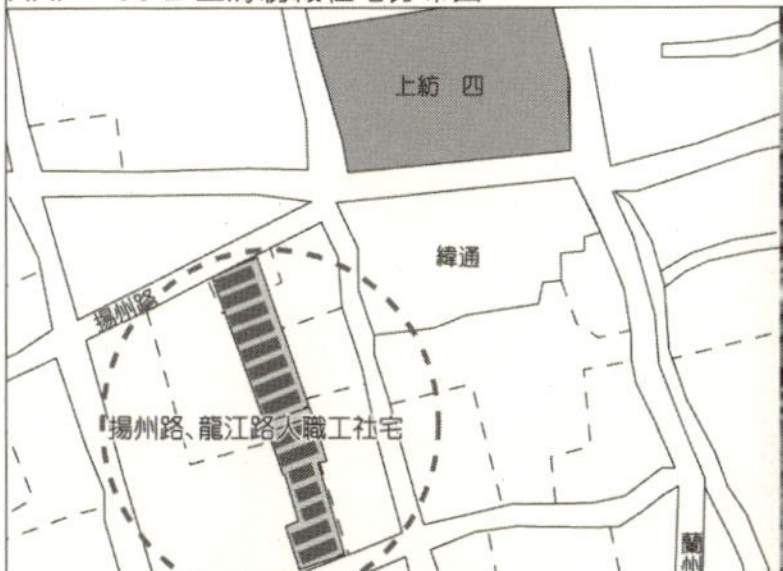

08-3 Google Earth

09: 上海紡織　河間路中国人社宅

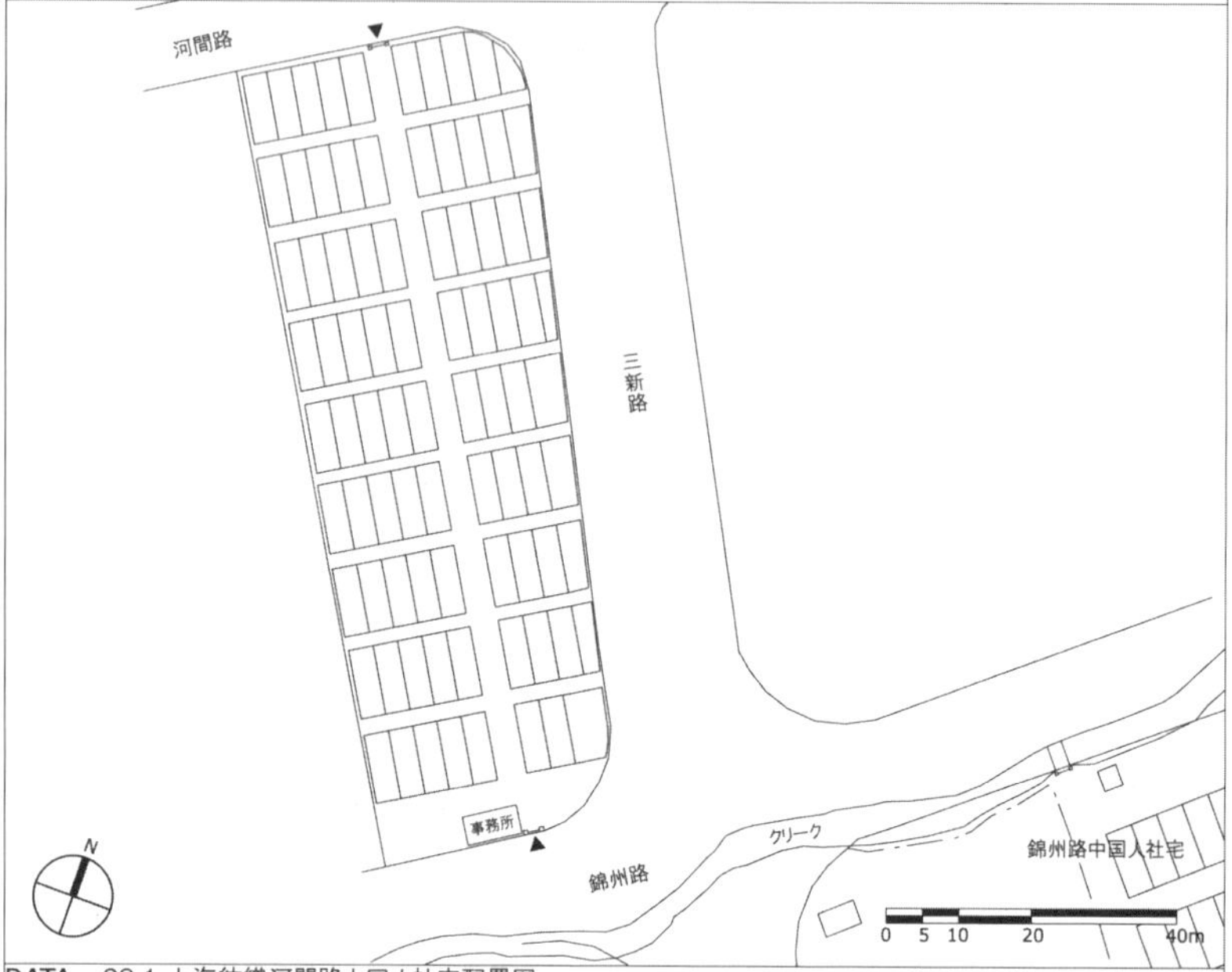

DATA　09-1 上海紡織河間路中国人社宅配置図　作成日:2007.09　作成:千葉

所在地:上海市楊浦区河間路
建設年代:―
設計者:―
建設者:―

敷地面積:(3850㎡)
建築面積:798.63坪
延床面積:1579.92坪
建蔽率:(68%)
容積率:(135%)

建物棟数:18棟
戸数:82軒
その他:
出典:上海市檔案Q192-1-1432

MAP　09-2 上海紡織社宅分布図

09-3 Google Earth

10： 上海紡織　福寧路中国人社宅

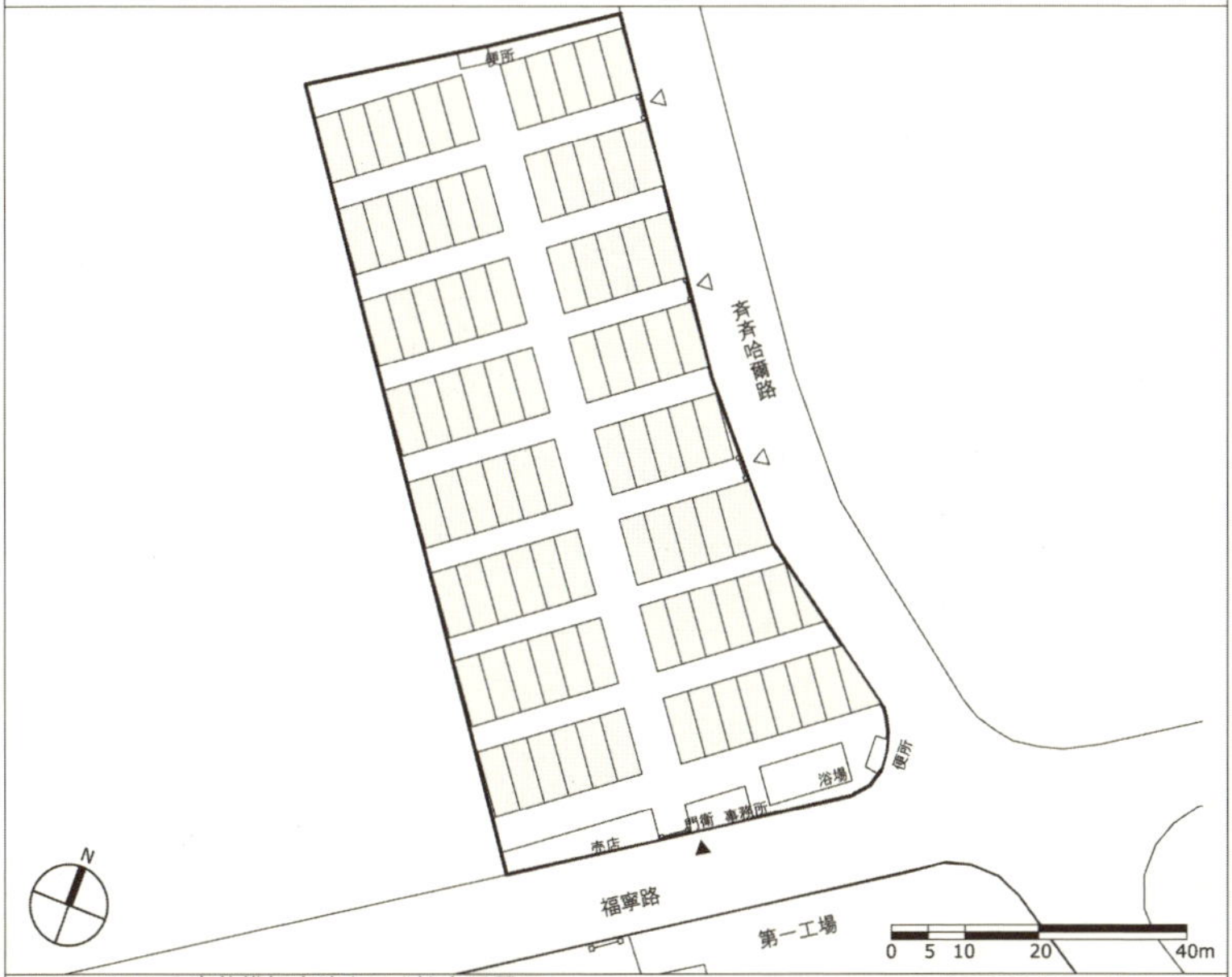

DATA　10-1 上海紡織福寧路中国人社宅配置図　　作成日:2007.09　作成:千葉

所在地:上海市楊浦区福寧路	敷地面積:(5125㎡)	建物棟数:16棟
	建築面積:967.15坪	戸数:92軒
建設年代:—	延床面積:1865.84坪	その他:
設計者:—	建蔽率:(62%)	出典:上海市檔案Q192-1-1432
建設者:—	容積率:(120%)	

MAP　10-2 上海紡織社宅分布図　　10-3 Google Earth

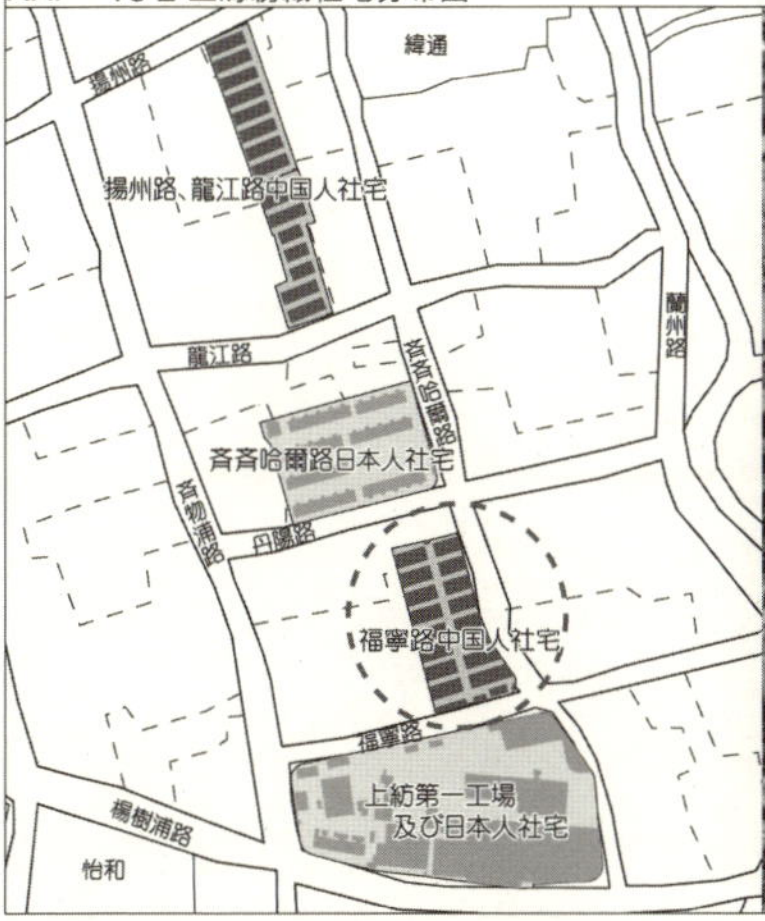

11：上海紡織　錦州路中国人社宅

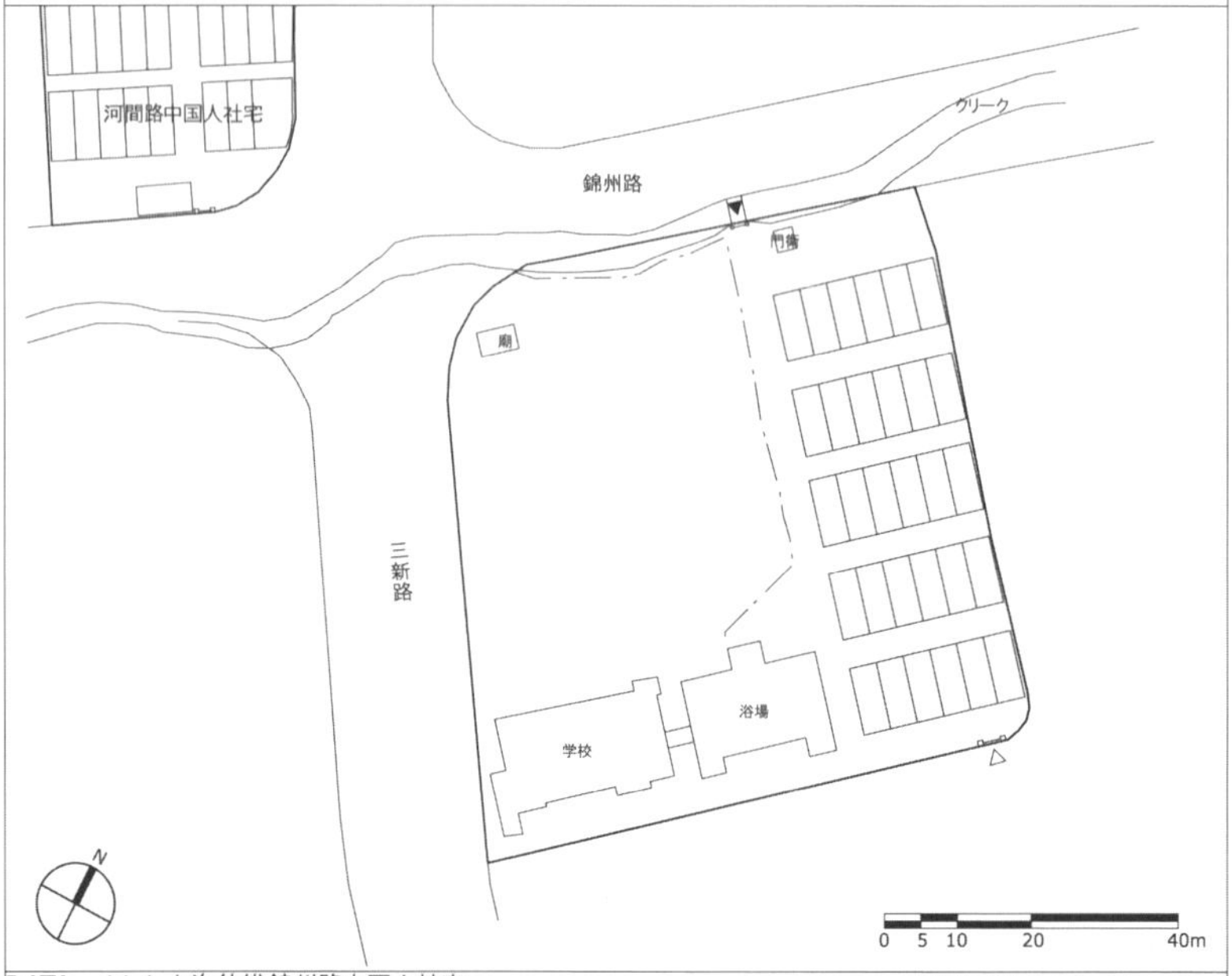

DATA　11-1 上海紡織錦州路中国人社宅　　作成日:2007.09　作成:千葉

所在地:上海市楊浦区錦州路	敷地面積:(5625㎡)	建物棟数:5棟
	建築面積:432.91坪	戸数:30軒
建設年代:―	延床面積:―	その他:
設計者:―	建蔽率:(25%)	出典:上海市檔案Q192-1-1432
建設者:―	容積率:―	

MAP　11-2 上海紡織社宅分布図

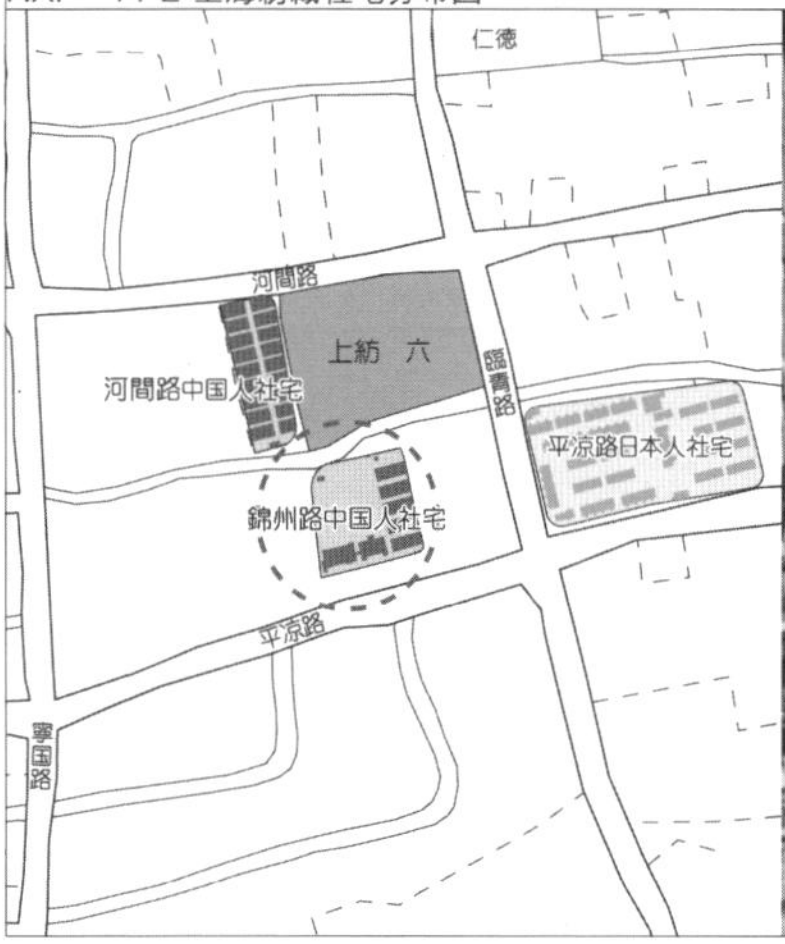

11-3 Google Earth

12: 上海紡織　楊樹浦路第一工場及び日本人社宅

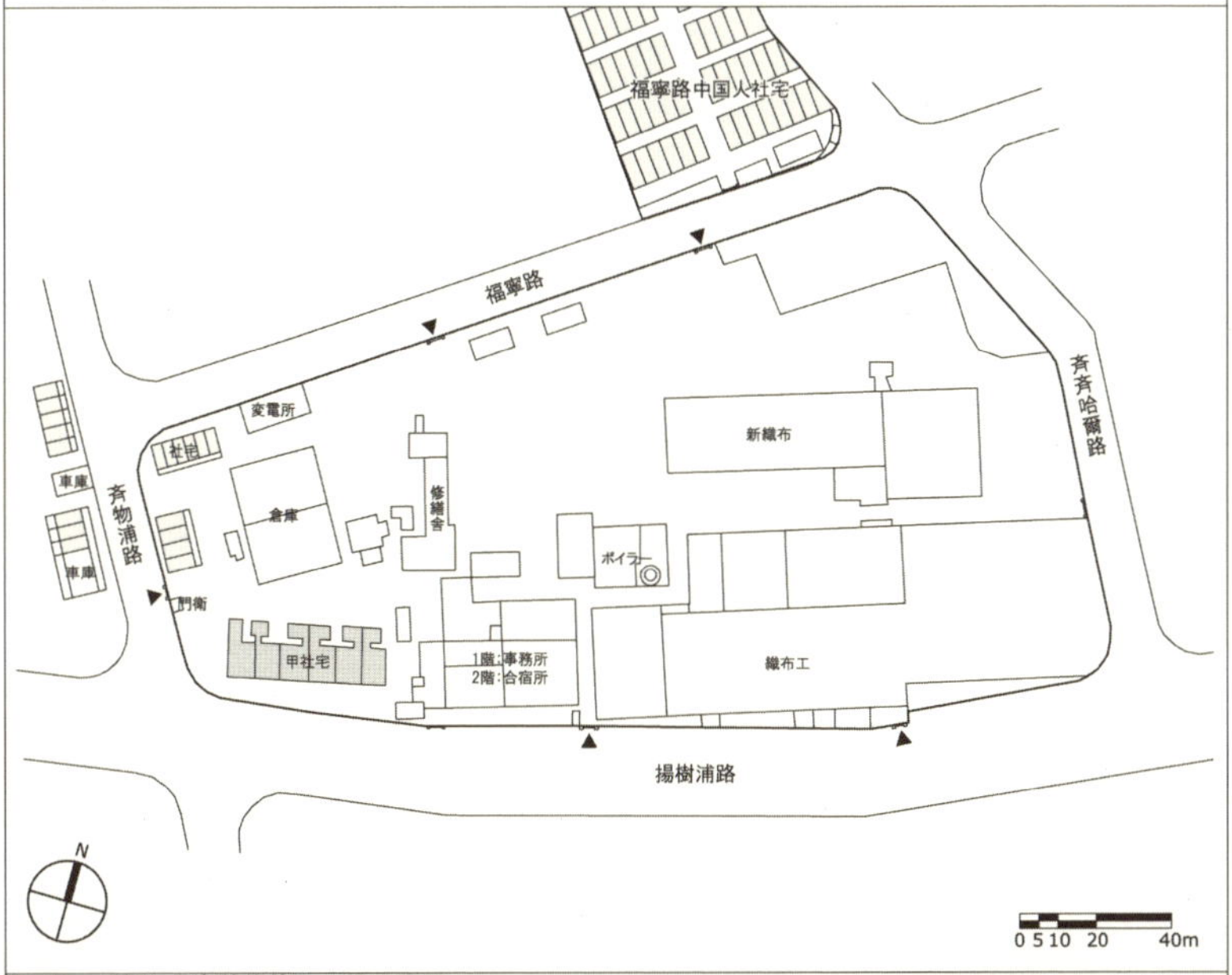

DATA　12-1 上海紡織第一工場配置図　　作成日:2007.09　作成:千葉

所在地:上海市楊浦区楊樹浦路
建設年代:—
設計者:—
建設者:—

敷地面積:(26250㎡:工場全体)
建築面積:416.27坪(社宅のみ)
延床面積:783.68坪(社宅のみ)
建蔽率:—
容積率:—

建物棟数:5棟(社宅のみ)
戸数:甲社宅6軒、構内丙社宅10軒、構外丙社宅8軒
その他:平面図あり
出典:上海市檔案Q192-1-1432

MAP　12-2 上海紡織社宅分布図

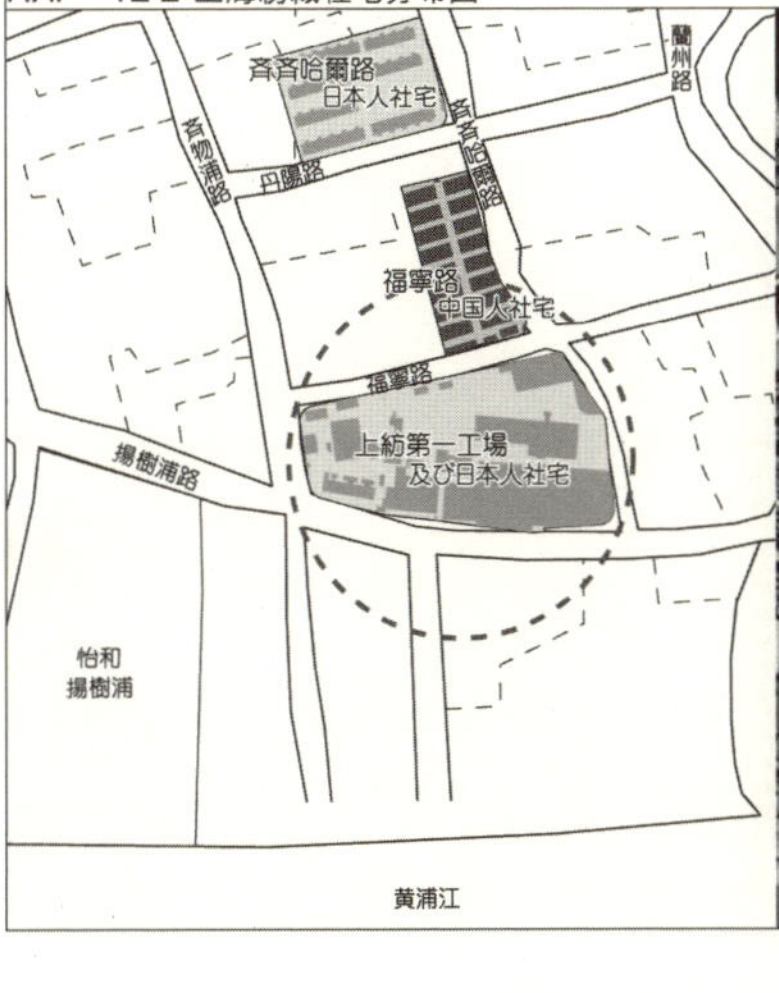

12-3 Google Earth

13：上海紡織　斉斉哈爾路日本人社宅

DATA　13-1 上海紡織斉斉哈爾路日本人社宅配置図　作成日:2007.09　作成:千葉

所在地:上海市楊浦区斉斉哈爾路	敷地面積:(7875㎡)	建物棟数:7棟
	建築面積:829.15坪	戸数:63軒
建設年代:—	延床面積:—	その他:平面図あり
設計者:—	建蔽率:(34%)	出典:上海市檔案Q192-1-1432
建設者:—	容積率:—	

MAP　13-2 上海紡織社宅分布図

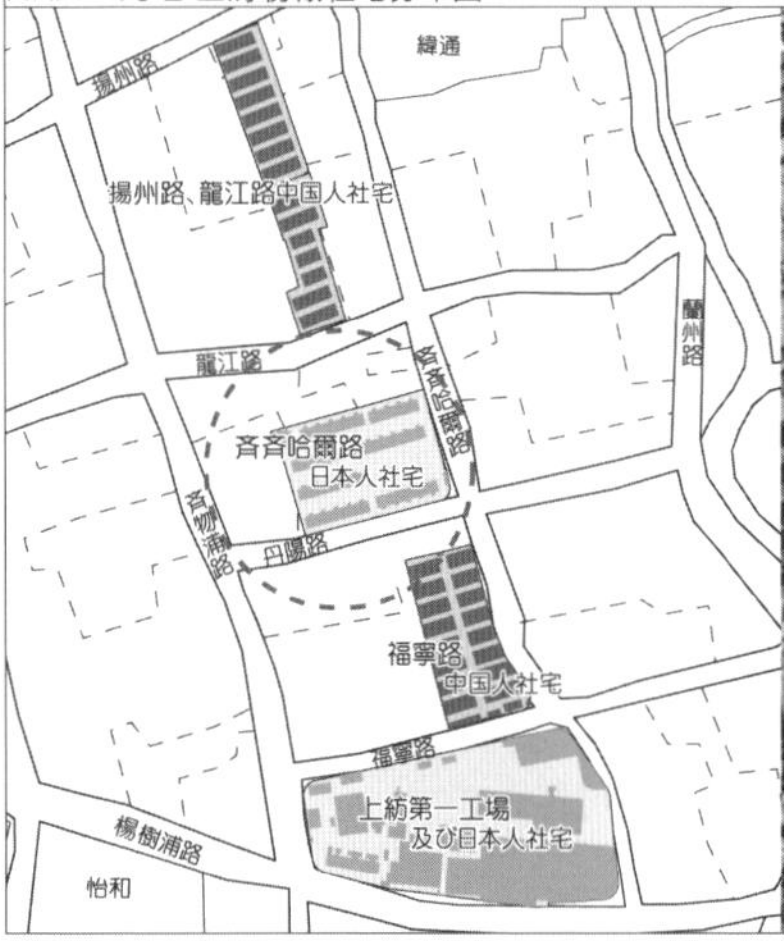

13-3 Google Earth

14：上海紡織　平涼路日本人社宅

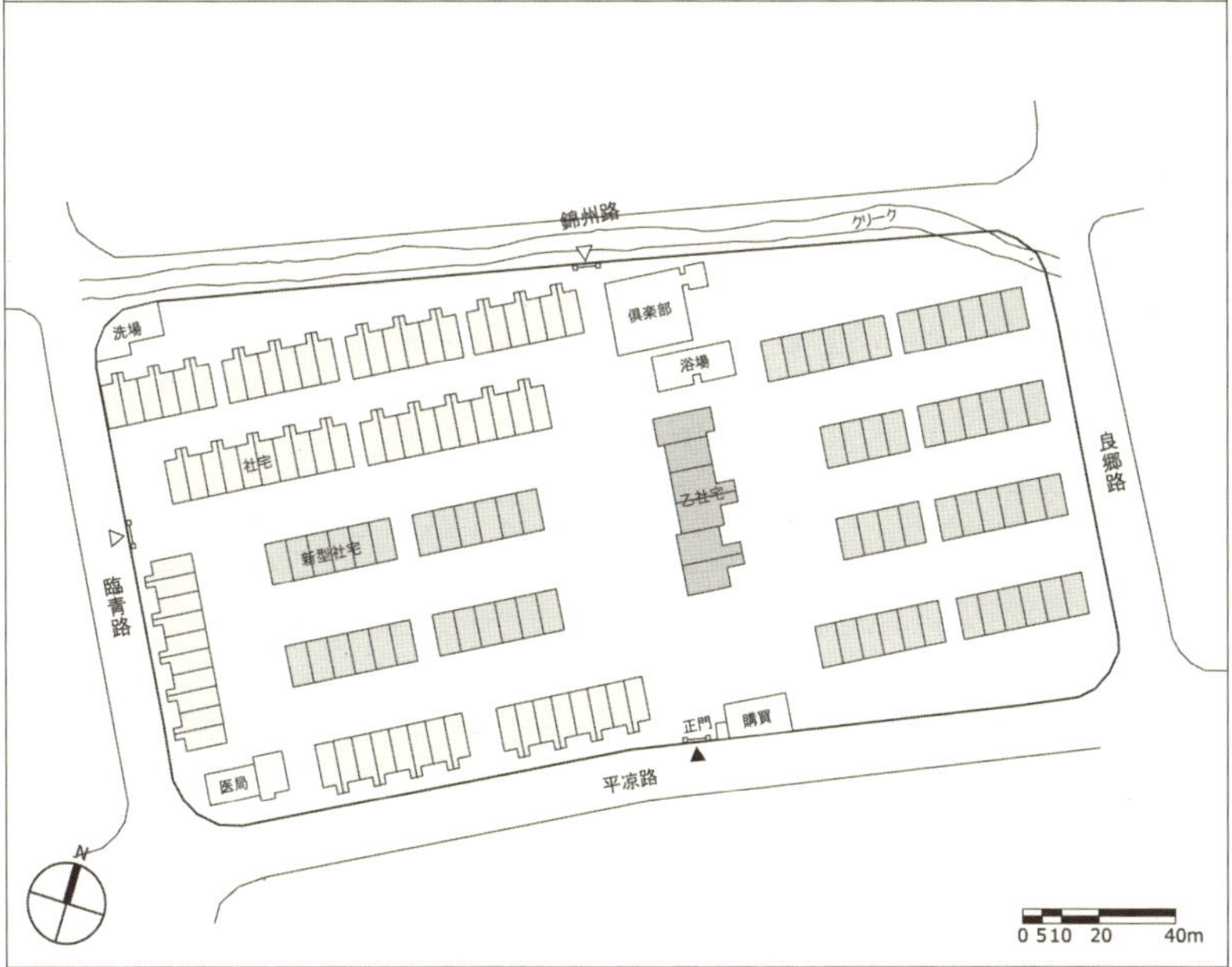

DATA　14-1 上海紡織平涼路日本人社宅配置図　作成日:2007.09　作成:千葉

所在地:上海市楊浦区平涼路	敷地面積:(34320㎡)	建物棟数:22棟
	建築面積:2955.23坪	戸数:144軒
建設年代:―	延床面積:―	その他:平面図あり
設計者:―	建蔽率:(28%)	出典:上海市檔案Q192-1-1432
建設者:―	容積率:―	

MAP　14-2 上海紡織社宅分布図

14-3 Google Earth

15：上海紡織　楊樹浦路第一工場　日本人甲社宅平面図

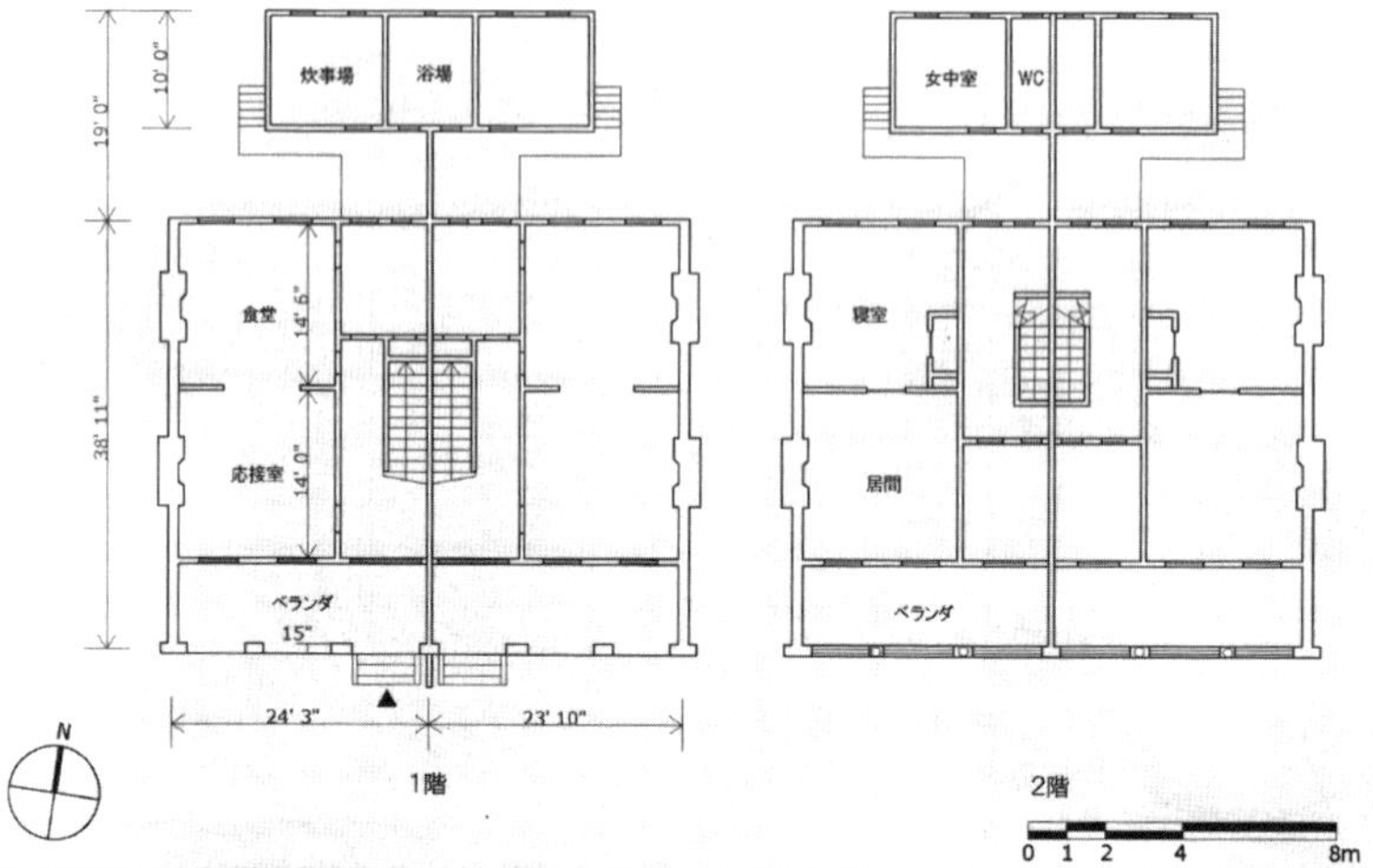

DATA　15-1　上海紡織楊樹浦路第一工場日本人甲社宅平面図　　作成日:2007.09　作成:千葉

所在地:上海市楊浦区楊樹浦路　建築面積:(48.5㎡:1戸)　建物棟数:—
建設年代:—　延床面積:(97㎡:1戸)　戸数:—
設計者:—　建蔽率:—　その他:モジュールは吋(インチ)
建設者:—　容積率:—　出典:上海市檔案Q192-1-1432

16：上海紡織　平涼路日本人乙社宅

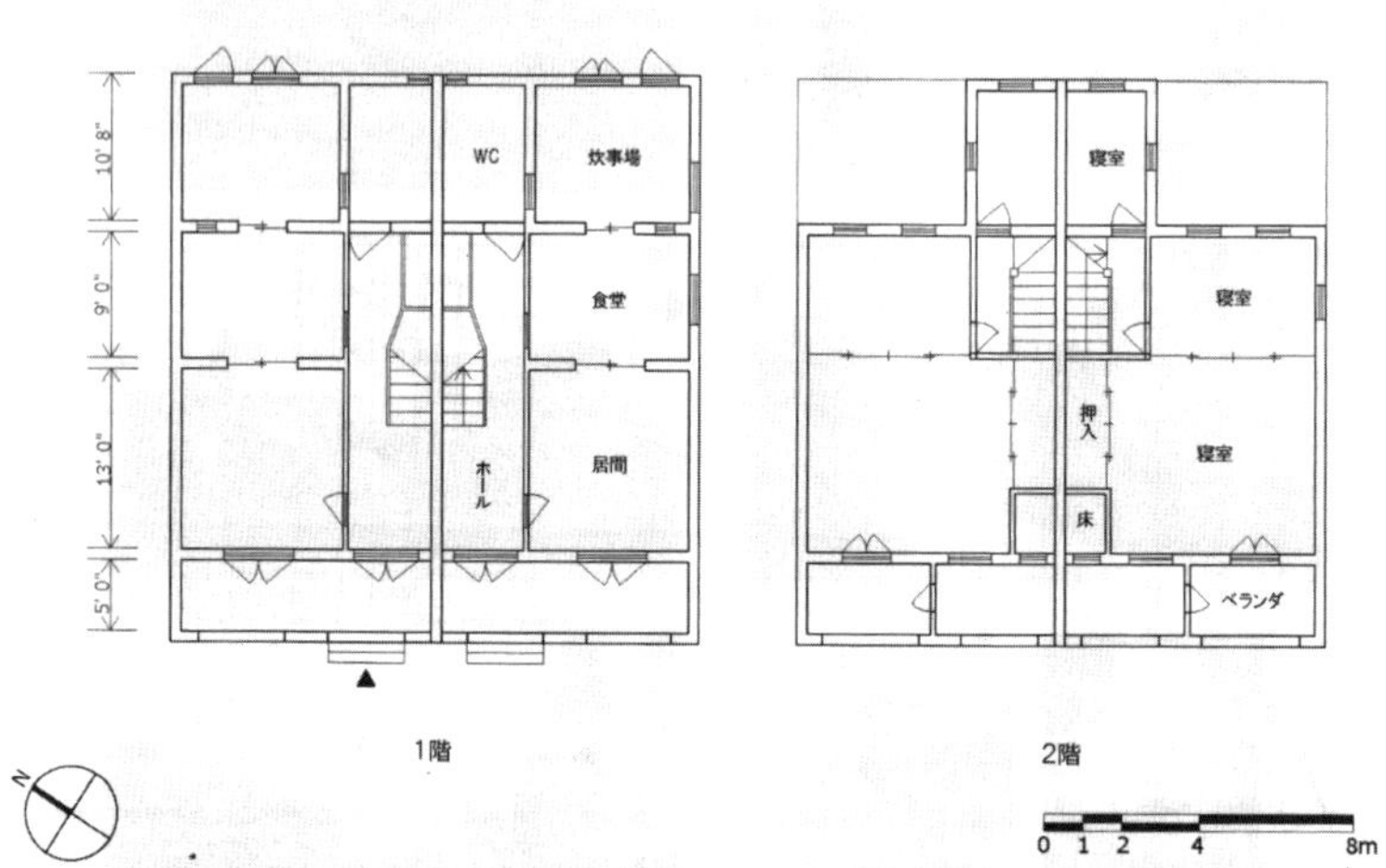

DATA　16-1　上海紡織平涼路日本人乙社宅平面図　　作成日:2007.09　作成:千葉

所在地:上海市楊浦区平涼路　建築面積:(48.5㎡:1戸)　建物棟数:—
建設年代:—　延床面積:(88㎡:1戸)　戸数:—
設計者:—　建蔽率:—　その他:モジュールは吋(インチ)
建設者:—　容積率:—　出典:上海市檔案Q192-1-1432

17：上海紡織　平涼路日本人社宅新型平面図

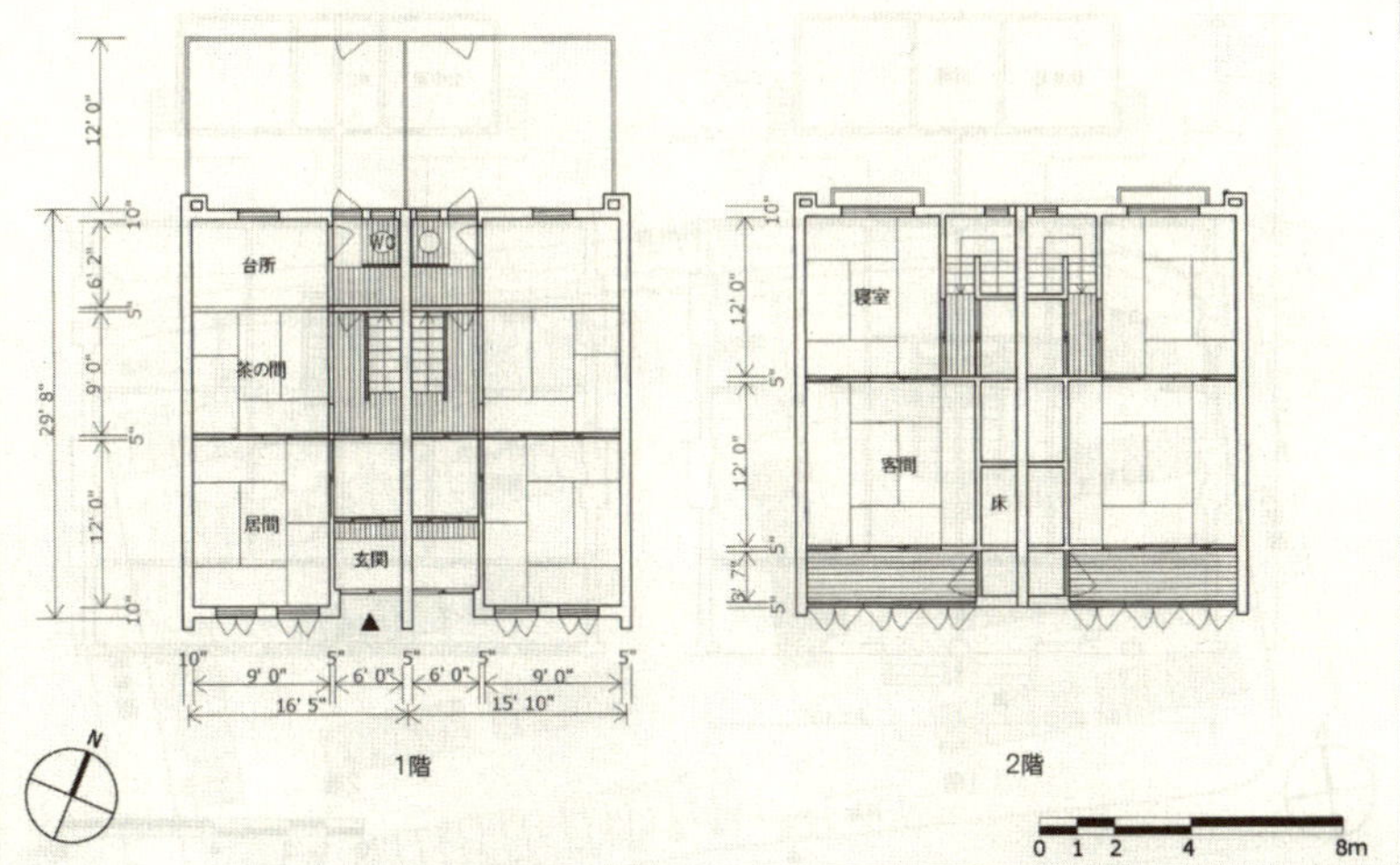

DATA　17-1　上海紡織平涼路日本人社宅新型平面図		作成日:2007.09　作成:千葉
所在地:上海市楊浦区平涼路	建築面積:(45㎡:1戸)	建物棟数:―
建設年代:―	延床面積:(90㎡:1戸)	戸数:―
設計者:―	建蔽率:―	その他:モジュールは吋(インチ)
建設者:―	容積率:―	出典:上海市檔案Q192-1-1432

18：上海紡織　平涼路及び斉斉哈爾路日本人社宅平面図

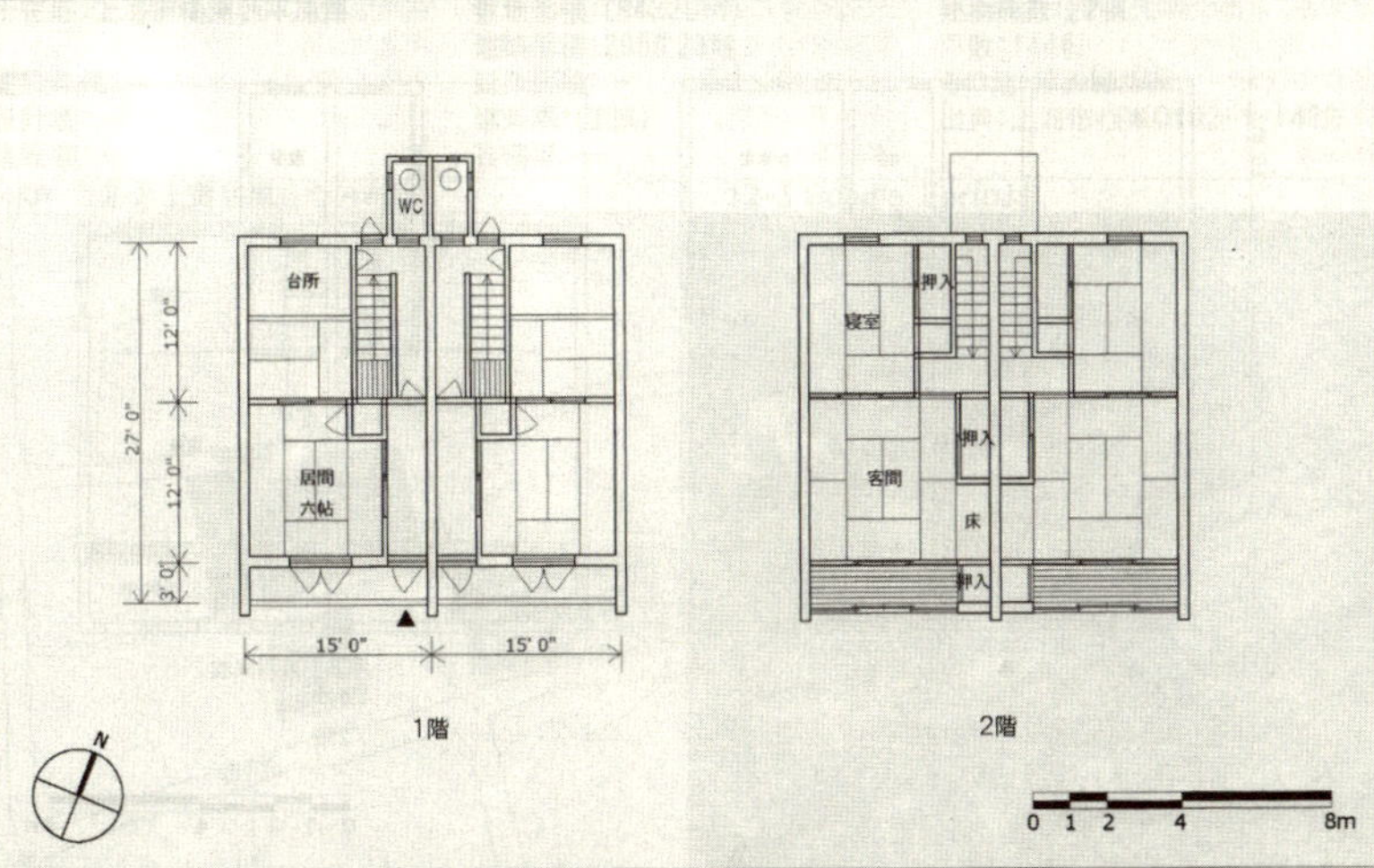

DATA　18-1　上海紡織　平涼路及び斉斉哈爾路日本人社宅平面図		作成日:2007.09　作成:千葉
所在地:楊浦区平涼路及び斉斉哈爾路	建築面積:(39㎡:1戸)	建物棟数:―
建設年代:―	延床面積:(76㎡:1戸)	戸数:―
設計者:―	建蔽率:―	その他:モジュールは吋(インチ)
建設者:―	容積率:―	出典:上海市檔案Q192-1-1432

19：裕豊紡績　楊樹浦路日本人社宅

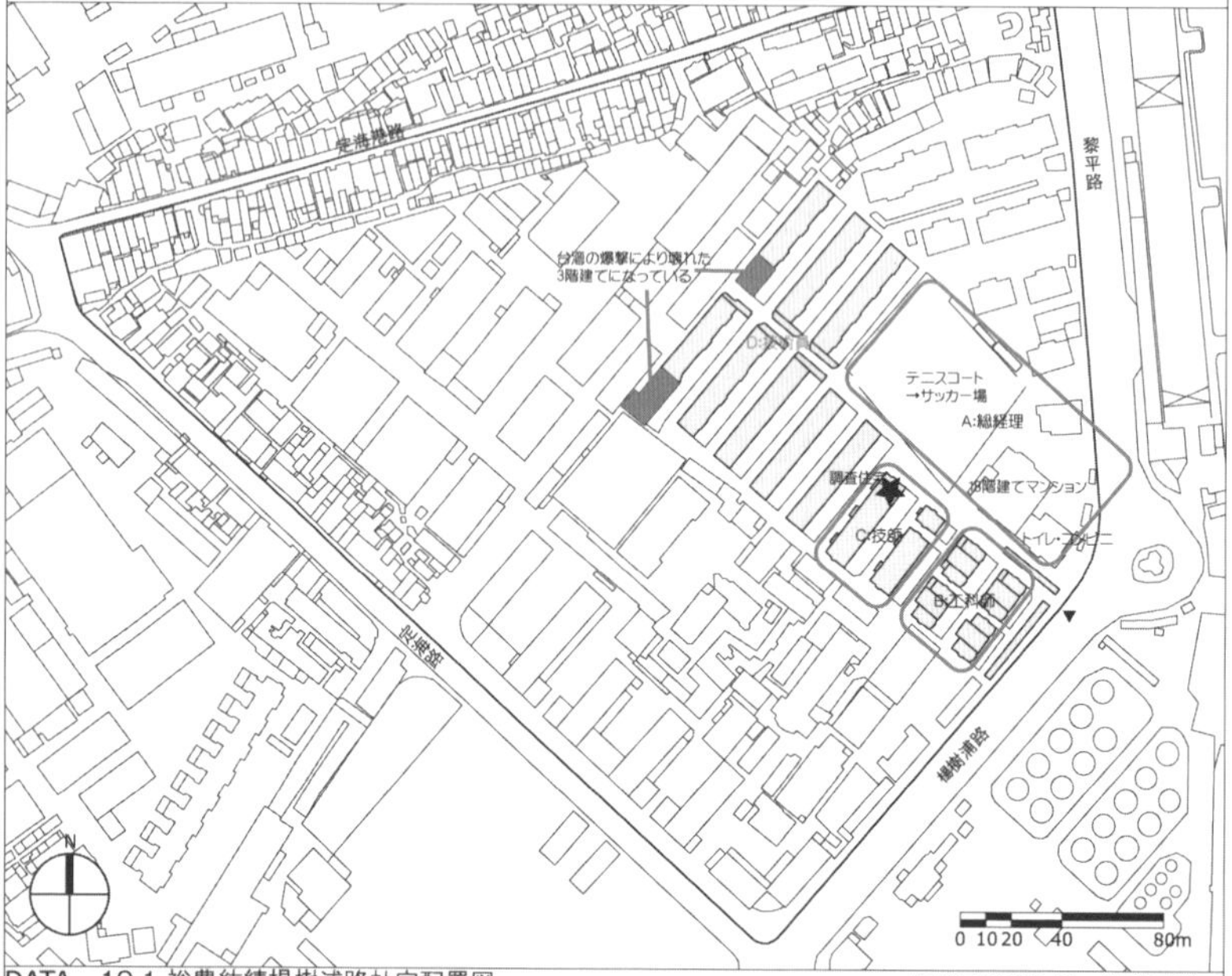

DATA　19-1 裕豊紡績楊樹浦路社宅配置図　　作成日:2007.09　作成:千葉

所在地:上海市楊浦区楊樹浦路3061弄
建設年代:1920年代
設計者:平野勇造
建設者:—

敷地面積:(24300㎡)
建築面積:(6625㎡)
延床面積:(13250㎡)
建蔽率:(27%)
容積率:(54%)

建物棟数:16棟(建設時)
戸数:84戸(建設時)
出典:現地調査および地図を用いて復元
調査日:2006.08.21

PHOTO　出典：Google Earth

PHOTO

19-2 裕豊紡績上海工場
出典：東洋紡績七十年史

19-3 全景
出典：東洋紡績設備写真帖

19-4 社宅通用口

19-5 工場長住宅

19-6 一般社員住宅

19-7 広場
出典：上海裕豊思い出のアルバム

19-8 鳥瞰写真

19-9 現在の工場

19-10 サッカー場

19-11 社宅　Bタイプ

19-12 社宅　Cタイプ

19-13 社宅　Dタイプ

20：裕豊紡績　調査住宅（旧日本人社宅）

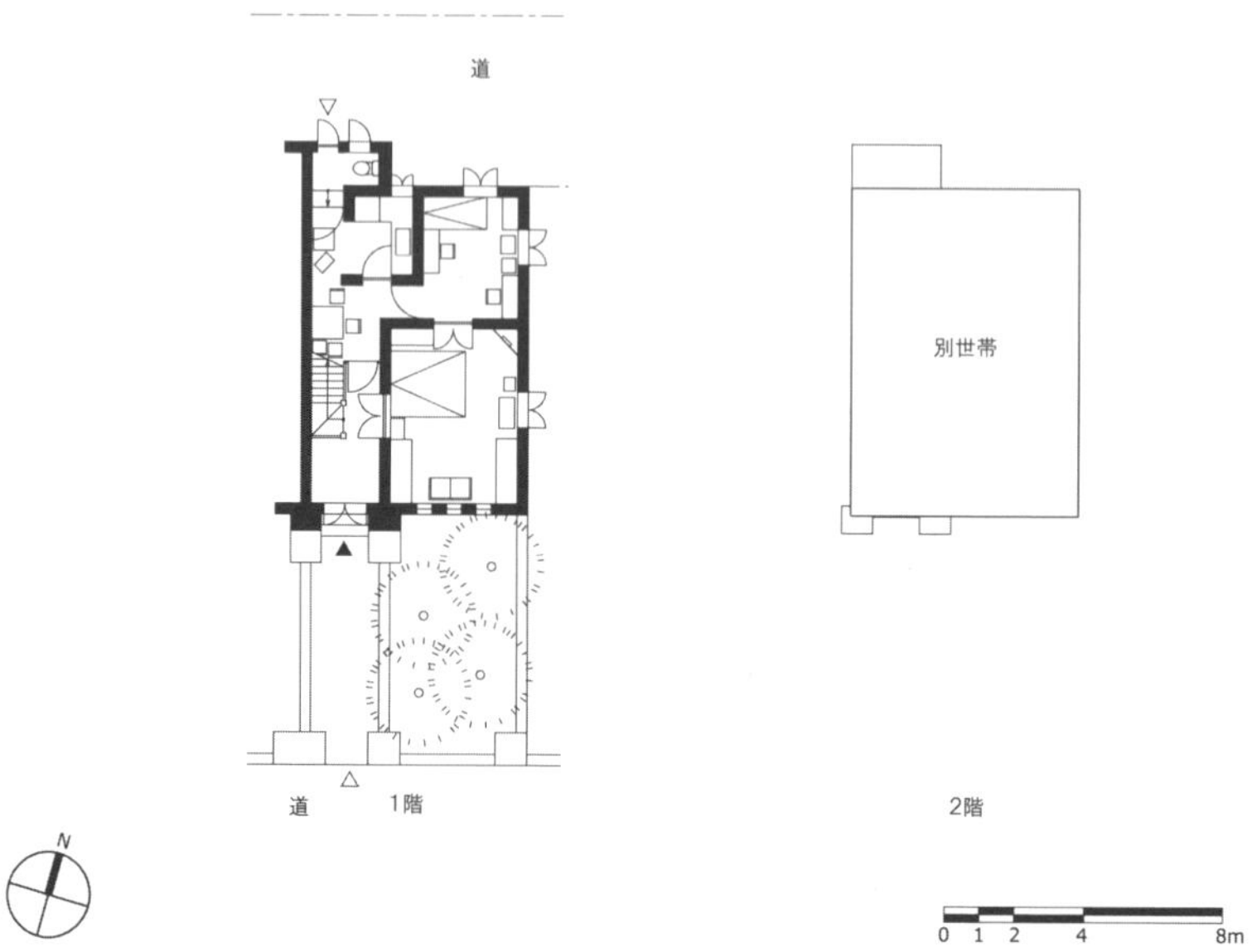

DATA　20-1 裕豊紡績調査住宅平面図（旧日本人社宅）　作成日:2007.09　作成:千葉

所在地:上海市楊浦区楊樹浦路3061弄29号 汪宅
建設年代:1920年代
設計者:平野勇造
建設者:—

敷地面積:—
建築面積:64㎡
延床面積:127㎡
建蔽率:—
容積率:—

建物棟数:—
戸数:—

出典:現地調査及び実測により復元

PHOTO

20-2 調査住宅外観南側

20-3 調査住宅外観北側

20-4 調査住宅玄関部分

20-5 調査住宅階段部分

20-6 調査住宅内部

21: 公大紡績　上海楊樹浦路社宅

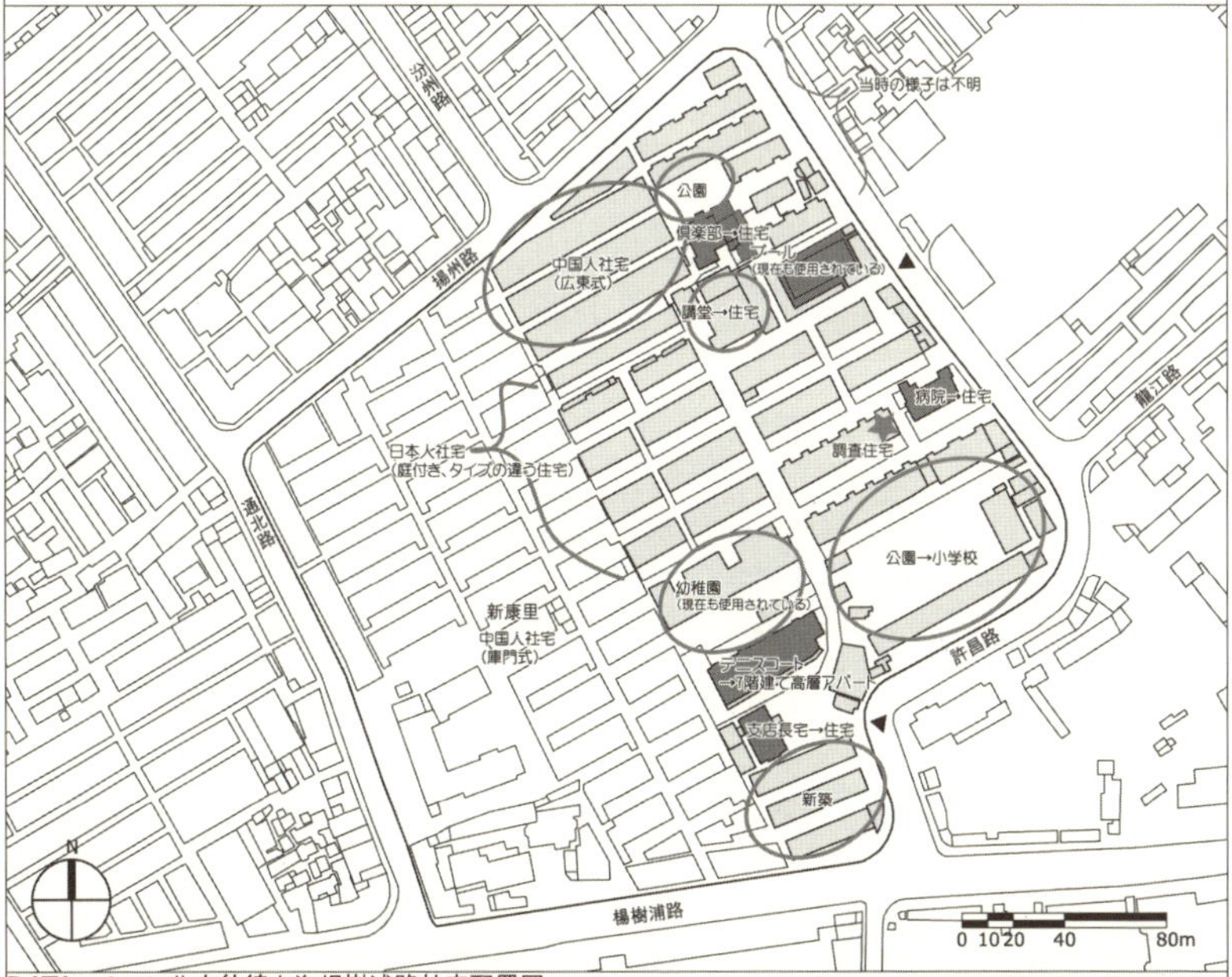

DATA　21-1 公大紡績上海楊樹浦路社宅配置図　作成日:2007.09　作成:千葉

所在地:上海市楊浦区許昌路227弄	敷地面積:36108㎡(新康里を含む)	建物棟数:75棟(新康里を含む)
	建築面積:—	戸数:—
建設年代:1912年～1936年	延床面積:—	出典:現地調査および地図を用いて復元
設計者:(平野勇造)	建蔽率:—	
建設者:—	容積率:—	調査日:2006.08.21

PHOTO　出典：Google Earth

PHOTO

21-2 鳥瞰写真

21-3 社長宅

21-4 幼稚園

21-5 小学校

21-6 神社

21-7 プール

21-8 病院

21-9 高層マンション

21-10 社宅

21-11 社宅

21-12 社宅

21-13 社宅

21-14 広場

21-15 新康里入口

21-16 新康里

22：公大紡績　調査住宅（旧日本人社宅）

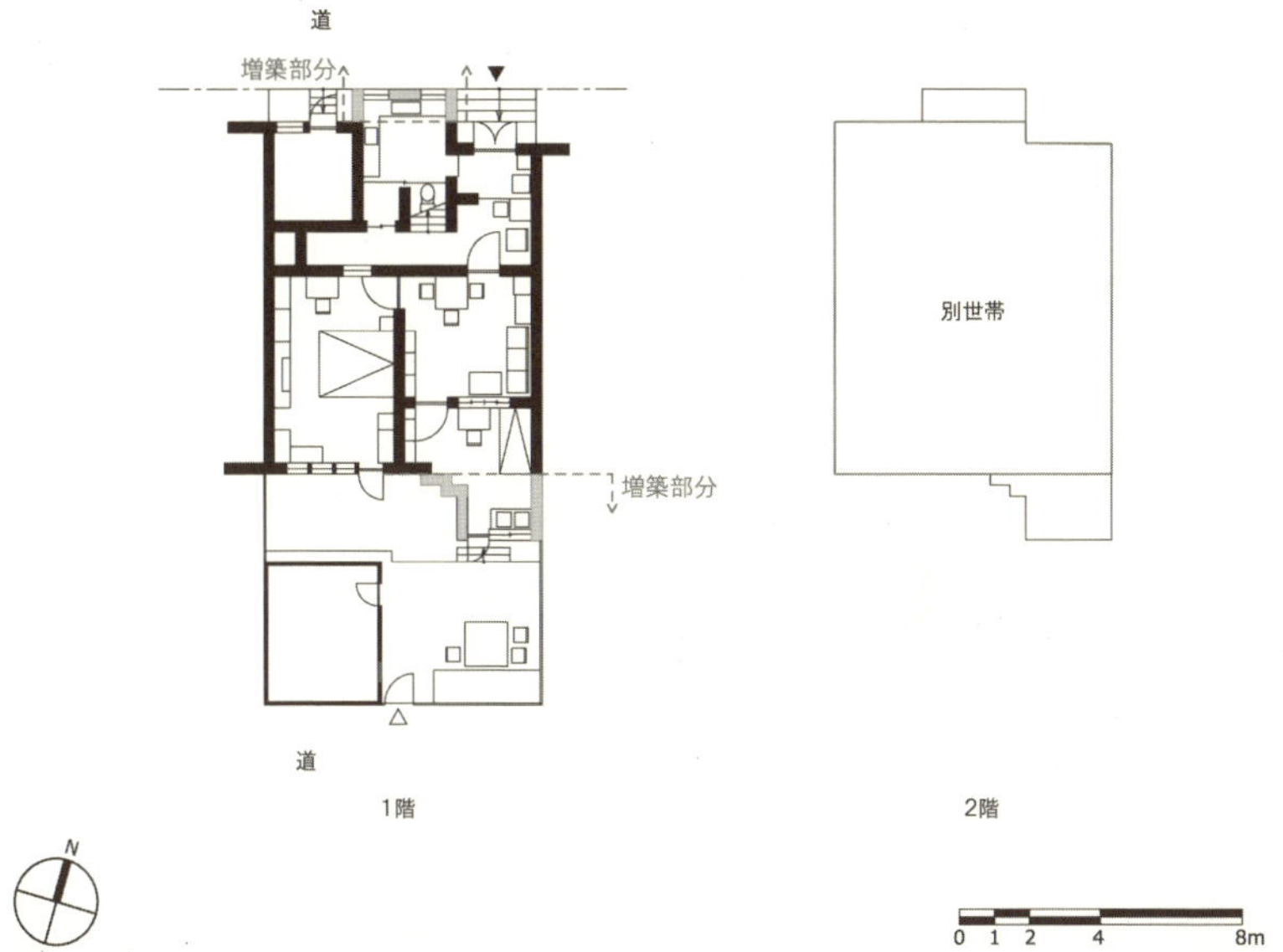

DATA　22-1 公大紡績調査住宅平面図（旧日本人社宅）　作成日:2007.09　作成:千葉

所在地:上海市楊浦区許昌路227弄13号楼下　孫宅
建設年代:1912年～1936年
設計者:（平野勇造）
建設者:―

敷地面積:―
建築面積:80㎡
延床面積:160㎡
建蔽率:―
容積率:―

建物棟数:―
戸数:―
出典:現地調査及び実測により復元

PHOTO

22-2 調査住宅北側

22-3 調査住宅南側

22-4 調査住宅玄関部

22-5 調査住宅階段

22-6 調査住宅内部

23：上海公大紡績第一廠

23-1 操業当時の公大紗廠（後の公大第一廠）（鐘紡百年史より）

PHOTO　　出典：Google Earth

PHOTO

23-2 公大第一廠

23-3 公大第一廠第三門

23-4 公大第一廠中西工人房

23-5 公大第一蔽工房

23-6 公大第一廠第二正門

23-7 公大第一廠小学校

23-8 公大第一廠中国人住宅内景

23-9 公大第一廠花園門

23-10 公大第一廠医院

23-11 公大第一廠工房

23-12 公大第一廠花園内稲荷神社

23-13 公大第一廠第二門内大馬路

23-14 公大第一廠遊園地

23-15 公大第一廠倶楽部其日園（其一）

23-16 公大第一廠花園

23-17 公大第一廠花園内其日亭及水池

出典：朝日新聞大阪本社富士倉庫所蔵絵葉書

24: 青島　公大紡績第五廠

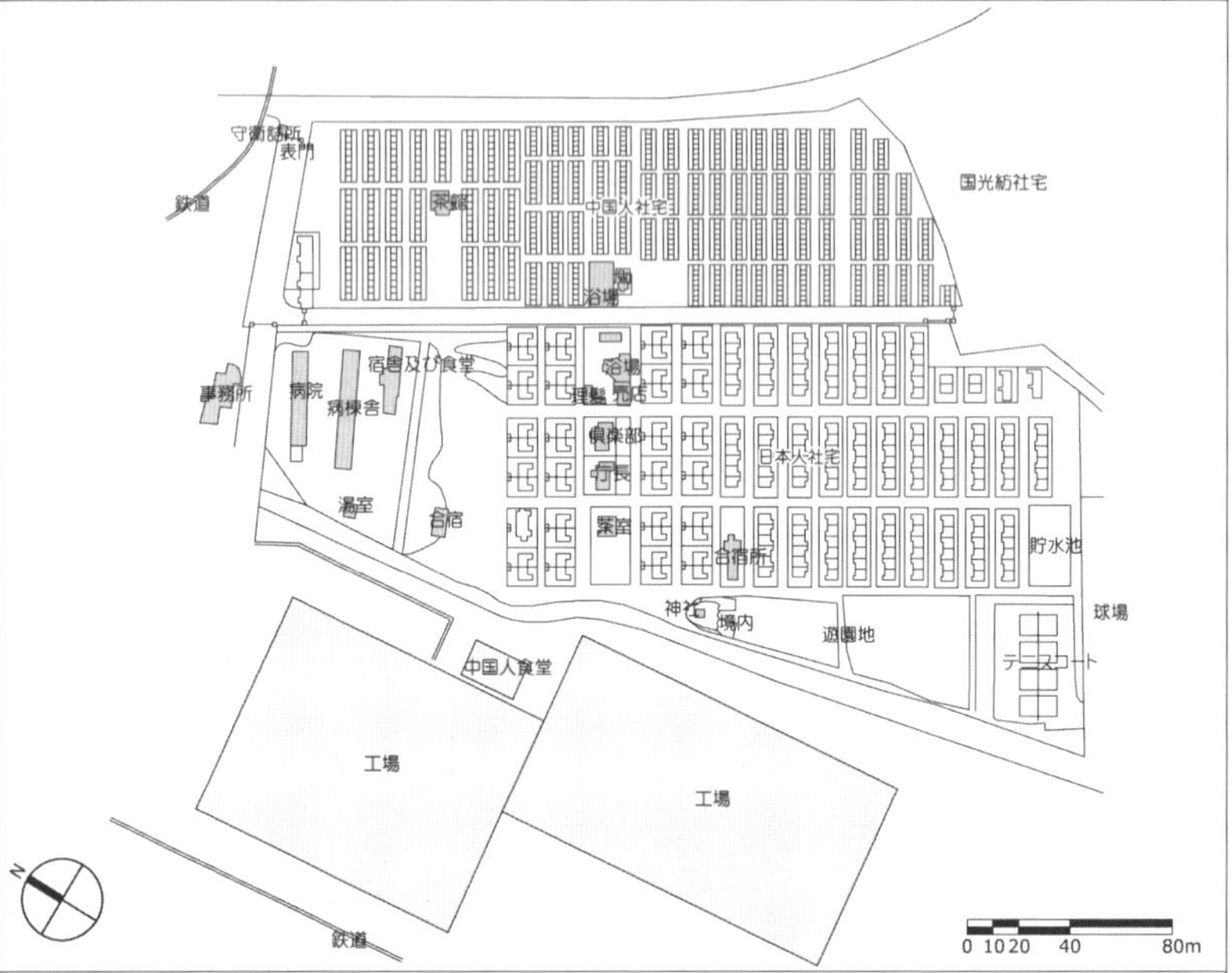

DATA　24-1 青島公大紡績第五廠　　作成日:2007.09　作成:冨井

所在地:青島市	敷地面積:	建物棟数:158棟
	建築面積:	戸数:951戸
建設年代:1923年	延床面積:	出典:現地調査および青島檔案所有図面を用いて復元(昭和15年現在)
設計者:	建蔽率:	31-1-1065 長田建築事務師 青島公大第五廠建物等配置図(35年6月)
建設者:—	容積率:	41-7-1286 奉発本廠平面図案 青島第六紡織廠 (35年6月)

PHOTO　　出典：Google Earth

PHOTO

24-2 建設当時鳥瞰写真

24-3 本部事務所

24-4 病院

24-5 現在鳥瞰写真

24-6 日本人社宅

24-7 日本人社宅

24-8 日本人社宅

24-9 中国人社宅

24-10 理髪店

24-11 浴場

24-12 図書館

25：青島　公大紡績第五廠日本人社宅平面図

DATA　25：青島公大紡績第3廠日本人社宅平面図　作成日:2007.09　作成:千葉

所在地:青島市	敷地面積:	建物棟数:
	建築面積:	戸数:
建設年代:	延床面積:	出典:佐藤武雄他、「北支に於ける邦人住宅の実例」
設計者:	建蔽率:	
建設者:—	容積率:	調査日:

図面説明　出典：佐藤武雄他、「北支に於ける邦人住宅の実例」

もと上海製造絹糸会社の経営になる社員用給与住宅であり、事変後鐘紡が代つて経営に当たりつつあるものである。

此処の住宅群は、工場に隣接して集団的に邦人社員及び支那人（主として工員）の住宅区として建設せられあり、各型の住宅を始め、共同施設として、野球場、庭球場等の体育施設、、集会所、倶楽部、病院、学校、売店、浴場、食堂、遊園地、茶室、理髪店などまで適切に計画された極めて総合的なものである。(全般配置図は都合により掲載に控える)。そこの邦人用住宅としては次の５種類の型がある。

茲に掲げる第３図及び第４図は、以上のうち甲型および丁型の平面図で、事変後の改修工事設計図によるものである。事変前のそれに比し、著しく室内の取扱ひが日本化されてあるとのことである。尚この外に独身用合宿所１棟がある。

青島鐘紡邦人社宅の種類

名称	型式	棟数	戸数	１戸あたり坪数（㎡）
特甲社宅	１戸建２階屋	２	２	３３１．８０
甲社宅	２戸建２階屋	１２	２４	１７１．５３
乙社宅	２戸建２階屋	１２	２４	１６０．８９
丙社宅	６戸建２階屋	８	４８	１１０．８８
丁社宅	６戸建２階屋	１９	１１４	９０．７８

第七章　天津における文化遺産の現在——開発と保存のダイナミクス

青木信夫・徐蘇斌

一　天津の都市と建築

（一）開発の標的にされる近代の遺産

誰もがその保護や保存に疑念を抱かない古代の文化遺産ばかりが遺産ではない。最も身近な、そして人々の記憶の縁《よすが》ともなっているのは、近代のものであろう。しかし、現在、広くアジアにおいて最も危機に晒されているのも、じつはこの近代の遺産なのである。端的に言えば、開発の標的にされている。歴史文化都市として知られる天津は、中国における開発の最前線にあることから事態は一層深刻である。

二〇〇六年、天津は中国北方の経済センターに格上げされた。文字通り、経済開発区を含む広大なエリアで発展を遂げつつある。街を歩けば、開発の槌音や砂埃に辟易しながらも、活況を呈している。その一方で、一種の危うさが、この巨大な都市には同居しているように思われる。かつてのシンボル・旧天津城はすでに開発の波に呑まれ、旧租界地を除けば、どこを訪れてもノッペラボウで都市のイメージが紡げない。この巨大な都市は、鉄とガラスとコンクリートでできた現代建築一色の風景に急速に変貌しつつある。

周知のように、天津は、北京や上海とともに直轄市のひとつで、北京を東京と見立てるなら、天津はさしずめ横浜にあたろうか。首都圏の一画を担い、昨年の五輪では開催都市のひとつでもあった。かつてここには、アロー戦争により天津条約が結ばれ、九ヵ国の租界があった。現在でも、旧市街地は異国情緒を漂わせているが、紛れもなくそれは、この旧租界地の存在による。

(二) 租界地の都市景観

一九八六年、天津は国の歴史文化名城(都市)に指定されている(「第二批国家歴史文化名城名単報告的通知」一九八六年一二月八日)。多様な歴史都市を選定するという方針から、上海とともに選ばれ、旧租界地の建築群や塘沽地区の産業遺産に代表される近代史跡都市に類別されている[1]。本章では、天津の旧租界をめぐる開発と保存の問題を取り上げるが、まずはその舞台となる当該地区の都市と建築について、現存する建築群に基づいて簡単にその歴史的位置づけをおこなっておきたい[2]。

上海をはじめとする大型の居留地は、列強の国ごとに区域が分かれていたが、個々の建物のスタイルをのぞくと、都市計画上の差は見られなかった。ところが、天津だけは例外で、首都北京の外港という性格からか、他にはなかった現象が起こる。英・仏・日・米・独・伊・露、そしてオーストリア=ハンガリー、ベルギーと最多数の列強が進出した。これほど多くの列強が顔を揃えた外国人居留地は世界にも例がない。各国は自国の威信を誇示すべく競い合い、街づくりオリンピックのような様相を呈している。試みに、英・仏・伊を例にあげると、次のような特長が見られる。

イギリスはいち早く租界を開設しているが、その租界の中心には、ヴィクトリア公園(一八八七年、現・解放北園、

【写真１】ヴィクトリア公園（旧イギリス租界）

【出典】当時の絵はがきより

写真１）と呼ばれる、柵で囲まれ、芝の広がる公園が設けられた。イギリスが考案し、世界に流布した都市の小公園の典型である。また郊外には競馬場を設け、この間を高級住宅地で埋めているが、これはイギリスがアジアの植民地・租界で培った都市計画の手法である。

イギリスでは、二〇世紀に入ると、エドワーディアン・バロックと呼ばれる古典主義系のネオ・バロック様式が現れる。赤煉瓦ではなく石が使われ、花綱飾り、メダリオンなどフランス趣味の賑やかな装飾意匠と列柱が好まれるようになる。これは上海で大いに流行り、一九一〇年代に黄浦江沿いのバンド（外灘）に次々に登場し、現在のバンドの景観のベースを形成しているが、天津では、バンドに平行して通された解放北路を中心にビジネス街が形成され、そこに怡和洋行（一九二一年）、香港上海銀行（一九二五年）など、古典主義系の優れた建築が林立している。

フランスは、租界の中央に一直線のアベニュー（並木道）を通し、突き当たりに西開教堂（一九一六年）を建て、さらに租界中心部には同心円とブールヴァール（放射状の道路）

【写真２】フランス公議局（旧フランス租界）

【出典】フランス国立公文書館所蔵

を配した円形広場、フランス花園（一九二二年、現・中心公園）が位置した。こうした記念碑性の高いヴィスタの演出は、もちろんナポレオン三世のもとオースマンによるパリ改造計画で確立されたフランス都市計画の真骨頂と言えよう。

イギリス系が東アジア全域に広まったのに対して、フランス系の建物は、フランス系カトリック教会を除くと、日本、天津などに限られる。中国の場合、上海のフランス租界ではそれほど振るわず、質、量ともに充実しているのは天津だった。そこには、フランスのお家芸の古典主義で飾られたフランス公議局（一九三一年、全国重点文物保護単位、写真２）をはじめ、パリの二〇世紀初頭のアパルトマンのスタイル、サクレ・クールを偲ばせるロマネスクの西開教堂（一九一六年）、さらにイギリスのヴィクトリアン・ゴシックの影響を受けたフランスのポリクロミー〔統一的な色調をもたない多彩色〕の煉瓦建築など、同時代のフランスの歴史主義が実現している。その他、アール・デコのフランスクラブ（一九三一年頃）は見事なもので、パリの

【写真３】マルコ・ポーロ広場（旧イタリア租界）

【出典】当時の絵はがきより

アール・デコ博を偲ばせるものがあり、モダニズムの香港大楼（一九三三年）なども特筆できよう。

イタリアは、アジアへはほとんど進出していないが、その分、天津への勢力集中はすごく、イギリス、フランスに負けない充実した街づくりをおこなった。その特長は、イタリア都市の生命ともいうべき広場にあり、マルコ・ポーロの像を中心に立てるマルコ・ポーロ広場（写真３）をはじめ、いくつかの広場を設け、その広場を核として道路を通している。

イタリア系の建物は、東アジアでは、日本の明治初期の数例（遊就館、一八八一年）を除くと、天津のイタリア租界にしか見られない。そこでは、ヨーロッパのクラシック系様式の本家にふさわしく、古典主義系のデザインで統一されている。鐘楼の付く住宅が多いのも特長で、いかにもイタリアらしいし、租界の中心的な教会であったイタリア教堂も八角形のドームを持つ形式が踏襲されている。なお、当時の租界に共通する問題として、都市の〝防禦性〟の確保があるが、イタリア駐留軍のための堂々たる兵舎（一九二五年）はそのことをよく伝えている。

前置きが長くなったが、近年の開発の猛威は、こうした旧租界の建築にも着々と及んでいる。この地区は、市街地の中心部にあることから、商業地としての立地は申し分ない。そこで、既存の歴史的建物を取り壊し、代わって高層建築の建設を目論むやり方は、広くアジアの都市に見られる現象で、経済至上主義的不動産開発の常套手段であると言えよう。

二 天津の都市保全計画と文化財保護行政

（一） 都市保全計画の現状

現在、天津における都市の保全計画はどのようになっているのだろうか。

そもそも、歴史文化名城の指定自体は、都市名が公布されるだけであり、区域の画定や行為の制限を伴うものではない。しかし、歴史文化名城に指定されると、地方政府としては保全計画（歴史文化名城保護規劃）を一定期限内に作成しなければならない。保全計画は、都市計画上の措置であり、都市マスタープランの主要な内容である。

一九九四年に建設部および国家文物局から出された「歴史文化名城保護規劃編成要求」において、歴史文化名城の保全計画（歴史文化名城保護規劃）の策定内容が定められている。それによれば、計画立案の原則として、当該歴史文化名城の現状および歴史的背景の詳細な把握、上位計画との整合、保護と建設との協調的な発展、物質文明と精神文明との協調的な発展、重点地区の保護があげられている。

歴史文化名城保護規劃の具体的内容は、もちろん都市によって異なるが、多くの場合、全域の計画（総体規劃）のうち、歴史的環境保全に関連する部分を略述したのち、対象とする歴史都市部分の保全の基本方針と具体的な規制内容を述べている。(3) また、歴史地区の街区レベルでの計画および自然風景区などの規制について、面的なコントロール

【表１】風貌保護区、ならびに歴史文化保護区と歴史文化風貌保護区

風貌保護区（1996-2010）	九大歴史文化保護区と五大歴史文化風貌保護区（2005-2020）
1．估衣街伝統商業風貌保護区	1．估衣街歴史文化保護区
2．海河自然風貌保護区	2．一宮花園歴史文化保護区
3．老城廂十字街風貌保護区	3．鞍山道歴史文化保護区
4．古文化街伝統商業風貌保護区	4．解放北路歴史文化保護区
5．“一宮”地区花園式住宅風貌保護区	5．承徳道歴史文化保護区
6．勧業城商貿建築風貌保護区	6．勧業城歴史文化保護区
7．承徳道風貌保護区	7．中心花園歴史文化保護区
8．中心公園住宅風貌保護区	8．赤峰道歴史文化保護区
9．赤峰道名人故居風貌保護区	9．五大道歴史文化保護区
10．解放北路金融建築風貌保護区	10．老城廂歴史文化風貌保護区
11．五大道住宅風貌保護区	11．古文化街歴史文化風貌保護区
	12．海河歴史文化風貌保護区
	13．泰安道歴史文化風貌保護区
	14．解放南路歴史文化風貌保護区

【出典】天津城市規劃展覧館所蔵資料により作成

を中心に記載し、次いで重点文物保護単位ならびにその周辺の保護のための規制を述べるという形式をとっている。保全のための規制としては、保護区の画定、建造物の高さ規制が中心であり、都市によっては、これに景観や色彩の規制、より広範な開発規制が加わる。

戦後の天津の都市計画は、一九五三年から始まり、都合九回おこなわれてきた。そして、一九九六～二〇一〇年の天津市マスタープランにおいて、はじめて「風貌保護区」が設けられ、二〇〇五年に策定された新たなマスタープランでは、さらに九大歴史文化保護区と五大歴史文化風貌保護区が設定されている（リストは表1、マップは図1）。

翌二〇〇六年には、このマスタープランは、国務院の審査を経て正式に公表された。その計画の第一〇部には「歴史文化名城保護規劃」があり、中心歴史城区に九大歴史文化保護区と五大歴史文化風貌保護区を定めている。これは、当該城区全体の一四%を占めており（九大歴史文化保護区の総面積は三五七ヘクタール、五大歴史文化

【図１】歴史文化保護区と歴史文化風貌保護区（エリアマップ）

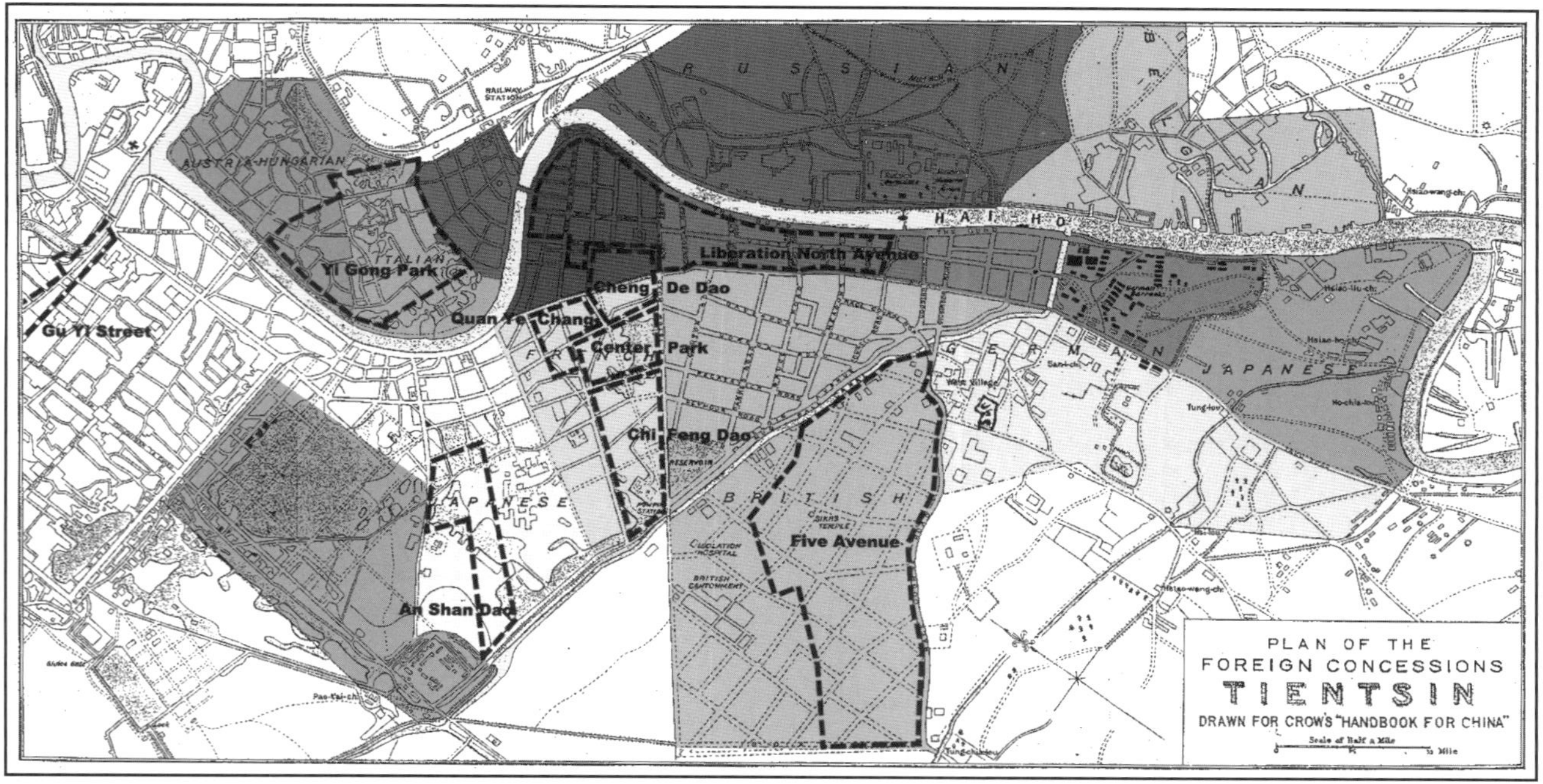

【出典】コーネル大学所蔵地図から作成

【図２】文化財管理体系（国・市・区）

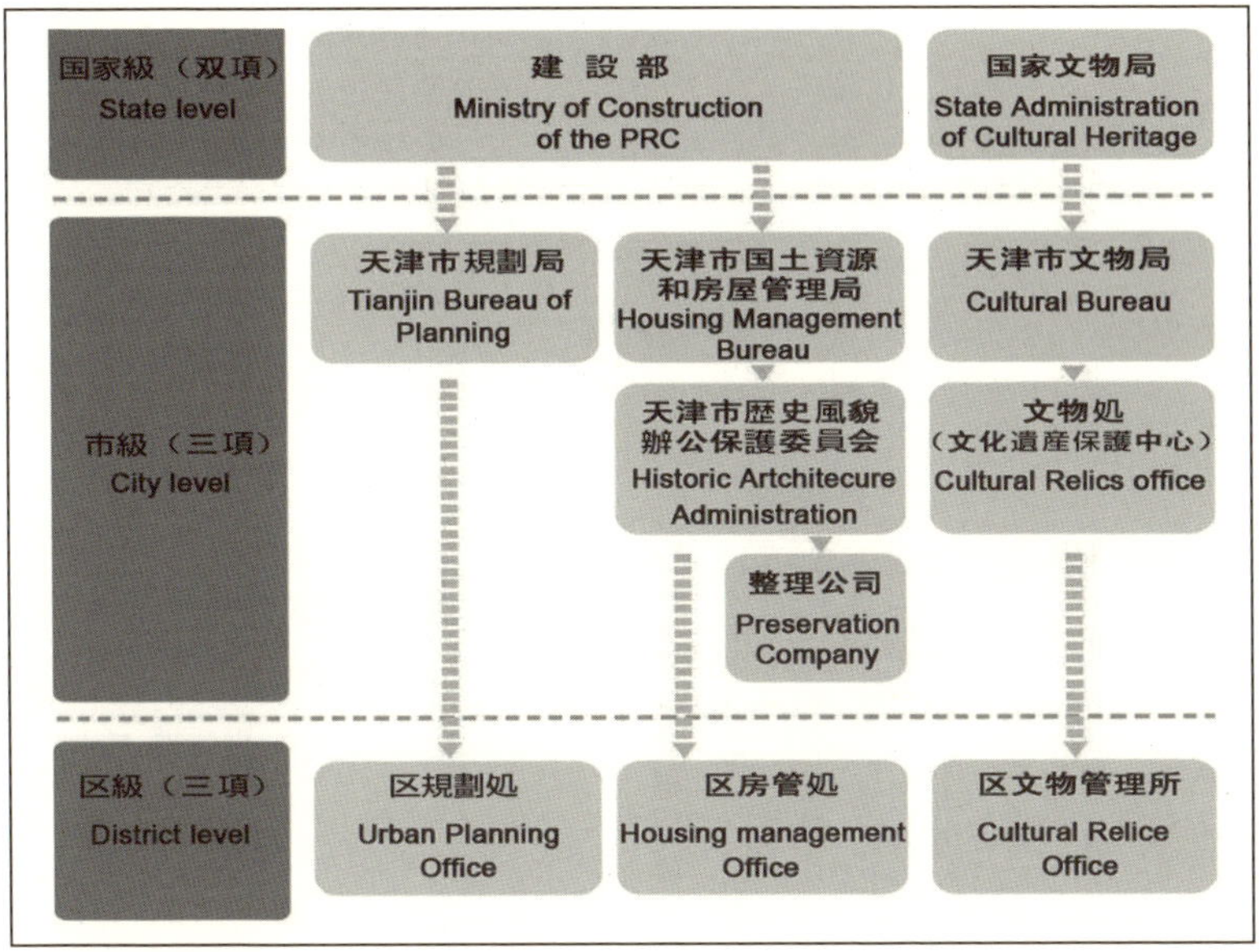

【出典】筆者作成

風貌保護区の総面積は四九四・八ヘクタール）、保護区の空間と枠組を全体的に保存することを示している。さらに、六件の全国重点文物保護単位、八八件の天津市文物保護単位、八五〇件の歴史的建造物に対して、それらの保存原則が提示されたのである。

しかしながら、これらの計画はあくまで原則的なもので、歴史文化保護区と歴史文化風貌保護区の定義や保存の具体的措置については、じつは明らかにされていない。

こうした中、二〇〇八年七月、国の「歴史文化名城名鎮名村保護条例」が公布されると、俄に歴史文化名城天津における新たな保存計画の策定に弾みが付き、翌二〇〇九年から実質的な意味での「歴史文化名城保護規劃」の策定作業が進められている。

今回の計画では、国の条例に従うとともに、錯綜する用語についても統一を図り、所謂マスタープランではなく、規制計画（控制性詳細規劃）のレベルにまでその内容を具体化したものにすることが目論まれてい

【表２】指定文化財・街区の種類（2010年２月現在）

歴史建築	文物（文化局）	全国重点文物保護単位：15件
		市文物保護単位：113件
		区、県文物保護単位：155件
	歴史風貌建築（房管局）	746件
歴史街区	歴史文化保護区（規劃局）	９件
	歴史文化風貌保護区（規劃局）	５件
	歴史風貌建築区（房管局）	12件（未公開）

【出典】文化局、規劃局、房管局の関係資料により整理・作成

る。規制計画はマスタープランの下位の計画にあたるが、建造物の高さ制限、容積率などにわたり細かく規制内容が盛り込まれている。

上海ではすでに、二〇〇三年より、規制計画を策定し、保護区内のすべての歴史的建造物に対し、保存に向けた詳細な調査が実施されている。さらに、同区内の新築建造物については、（１）元の場所、（２）元のサイズ、（３）元の高さ、を厳守するとの「三元原則」が新たに設けられた。こうした計画はフランスの都市遺産保存と再利用計画（PSMV: Plan de Sauveguarde et de Mise en Valeur）の影響が大きいとされるが、[4] 天津でもこの経験は大いに参考になろう。

（二）文化財保護行政

一方、文化財に対する保護体制については、非常に錯綜した構造になっている。『図２』は国家級から市級、区級にわたる文物（文化財）の管理体制を示しているが、市級以下の文化財では、規劃局（都市計画局）と文化局文物処（文化財局）とは別に、天津市国土資源和房屋管理局（通称：房管局）という組織があり、そこに天津市歴史風貌建築保護委員会辧公室（通称：風貌辧）が置かれている。風貌辧は歴史的建造物の指定担当窓口として、二〇〇五年に設置された新しい組織で、上部機構（国）には見られない。

部局ごとに、その指定する内容を示すと『表２』のようになる。規劃局は、歴史

文化保護区と歴史文化風貌保護区に見られるように、歴史街区の指定をおこない、文化局は単体としての歴史的建造物の指定をおこなっている。

二〇〇五年に作成された「天津市歴史風貌建築保護条例」によれば、歴史風貌建築とは、「築後五〇年を経過し、歴史、文化、科学、芸術、人文価値を持ち、時代と地域の特色を有する建築」であり、歴史風貌建築区とは、「歴史風貌建築が集中し、街区の景観が全て整い、協調している地区」とされる。ちなみに、この三つの系統が併存する都市は、天津以外では、上海、厦門《アモイ》が知られる。

風貌辦は、房管局の下部組織で、房管局管理下の国有不動産のうち、歴史的建造物や歴史地区の管理・保全を担い、それらの指定も担当している。景観建築あるいは景観地区の指定による都市保全という政府の中立的立場とは異なる。また後述するが、管理・保全の実働組織として、風貌辦のもとには独立資本会社として天津市歴史風貌建築整理有限責任公司（通称：整理公司）があり、風貌建築ならびに風貌地区の不動産経営をおこなっている。

では、この面（保護区）と点（保護単位）による保護の仕組みにおいて、何が問題となっているのだろうか。「文物」（文化財）と「歴史風貌建築」は国と地方における二つのシステム―文化局と房管局により指定された文化遺産である。本来、地方のシステムは国のそれを補完する役割を担うが、実際、異なる機関により運用されている制度であるため、指定の基準は異なる。しかも、指定にあたっては、対象となる建造物が重複するケースも多く、その審査においては複数の機関を通す必要が生じるなど、その問題点が指摘されている。

一方、保護区については、二〇〇六年八月に「天津市歴史文化名城保護規劃」が策定されたが、それはマスタープランのレベルにあるもので、具体的な規制内容に欠けており、現実の開発行為に対しては無力と言ってよい。

そこで、次項では、そうした事例のいくつかを取り上げ、その具体的内容を検討していくことにしたい。

三　旧租界地の開発と保存

（一）開発前史：海河沿岸地区

海河沿岸部の再開発事業は、二〇〇三年四月、市政府内に天津市発展海河経済領導小組辦公室が設置されたことに始まる。これを受け、二〇〇四年十一月二十六日、海河沿岸開発を担う一大組織、天津城市基礎設施建設投資集団有限公司（通称：城投集団）が成立した。城投集団の下には、天津市海河建設発展投資有限公司、天津市城市道路管網配套建設投資有限公司、天津地下鉄道有限責任公司、天津市環境建設投資有限公司が次々に組み込まれ、最近では、天津金融開発有限公司もこれに加わっている。

海河は、三岔口から市内六区（城区）にまたがり、東端は渤海湾に至るが、そのうち沿岸上流部は四つの地区に区分され、地区ごとに機能分類され（一．伝統文化商貿区、二．都市消費娯楽区、三．中央金融商務区、四．知恵城）、再開発事業が現在も進められている。そのうち、都市消費娯楽区と中央金融商務区は旧租界地（伊・仏・英・日）と重なる。

当該事業は、三段階に分かれているが、租界の開発と直接関わるのは第二期の事業となる。そこでの任務は「九四五八」と略称され、「九」＝九つのインフラ施設、「四」＝四つの風貌区の整備と開発、「五」＝五つの開発プロジェクト、「八」＝八つの経済スポットの開発と建設、となっている。なおここで、四の「風貌区」は「風情区」とも呼ばれ、次のような地区が含まれる。

一．イタリア式風貌区：旧イタリア租界を中心とした地区。
二．オーストリア式風貌区：河東路、建国道、進歩道、平安街に囲まれた四万平方メートルの地区。
三．ドイツ式風貌区：解放南路を境界に、さらに福建路、瓊州道、台児荘道、奉化道によって囲まれた地区。

四．欧陸風貌区：五つの公園を指し、一．フランス公園（現・中心文化広場一万二〇〇〇平方メートル）、二．ヴィクトリア公園（現・解放北園、一万二三〇〇平方メートル）、三．皇後公園（現・復興公園、九五〇〇平方メートル）、四．久布利公園（現・土山公園、七四〇〇平方メートル）、五．旧租界の花畑（現・睦南公園、一万七七〇〇平方メートル）からなる。

なかでも、旧イタリア租界は、海河計画の第二地区である都市消費娯楽区にあたり、イタリア式風貌区（意式風情区）の整備と開発は、海河総合開発戦略の重点工事として位置づけられている。事実、海河沿岸部の再開発事業には、国家開発銀行から五〇〇億元の融資を受けて、現在（二〇〇九年）までに天津市への総投入資金は三八〇億元にのぼる。そのうち、天津市海河建設発展投資有限公司には一二〇億元が充てられ、「意式風情区建築保護」事業（海河総合開発一〇大インフラ整備大プロジェクトのひとつ）が始動している。(5)

（二）事例一：イタリア租界

一九九九年、天津市規劃管理局は、天津市城市規劃設計院による「天津意大利風情区規劃」（番号九九控―〇〇三）を認可した。これを受け、翌年には、河北区政府に設けられた意式風情区管理委員会は、天津市房屋勘探設計院に詳細計画の作成を依頼し、「天津市意大利風情区修建性詳細規劃」（二〇〇〇年一二月）を正式に策定している。

この計画では、保護範囲は、マルコ・ポーロ広場を中心にした六つのブロックからなり、東の民生路、南の博愛道、西の北安道と北の進歩道によって囲まれた一〇・四九ヘクタール（元イタリア租界は四六・二六ヘクタール）、一三三棟の建築（仮設および一部一階建て建築は含まない）を擁する。当該地区は、商業旅游区に定められているが、そこでは、一．貿易展示区、二．休閑娯楽区、三．総合商業区、四．住宅区の四つに機能分化させている。

さらに、歴史的建造物の保存については、次のように三つに類別されている[6]。

（1）保護建築：九棟（明らかにイタリア様式を保持する建築。もともとの様式に基づいて修復をおこない、付属的な違法建築を取り壊し、損傷箇所を修理し、部分的に増築を施し、イタリア様式を復元する）

（2）保留建築：五七棟（イタリア様式がさほど明確ではないものの、質がよい建築、あるいはイタリア様式が明確であるが、質が悪い建築を保留する。計画に定められた用途に基づいて改造設計をおこない、部分的に付属施設を増築する。外観についてはイタリア様式に基づいて改造する）

（3）取り壊す建築：六七棟（違法建築、危険建築および環境と調和しない建築を取り壊す。広場、あるいは新建築を新たに設計する。その様式は周辺建築の様式と合わせる）

この計画では、全一三三棟の建築のうち、わずか九棟しか保存されず、保留建築として五七棟が対象とされているが、取り壊し・改造を前提としたものでおよそ保存とは言い難い。

その後、二〇〇三年には、当該地区の再開発に対して、天津市海河建設発展投資有限公司から投資を受け、その下の海創工程項目管理有限公司が主催して国際コンペがおこなわれた。参加者は、フランスAREP公司、イタリアPDS公司と天津規劃院の連合体、元宏建築設計顧問有限公司および北京都林国際工程設計咨詢有限公司の連合体、ドイツAS&P公司であった。四案とも、商業、観光を最優先とした提案で、文化遺産に対する保存の意識は希薄である。二〇〇四年三月には建築専門家による審査がおこなわれたが、結果的にはすべて落選となった[7]。

同年、イタリア政府は、天津イタリア風情区の整備建設をサポートするため、イタリア環境保存部の援助により、イタリアのグレゴッティ・アソチアーティ（Gregotti Associati International）事務所に、天津イタリア風情区の詳細計画を依頼している。第一期の計画では、建国道、北安道、博愛道、五経道により囲まれた、敷地面積二八・四五ヘクタールの地区が対象とされた。区内の三〜四階建ての建築を主にして、東、北部に中高層建築、海河沿いに緑地と広場が設けられた。そこでは、設計者は独自の文化資源を十分に利用し、残された歴史建築を新たに評価し、修復を図るとともに、現代都市空間に融合させることが設計理念とされた。この計画は、二〇〇四年九月に起工されたが、二〇〇〇年に策定された「天津市意大利風情区修建性詳細規劃」の一〇・四九ヘクタールより一八ヘクタールも拡大されている。

個々の建物に対しては、その歴史的背景を踏まえ、さらに使用状況などに応じて分類され、その上で、個別の方法に基づいて修理がおこなわれることになる。また、新しい建築については、旧建築との調和が求められ、さらに商業的開発も重視された。たとえば、従来の住宅を用途変更して公共建築にすることもある。(8)

二〇〇四年九月〜十一月、海創工程項目管理有限公司は、歴史的建造物の修復・施工会社であるイタリアのシレナ(SIRENA)社に委託し、設計と技術の監督を、さらに、グレゴッティ・アソチアーティ事務所には都市計画の詳細設計を担当させた。シレナ社は カンパニア(Campania)大区政府とナポリ市政府の要望に基づいて設立された会社で、旧城、歴史中心地区の修復を担当した。修復事業では、シレナ社はベネコン(BENECON)と協力しているが、ベネコンは、カンパニア大区の文化遺産専門家センターであり、フェデリコ二世大学、サレルノ大学、サンニオ大学、ラヴェロ大学、テクノナポリ(Tecno Napoli)研究センターからなる連合組織である。研究面については、ナポリ第二大学が全体の調整を図っている。(9)

このプロジェクトでは、二〇〇四年九月〜十一月まで、民族路九〇号、九二号の建築の修復を完成させている。それは、その後のモデル工事となり、二〇〇六年までにイタリア租界内の歴史的建造物四三棟の外観の修復、兵営の修理、小区の中心道路の計画、ならびに施工管理(質量検査顧問、技術総監)がおこなわれた。これは、旧租界地の歴史的建造物の修復において、はじめて外国人専門家が本格的に取り組んだ事例でもある。

修復工事であることから、可能な限り、建設時の技術・材料を用いることが目指されたが、経費の問題により、材料については国内で調達された。むろん、この過程では、技術・材料の復元的調査がなされており、建築図面の探索、さらに建築様式の本国との比較などにも及び、それに基づいて施工図面が作成された。実際の修復にあたっては、中国人の職人に対する技術指導や監督、さらに工程監理、マニュアルの作成など、文字通り、現地に張り付いての作業となった。シレナ社およびベネコンによる修復事業は、当該租界地における歴史的建造物の修復の在り方にひとつのモデルを提供したと言えよう。

しかし、この地区には、もともと三〇〇余棟の建造物があったが、現在は一〇〇余棟、つまり三分の一しか残っていない。むろん、これは開発に伴う破壊行為により消滅してしまった結果であり、保存する建物と取り壊すものとの判断基準も曖昧なまま現在に至っている。

（三）事例二：イギリス租界（イギリス租界五大道「聚客鋪地」プロジェクト）

二〇〇九年五月五日、天津市建築遺産保護志願者団隊が温家宝総理に、「関於整体保護天津五大道歴史建築文化街緊急呼吁書」を提出した。これは、旧イギリス租界に位置する歴史文化保護区・五大道地区の歴史的建造物の緊急的保存を呼びかけたものである（専門家一〇名も連名）。さらに、二〇〇九年五月二〇日、『南方週末』において、「『五大道』危急　天津『万国建築博物館』拆遷（取り壊し）第三波」と報じられた。その直接の契機となったものは、当該地区に「聚客鋪地」（集客スポット）なる開発計画が俄に現実味を帯びて始動したことによる。ちなみに、五大道とは、成都道、馬場道、西康路、南京路に囲まれた地区で、面積は一・二八平方キロメートルに及ぶ（写真4）。こ

【写真４】五大道鳥瞰（旧イギリス租界）

【出典】『天津市歴史文化名城保護規劃』天津市人民政府、2006年８月

こには、一九二〇～三〇年代に建設された建築二〇〇〇棟が残存しており、敷地面積は約六〇万平方メートル、建築面積は約一〇〇万平方メートルにのぼる。そのうち、載振（清朝慶親王）の慶王府や張学銘（張学良の弟）の旧居などの著名人の住宅が三〇〇棟余もある。

そもそも、この開発計画の発端は、二〇〇四年、天津市委員会、天津市政府が五大道地区を「近代中国を天津からみる」一二観光ブロックのひとつに指定したことに始まる。これに伴い、市政府は、「関於加快我市文化観光資源板塊開発工作的会議紀要」（「我が市における文化観光資源ブロック開発事業の会議紀要」二〇〇五年四月三〇日）ならびに「関於研究『近代中国を天津から見る』一二旅游板塊開発工作的会議紀要」（「近代中国を天津からみる」一二観光ブロック開発事業の会議紀要。二〇〇六年一一月二三日）にみられるように、明確に五大道における「旅游聚客錨地」の建設を要求している。

「関於加快我市文化旅游資源板塊開発工作的会議紀要」の第三条では、マスタープランの責任者は天津市都市規劃局と国土資源局であると定められている。また、第四条には、次のようにある。

中心花園フランス風情区と五大道安楽村、香港路の二つの「聚客錨地」の立ち退き（騰遷）、開発については、市規劃局と国土資源局により制定されたマスタープラン、市房管局により制定された風貌保護開発規範、市旅游局により計画された旅行ブロック内容に基づいて、和平区政府と関係企業によって、速やかに着手する。

ここでは、明確に「聚客錨地」の「立ち退き（騰遷）」が要求されている。さらに、後述するフランス租界の解放北路の金融街や、日本租界の鞍山道歴史風貌建築の立ち退き、整理、開発は、房管局の責任とされた。後、金融城の管理権については、金融城開発有限公司に移転された。

一方、「関於研究『近代中国を天津から見る』一二旅游板塊開発工作的会議紀要」の第三条では、五大道地区は市歴史風貌建築整理有限責任公司を開発の主体として、他の公司と連携して共同開発することになっている。風貌辦がリードして、五大道地区の歴史風貌建築の保護と開発計画をおこなうのである。さらに、この条文では、中心公園プロジェクトの手法を参考にし、「聚客錨地」の建設計画を早期に市に報告することを求めていた。これらの指示によって、二〇〇六年整理公司は、国内外の知名研究機関と専門家とともに前期準備が始まった。

このプロジェクトの用地の選択基準は、以下の四つある。(10)

一．五大道地区の保護計画とマスタープランに準じる。

二．規模を小さくして、微循環型の有機更新に応じる。

三．歴史風貌建築の産権（財産権）は主に公産の建築にする。立ち退きの要求に応える。

四．ブロックに、建築の質がよくない共同居住の建物が多い。全体的に環境と住民の居住レベルを高める要求に応じる。

これらの原則に基づいて、五大道の三八のブロックを比較し、「聚客錨地」が選定された。

二〇〇八年九月の段階では、計画された「聚客錨地」は、重慶道、成都道、河北路、洛陽道、南海路、津南里の西、義生里の北、大理道、衡陽路、長沙路に囲まれた区域であった。敷地面積は一一・一万平方メートル（五大道地区の総面積の八・九％）で、そこに九九棟（建築面積は一一・三一万平方メートル）の建物が立ち並んでいる。そのうち、歴史風貌建築は三〇棟（建築面積は四万平方メートル）、非歴史風貌建築は六九棟（建築面積は七・三一万平方メートル）となる。このプロジェクトでは、風貌建築、および外観の良好な非歴史風貌建築を保存し、その他の大部分の非歴史的な外観の建築物を取り壊すこととされた。そして新たに建築面積四・三万平方メートルの新建築を建設し、二期に分けて建設する計画であった。

しかし、冒頭に紹介した「呼吁書」の提出を経て、二〇〇九年六月、「聚客錨地」は、潤興里、先農大院に絞られた。敷地面積は三・一四万平方メートル、現存建築四二棟、建築面積は四・六万平方メートルとなる。規制計画では、この地区は商業金融用地であるため、建築容積率は同様で、建蔽《ぺい》率は現在より若干低くなる。そこにホテル、レストラン、ショッピングモールとオフィスとを一体に計画し、さらに小規模の博物館と停車場を配置する。旅行者の「飲食、宿泊、遊覧、文博、娯楽」といった要求を満たすことを目的としている。そのうち、一五棟の歴史風貌建築（一四棟は住宅、一棟はオフィス）については、すべて保存することとし、立ち退きが終了した後、機能を置換することとしている。

一方、二七棟の非歴史風貌建築（二二棟は住宅と企業との混合体。五棟は倉庫、オフィス、映画館など）については、歴史風貌建築ではないため、「立ち退き（騰遷）」ではなく「取り壊し（拆遷）」をしてから、保護することになっている。いかに価値がある建築を保護するか、風貌辦は「天津市歴史風貌建築保護条例」と「天津市拆遷範囲内歴史風貌建築確認辦法」に基づいて専門家を組織し、個々に弁別し、保留建築を確認する。さらに、市規劃局と市文化局は、「歴史文化名城名鎮名村保護条例」に基づいて、取り壊し予定の建造物に対して審査をおこなう。ちなみに、その他二一〇〇平方メートルにわたる「違章建築」（違法建築）については、取り壊す方針が定められた。

このプロジェクトは、観光政策からスタートし、文化遺産の保存が前提ではなく、観光者の「飲食、宿泊、遊覧、購入、娯楽」を最優先課題にしているため、新たな機能が累積的に求められた。その結果、既存の歴史的建造物の再利用といった枠組みでは、こうした要求に応じきれず、非風貌建築の取り壊し案が俄に浮上してきたのである。さらに言えば、本来、「天津市歴史文化名城保護条例」に従って計画すべきであるが、実際は存在せず、町並み改造に法的な制限はほとんどない。歴史風貌建築については、「天津市歴史風貌建築保護条例」があるが、指定されたわずかな歴史風貌建築にだけ有効である。残念ながら、現在までのところ、伝統的な町並みを形成してきた多くの非風貌建築を守る手立てはない。

天津市建築遺産保護志願者団隊が「呼吁書《アピール》」を提出した後、六月八日、温家宝の命により、国家文物局長が建設部国家保存計画基地の専門家を伴って天津を訪れ、「聚客鎦地」の計画地区を視察するとともに、担当部局の房管局ならびに専門家との協議に参加した。そこで、専門家たちは、歴史文化保護区内を「聚客鎦地」として開発してよいのか、保護区内の歴史的建造物に対する保護制度が曖昧であり、当該建築に関する歴史調査が不十分である、などの問題を提起した。専門家たちは、五大道の価値を強調し、この地区が国の重要文化財に値するだけでなく、世界遺産に申請する可能性もあると、その保存の重要性を強調した。こうして、五大道の計画方針は、観光を中心とするものから、文化遺産保護を最優先にするものに変えられた。

一〇月一三日、二回目の現場検証会がおこなわれ、国家文物局の局員、ならびに建設部国家保存計画基地の専門家らが、再度、計画案（修正案）の検討をおこなった。これには、天津市規劃局が先の「天津市歴史文化名城保護規劃」（修訂）、「天津市歴史文化名城保護条例」を制定中であることから、当局の関係者も会議に参加した。さらに志

【図3】金融城の範囲

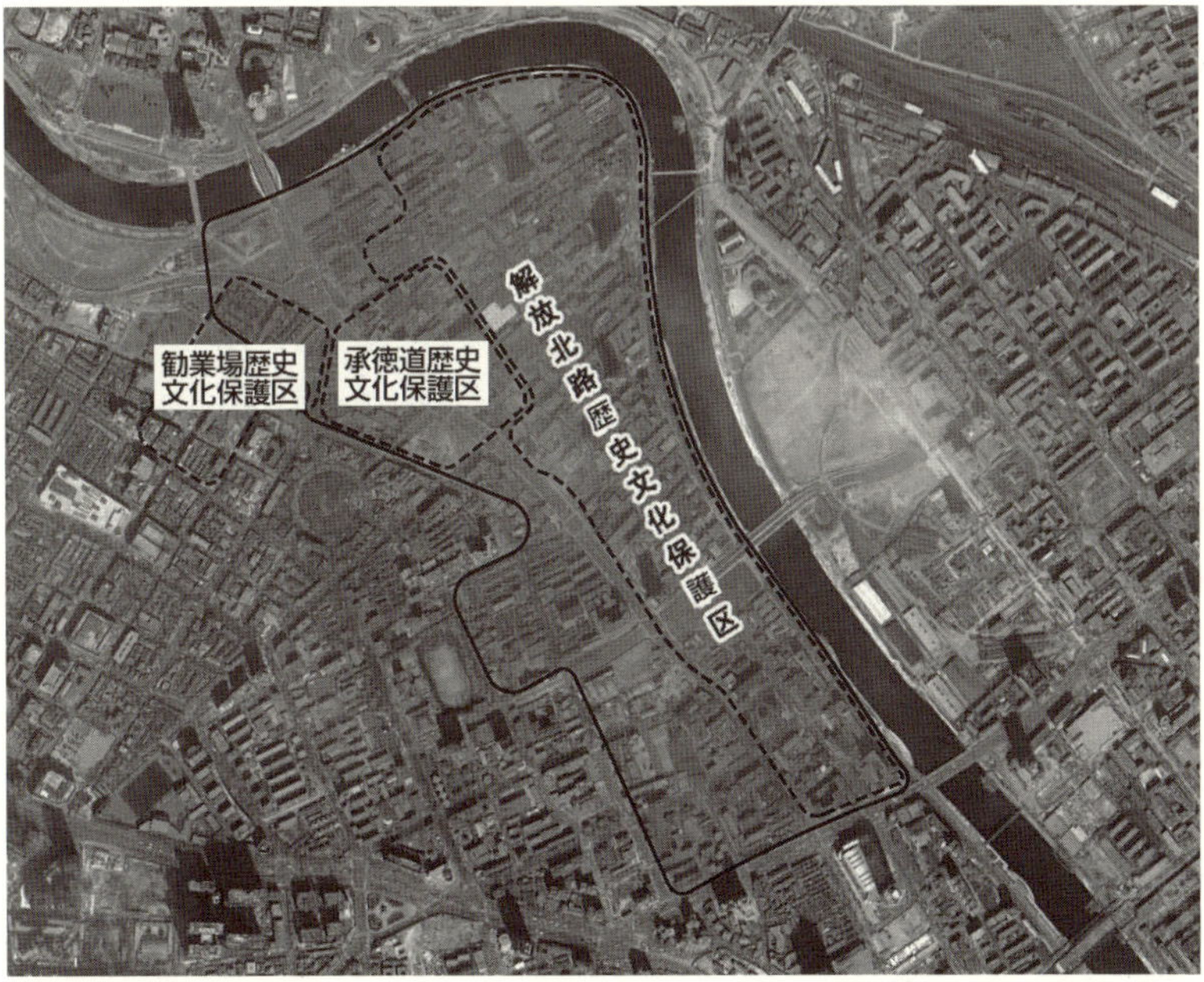

【出典】筆者作成

願者団隊の代表もこれに加わった。参加者たちは、計画立案の位置づけを国の重要文化財の保存計画として定め、具体的な訂正と保存計画の編制方法について提言をおこなった。さらに、策定中の保存計画と保護条例との連携を図りながら、当該建造物の悉皆調査、ならびに歴史研究などを一層推進していくことが提議された。

なお、現在は、「聚客錨地」という名称は改められ、「五大道歴史街区保護利用示範（モデル）区」とされ、文字通り、計画の再スタートが切られた。本格的町並み保存はこれからである。

（四）事例三：フランス租界（解放北路〝金融城〟プロジェクト）

二〇〇八年二月二〇日、北方網（インターネット新聞）は、「二〇項重大服務業項目之一金融城項目全面啓動」と題し、金融城プロジェクトの開始を伝えた。天津市和平区政府は、正式に金融城開発有限公司との間で「金融城地域土地整理工作枠組協議」を締結し、そこでは、二〇項目にわたる計画が示された。その目標は、金融城を北方経済センターの中心地天津のシンボル地域にすることにある。

金融城は、和平区の東部に位置し、海河開発における四地区のひとつで、中央金融商務区である。この地区は、東に海河、南に曲阜道、西に建設路、北に海河に至る一帯で（図3）、敷地面積は一一三ヘクタールにのぼり、そこに建築面積二一〇万平方メートルの建設事業を計画している。

将来的には、金融、保険、会計、監査、評価、証券、仲介、法律、諮詢など、各種金融サービス業を主導することが目論まれている。都市計画上は、一．金融交易およびサービス区、二．商務オフィス区、三．行政オフィスおよびホテルサービス区の三つに機能区分されている。さらに、そこでは、金融交易およびサービス区、金融広場、商務マンション区、ホテル区、核心金融新区、行政オフィス区、核心金融老区の七つのブロックが計画されている。その目的は、「東方のウォール街」（中国北方のウォール街とも言われる）として再興することにある。

二〇〇九年一月に、「天津金融城重点工程進展順調　津湾広場一期九月完工」「中国濱海高新」というニュースがインターネットを通じて報じられた。津湾広場は、金融城において最も重要なプロジェクトで海河沿岸にある（写真5参照）。建築面積は七〇万平方メートルに及び（地上五〇万平方メートル、地下二〇万平方メートル）、二期に分けて建設される。第一期は一六万平方メートル、三〇億元を投じて商業サービス区、娯楽区などを建設し、第二期は二〇〇九年内に開始され、主として高級商務区と高級ホテル区を建設することになる。

じつは、この場所は、フランス、イギリス両租界地の建設が始まった地区でもあり、かつて「中街」と言い、現在は「解放北路」と呼ばれている。教会、フランス大使館、クラブ、銀行、オフィス、ホテルなど、往事を物語る歴史

【写真５】津湾広場とその隣接する歴史的建造物（「北方網」より）

【出典】「北方網」より

的建造物が集中している。現在、金融城と重なるのは解放北路歴史文化保護区をはじめ、承徳道歴史文化保護区、勧業城歴史文化保護区（一部）の計三つの保護区である。しかしながら、保護区として設定されているにもかかわらず、なんら具体的な保護措置もないまま、再開発事業が進められている（写真5）。

　こうした地区は、上海のバンドと同様に、地区ごとに、国の重要文化財として指定されるべきだが、実際には国指定の重要文化財（全国重点文物保護単位）はわずか二件しかなく、他は市指定のもので、特殊保護等級風貌建築二六棟、重点保護等級風貌建築三六棟、一般保護等級風貌建築一五棟があるにすぎない。天津市文化局は、当該申請を担う唯一の部局であるが、申請して国家文物局より認可されれば、バッファーゾーン（緩衝地帯）の設定を迫られることになる。

　歴史地区に必要な保存措置が不十分であるため、津湾広場の第一期工事が完成に近い二〇〇九年九月二十三日の午前六時、建設工事中の地下鉄三号線解放北路駅の建設により、駅に隣接する旧D・D・飯店の建物が倒壊した（写真6）。旧D・D・飯店は、かつて銀行、ホテルとして使われたもので、一九〇七年にベルギー商人がこの土地を買い、一九一四年に儀品地産公司（フランス系建築設計事務所）によって、中国興業銀行（Banque Industrielle de Chine）とD・D・飯店として建てられた歴史的建造物である。

【写真６】旧D. D. 飯店の倒壊現場写真

【出典】2009 年 9 月 24 日筆者撮影（手前が旧D. D. 飯店の倒壊跡）

この建物の周辺には、旧フランスクラブ、旧新華信託銀行、旧百福ビルがそろい、旧Ｄ・Ｄ・飯店とともに、貴重なアール・デコの作品となっている。地下鉄三号線は解放北路金融街を通るが、その建設は金融城の利便性を高めることにあり、駅は主として津湾広場あたり設置される。

この事故を受け、天津城市建設と交通委員会は、「建設施工二一条禁令（試行）」（九月二十七日）を速やかに公布した。しかし、この禁令は、主に安全施工のためのもので、この地区の歴史的建造物をどう保存するかについては、未だ有効な解決策は講じられていないのである。

五大道の保護のため、国家文物局の専門家が天津に訪れた際、解放北路地区の歴史的建造物に対し、国の重要文化財指定に向けた申請を再度促した。二〇〇九年十二月が申請（第七回全国重点文物保護単位）の期限に当たるためである。これは、現時点における最も有効な取り組みであり、指定されれば、当該地区における歴史的建造物の保護が保障されることになる。

【写真７】溥儀旧居「静園」

【出典】2009年４月５日筆者撮影

（五）事例四：日本租界（溥儀旧居の保存・再利用）

旧日本租界にはラストエンペラーとして知られる愛新覚羅溥儀の旧居があり、現在、末代皇帝の展覧館として保存・再利用されている。この建物は、もとの名を「乾園」といい、陸宗輿（元・北洋政府駐日公使）の私邸として、一九二一年に竣工したと言われる。建物は、主楼、図書館、使用人部屋、厨房、車庫で構成されている。主楼は、木骨煉瓦造の二階建ての建物で、一部は三階になっており、一階には応接間と食堂、二階には寝室が配されている。また、各楼は渡り廊下でつながれている。建築様式的には、スペイン瓦、荒壁、鉄のグリル（格子）、イスラム風のインテリアなど、当時日本で流行しはじめたスパニッシュ様式の特徴をよく備えている。

溥儀がここに移り住んだのは一九二九年のことで、その際「静を以て吾が浩然の気を養う」の意味で「静園」と改名された（写真７）。溥儀は、一九三一年に秘密裏に天津を離脱し、後に満洲国の皇帝として即位したため、ここに居住したのは僅か二年余のことであった。ちなみに、北京の紫禁城を追われた溥儀が天津で最初の住居としたのは静園の近傍にある「張園」（清朝陸軍第八鎮統制・張彪旧邸）で、一九二五年から二九年まで住んでいた。

新中国成立後、静園は政府により接収され、事務所や従業員宿舎として使用された。その後、文化大革命を経て、修復工事直前には、にわかに信じがたいが、じつに四〇世帯にのぼる住民が所狭しと居住していたといわれる。

じつは、住民の立ち退きに始まる一連の保存・再利用計画の実施は、先の風貌辦の管轄下にある半官半民の整理公司（不動産会社）が担当していた。溥儀旧居の土地・家屋の管理権は風貌辦にあるが、修復工事をはじめ実際の管理・運営は開発事業についてては整理公司に委ねられていた。さらに、設計実務については、天津市房屋鑑定勘測設計院という別組織が担っていた。

住民の立ち退きの経緯については、詳らかにされていないが、二〇〇五年一〇月、園内に住んでいた四〇世帯の立ち退きが実施され、元の姿への復元と建物の修繕がおこなわれ、二〇〇七年七月に修復工事が完了した。

さて、保存・修復事業の成否において、その鍵を握るのは、建設時から今日に至る修復歴の検証作業にあることを忘れてはならない。これは、将来の保存・修復の方針（真正性の確保）を定める重要なプロセスとなる。

修復にあたっては、整理公司から天津大学に現状調査と修復計画が委託された。その時、天津大学はミラノ工科大学と教育交流プロジェクトを進めており、そこで静園の復元を設計テーマにした。それゆえ、イタリアの保存手法が参考にされた。建設時の状況については、建築図面をはじめ当時の記録が少なく、現状より推測するしかない。そのため、まず、物理的破損状況を調査し、それに基づいて修復計画が立案されたようである。

しかし、実施に移される段階で、大きな変更を余儀なくされた。亀裂の入った壁は安易に塗り直され、スパニッシュ様式を特長づけるスパニッシュ瓦（屋根瓦）も新しく葺き替えられ、塗装も施されたことで、真新しい静園が完成した。その行為は、文化財における、いわゆる「修復」ではなく、「新築」に近い。しかも、これは静園に限ったことではない。歴史的建造物にペンキを塗りたくり、近年新たに建設された古典主義系の建築と見分けが付かなくなり、結果、何とも珍妙な景観が現出しているが、これは広く天津の歴史文化保護区で見られる状況なのである。

その理由は、（1）工期が極めて短い、（2）施工材料、技術が中国の現状にそぐわない、（3）欧米では修復をひとつの芸術的行為とみなし、歴史的痕跡を残すことを重要視しているが、中国では建物を残すこと自体に主眼が注がれている。[11]

表面的には、当事者の文化財修復に対する認識が乏しいことが指摘されるが、そこには、伝統的な修復理念が潜んでいる。旧来より、中国では、修復するからには「一新」、つまり、見た目も明らかに「修復」しなければお金をかけて修復する意味がないという認識がある。

そこでは、建物を残せば、修復の目的は既に達成されているのであって、その潜在的な意識は現今の経済発展により、より少ない投資で、より速く修復するといった事態を招来し、真正性（オーセンティシティ）の確保は疎かにされている。しかしながら、文化遺産保存の国際的な取り組みが進行する中にあって、この問題の解決は最早避けて通ることはできない。

四　都市の持続可能性

（一）「取り壊し（拆遷）」と「立ち退き（騰遷）」

近年、旧租界地内の住民の立ち退き問題が、文化遺産の保存にとっても焦眉の課題となって浮上してきている。このエリアの歴史的建造物は、その所有権において、国、企業、個人に分かれるが、問題はその使用権にある。当該遺産がすでに政府機関として再利用されている場合はともかく、ひとつの建物内に複数の世帯（ときには数十世帯）が住居として使用していることも多く、それにともない、建物内の改変をはじめ使用状況にも多くの問題を抱えている。文化財として維持・管理していくにあたっては、必然的に修理・修復の措置が必要となる。しかしながら、たとえそれが国所有の建物であっても、修理・修復のために強制的に住民を立ち退かせることはできない。そこで、使用権を有する住民の保償問題が起きているが、その条件をめぐって両者の攻防が続いている。

じつは、先の整理公司の最大の任務も住民の立ち退き問題の解決にある。静園の保存・再利用計画が長い年月を要した背景には、この問題が深く影を落としているのであり、租界地内の歴史的建造物に共通する状況でもある。保償条件に折り合いがつかず、市が講じた策略に、「取り壊し（拆遷）」と「立ち退き（騰遷）」がある。「拆遷」とは、対象となる建造物が「危旧房」、すなわち、老朽化により倒壊の危険があるという名目で、なかば強制的に住民を立ち退かせ、取り壊したうえで新たに建造物を再建することを指している。一方、「騰遷」とは、住民を立ち退かせ、その用途を変更して再利用することを意味する。

ここで、拆遷は非歴史風貌建築に対して講じる措置であり、騰遷は歴史風貌建築を対象とするが、むろん、都市の歴史的景観はたんに指定を受けた文物（文化財）や歴史風貌建築によって構成されているわけではない。歴史風貌建築とともに町並みを構成している非歴史風貌建築や街路空間など、都市の持続可能性にとって重要な要素となっている。その意味でも、詳細な歴史的調査を踏まえたうえで、文化財指定と街区保護に関する条例の制定を早急に進めていく必要がある。

（二）文化遺産から文化資産へ：企業の文化遺産保存事業

ここまで、天津を事例として、中国の文化遺産保存における負の側面ばかりを指摘してきた感があるが、旧租界地内に残存する歴史的建造物の割合は、中国の他の都市と比較しても高く、日本の近代建築の壊滅的とも言える状況とは大きく異なる。

つまり、市場経済化の流れの中で、文化遺産を「文化資産」と捉え直し、その保存・再利用を企業の積極的な営利事業とすることは、今後の文化遺産保存の在り方に一石を投じる動きと言えよう。

【写真８】共同フォーラムのポスター

従来、有形の文化遺産の保存を担ってきたのは、建築学でも歴史の専門家によるところが大きかった。それが歴史的・技術的対応で済まされた時代には、多大な成果を収めてきたが、開発と保存が鬩《せめ》ぎ合う現今の状況においては、限界を来している。その意味で、開発側と保存側の双方が立脚できる新たなプラットホームを準備することが肝要であろう。その意味で、「文化経済学」が、文化財保護にもたらす示唆は重要といえる。[12] そこでは、経済的価値と文化的価値の両面を併せ持つ「文化資本」という概念を提示し、これからの企業や非営利組織のあり方、政府や自治体の経済・文化政策のあり方が研究されている。

（三）市民運動の誕生と拡大の可能性

欧米をはじめ、日本の歴史的建造物の保存が市民運動を通して推進されてきた事実とは対照的に、社会主義体制下の中国では市民運動は馴染まないものと思われていた。実際、北京・上海など大都市でも、現在までのところ、そのような動きは寡聞にして知らない。

こうした中、「天津市建築遺産保護志願者団隊」（代表：穆森）の発足は、特筆すべき事柄として紹介しておきたい。これは、二〇〇六年に天津の建築遺産の保存を目的として結成されたボランティア団体で、当地において精力的に活動が進められている。その活動内容は、じつに多岐にわたり、個別の建築調査はもとより、保存に向けた啓蒙活動（フォーラムの開催、メディアへの情報発信）、政府要人や専門家とのネットワークの構築を通じた情報収集など、現段階で考え得る限りの活動を展開している（写真8はフォーラムのポスター）。

じつは、筆者らの所属する天津大学中国文化遺産保護国際研究センターは、当該団体との接触をはじめた昨年より、密接に連携を図りながら活動を進めている。地域に根ざした活動が重要と考えるからである。具体的には、専門家の講演を主体とした連続フォーラムの開催（月一〜二回）や学術調査など、主として学術的サポートをおこなっているが、現在進行中の開発と保存をめぐる裏舞台や一般市民の認識を理解するうえで、大変重要なパートナーシップと位置づけている。

では、この澎湃と誕生した団体が基盤を置く天津の市民は、文化遺産に対してどのような認識を抱いているのだろうか。この問題に関連して、興味深い調査がなされている。二〇〇七年に天津市文物局と地元テレビ局の共催により実施された市民が好きな文化財建造物の投票結果がある（「天津十大不可移動文物評選」）。試みに、そのトップ一〇を紹介すると、次のようになる。

一．北洋水師大沽船塢遺址、二．大港油田発現井（五件）、三．福聚興机器廠旧址、四．津浦鉄路線静駅および楊柳青駅、五．旧石器遺址、六．マルコ・ポーロ広場イタリア式建築群、七．塘沽火車駅旧址、八．四行儲蓄会大楼、九．天津印字館、一〇．造幣総廠旧址。

じつに、一〇件のうち九件が近代建築ならびに近代化遺産（産業遺産）という結果で、これは天津の歴史文化名城としての性格が「近代」にあるという認識が、市民の意識の中にも定着していることの現れと見ることができよう。さらに言えば、取り上げられた文化財が、いわゆる「観光」の対象となるようなものは少なく、専門家でもない限りその存在さえ知らないであろうと思われるものまでも含まれており、驚きを禁じ得ない。

（四）天津大学中国文化遺産保護研究センターの活動：地域の活性化に向けて

中国における文化遺産保存事業の動向は国際的にも注目を集めており、中国側も国際的基準を意識した取り組みを目指している。一方、外国の研究・教育機関も中国の文化遺産に強い関心を持ち、国際協力における実質的な窓口を探している。

また、当該遺産が置かれた多面的問題群の解決に当たっては、単一の学問分野ではもはや解決しきれなくなっている現状がある。従来の建築学だけでは解決できずに、例えば、歴史学、経済学をはじめ、観光学、さらには情報工学

【写真9】旧租界地の調査の様子

志愿保护老房子 外籍教授加入

天大学子共同查勘 十余处老房子确认身份

本报讯 （记者郭熠 王飞）“这是茶商王永泉的旧居，现在前脸房还在卖茶叶。”日前，30余名来自天津大学建筑学院的学生，在本市建筑遗产保护志愿者的带领下，对和平区原日租界内十余处尚未确定为文物的老房子进行实地查勘，这是本市大学生首次与民间文物保护组织合作，参与保护“天津记忆”的志愿活动。

这些人中，有一位男子惹人注目，叫青木信夫，日本人。青木信夫现在是天津大学建筑学院的特聘教授和博士生导师，他从1986年开始便对天津的建筑文化进行研究，2006年担任中国文化遗产保护国际研究中心所长一职，开始对本市原日租界的建筑进行相关考证和研究。为他进行翻译的是天津大学建筑学院的另外一名特聘教授徐苏斌，她告诉记者，他们一直很关心天津的老建筑，这次带着建筑学院的30多名学生进行实地勘测，对建筑平面、立面进行初步绘制，从而为原日租界将来制定保护开发政策提供数据。

在学生们查勘的十余处老房中，陕西路和万全道交口的一处砖木建筑引起了许多人的兴趣。据随同查勘的市建筑遗产保护志愿者王先生介绍，这是鹿钟麟的故居。1924年冯玉祥接管北京，鹿钟麟被任命为京畿警卫司令。同年11月5日，鹿钟麟根据“皇室修正条例草案”，亲自将逊帝溥仪等皇室成员驱逐出紫禁城，从此彻底结束了封建王朝的统治。现在，这处房子里散居着多户居民，并没有得到特殊保护，部分地方已经呈现破损的痕迹。

“我们要对城市进行整体的保护。查勘的十余处建筑包括旅馆、烟馆和住宅区，都是生活区。”推动此次查勘活动的志愿者穆森告诉记者，这次查勘的十余处老房子尚未列入文物保护。通过志愿者的史料考证和实地查看后确认这些建筑的历史身份之后，他更希望看到它们得到更为有效的保护。

左图为天津大学建筑学院的学生和本市建筑遗产保护志愿者一起勘察老房子。

本报记者 郭熠 摄

【出典】「志願保護老房子　外籍教授加入」『渤海早報』（2008年12月8日）

など、隣接する学問領域とのかかわりが拡がっている。

こうした中、二〇〇六年九月、新たな研究教育拠点として、天津大学内に中国文化遺産保護国際研究センターが設立された。当センターでは、国際化と学際化を重要な柱として位置づけている。この方針は、国家文物局が推進する当該遺産の保存事業の基本方針にも符合するものであり、将来的に同種の研究機関の大きな流れとなることも想定される。

本章では、天津の旧租界地を中心に文化遺産の現状について、開発と保存の鬩《せめ》ぎ合いというダイナミクスに焦点をあてて紹介してきたが、可能な限り、最新の動向を盛り込むことに意を払ったつもりである。むろんその意味で、ここに記した状況も固定的なものとはいえない。

このセンターの活動の基盤的研究として、筆者らが推進している国際共同プロジェクト「開発の最前線における文化遺産の保存と地域の活性化に向けた戦略的国際共同事業―中国北方経済センター天津における緊急的都市保全計画と研究拠点の形成―」（二〇〇八・二〇〇九年度、トヨタ財団研究助成）がある。さらに、本年十一月には、パリ第一大学との全学的な国際共同プロジェクトもスタート

【写真10】南市平安大街（1924年）

【出典】『天津老照片』天津電子出版社より

し、より重層的に当該研究を展開していく予定である（写真9は現場調査の様子）。

じつは、これらのプロジェクトには、共通する目的がある。それは地域の活性化である。本章の冒頭に、「街を歩けば、開発の槌音や砂埃に辟易しながらも、活況を呈している」と述べたので、意外に思われるかも知れない。この経済発展を前提とした盲目的な開発行為により、長年そこに暮らしていた人々の生活や文化が根こそぎ失われ、単一の価値観に流されていく、そうした危うさと隣り合わせであることに警鐘を発したのである。

近年では、北京の天橋、上海の豫園、南京の夫子廟と並び称される中国四大世俗生活区のひとつ「南市」（日本租界に隣接、写真10参照）が跡形もなく更地にされ、そこには大型のショッピングセンターを建設する計画が進んでいる。さらに、そうした状況は、郊外にも及んでいる。年画や切り絵の産地として知られる楊柳青では、近年、その伝統的街並みが大きく変貌しており、年画の生産を生業とする人々の生活や文化も分断されてしまっている。代わって出現したのが、年画を〝売り〟にした大型のショッピングセンターで、伝統的様式を身に纏っているが、いわゆる〝偽物〟である。ところが、今や、地域の活性化どころか、客足も疎らで、閉塞感すら漂っている。開発事業によって、活況を呈しているとしても、いつまで続くかわからない。ましてや、多様な文化が担保されないのであれば、その代償はあまりにも大きい。その意味で、地域に根ざした持続可能な開発の在り方について、衆知を集めて再考していかなければならない。

先のプロジェクトは、そうした問題意識に立脚している。取り組む課題としては、①人づくり、②制度改変、③シンボル・文化の創造や再創造、④新たな資金の流れ、⑤地域の再編成のための拠点形成、⑥新たな人の流れ、を掲げている。

(五) おわりに

本章を締め括るにあたり、文化遺産の保護に向けた現場からの提案を試みたい。これは上記の課題を踏まえ、具体化した内容となる。

(1) 都市保全に関わる諸制度(国)と条例(地方政府)の関係の再定義

市場経済化の流れの中で、中央政府が末端組織(地方政府)まで管理下に置く体制が大きく緩和され、その結果、自治体レベルでは、都市保全に関わる諸制度と条例が錯綜しており、再整備が必要な事態となっている。この両者の関係をトップダウンにより再定義することが、今後の都市保全の重要な鍵となる。

(2) 国指定の重要文化財への申請

国指定の重要文化財(重点文物保護単位)になれば、破壊から当該文化財を守ることが可能となる。天津では、文化財の重要度に比して指定が少なく、これを逆手に取って、開発が横行している現状がある。そのため、市文化局による指定に向けた申請を強く促していく必要がある。

（3）都市開発に関わる民間開発業者の社会的責任の意識向上

開発業者に対し、文化遺産を保存・活用することを開発の条件に加え、その見返りとして、税金の控除や容積率の緩和といった優遇策を法的に認めることで、企業の社会的責任の意識向上に繋げる。これは、国連の主導するグローバル・コンパクトと連動する取り組みでもある。

（4）文化遺産を核とした街づくり

富裕層の出現や、それにともなう観光事業の拡大により、市民の観光への関心は高まりを見せている。その一方で、観光資源そのものに対する本物志向も高まっている。逆に言えば、従来型の商業主義的な演出は敬遠されるようになり、デフォルメされた文化遺産は孤立し、閉塞状況に陥っている。それゆえ、個々の文化遺産がもつ真正性（オーセンティシティ）をいかに継承し、保存・再生していけるかが大きな鍵を握っており、これにより文化遺産を核とした地域の活性化を促すことが可能と言えよう。

（5）人材育成

文化遺産の保存をめぐっては、これまで見てきたように、その制度や技術（修復・復元）の問題をはじめ、関連する諸機関（規劃局・文化局など）の利害・対立関係、国と地方政府との体制の違い、また市場経済下における民間開発業者の存在、さらに観光事業における当該遺産の利活用など、極めて広範な領域を射程に入れて事業を推進していく必要がある。しかしながら、それを担う包括的高度専門職人材は欠乏しており、その育成が喫緊の課題となっている。

[注]

(1) 王景慧・阮儀三・王林編『歴史文化名城保護理論与規則』同済大学、一九九九年。むろん、指定の時点では、近代史跡のみならず、旧天津城、南市(中国四代世俗生活区)、楊柳青など多様な文化遺産が存在していた。

(2) 藤森照信、汪坦監修『全調査 東アジアの都市と建築』筑摩書房、一九九六年、参照。当該調査には、筆者も参加。また同種の成果報告に『中国近代建築総覧 天津篇』(トヨタ財団助成研究報告書、中国近代建築史研究会・日本アジア近代建築史研究会刊、一九八九年)がある。

(3) 西村幸夫『都市保全計画』東京大学出版会、二〇〇四年、参照。

(4) 元・上海市規劃局副局長伍江氏へのインタビューによる。

(5) 鐘和晏「過去意租地、現在風情区」『三聯生活週刊』二〇〇九年、第二六期、二〇〇九年九月、一四二頁。

(6) 天津市房屋勘探設計院「天津市意大利風情区修建性詳細規劃」二〇〇〇年一二月。

(7) 王晶「天津意大利建築風貌区的修復与開発記録」『城市環境設計』二〇〇五年、第一期。

(8) 陳勇「意大利風情区整修計画概述」『天津意大利風情区 建築与整修的歴史与回顧』SIRENA社他編、二〇〇六年、三七頁。

(9) Alfonso Gambardella「Benecon文化遺産専家中心在天津整修中的貢献」『天津意大利風情区 建築与整修的歴史与回顧』、SIRENA社他編、二〇〇六年、四七頁

(10) 天津市国土資源和房屋管理局提供資料。

(11) 整理会社副総経理・万福鐸氏へのインタビューによる。

(12) デイヴィッド・スロスビー『文化経済学入門』日本経済新聞社、二〇〇二年、参照。

(13) 二〇一〇年一月、天津市文化局は、青木信夫・徐蘇斌に対し、旧租界地内の歴史的建造物群を第七回全国重点文物保護単位とすべく、当該申請のための調査、ならびに申請書の作成を依頼した。これを受け、天津大学中国文化遺産保護国際研究センターは、当該調査をおこなうとともに、申請書を作成し、文化局を通じて、国家文物局に申請書類一式が提出された。

第八章　武漢における旧日本租界の建築再生

李百浩・李彩

一　武漢の町の歴史的変遷とその特色

（一）第二次アヘン戦争による天津条約締結以前（－一八五八年）

武漢は当初から大都市だったわけではなく、実際には早くにできた漢陽県と武昌府の二つの古い都市から、清末にはこれら二つの都市に漢口という古い鎮が加わって、それらが鼎立する構造を形成した。古い都市である武昌と漢陽は明らかに政治・軍事都市の性格を持っているのに対し、漢口鎮には商家が林立していた。はたして、武昌、漢陽は計画に基づいて建設されており、中国の伝統的な都市建設の考え方を示しているが、漢口の場合は交通の利便性と商業の必要によって自然に形成され、発展してきた。この二つの都市と一つの鎮の性質は異なるが、いずれも城壁を造っており、ただ漢陽、武昌の城壁は軍事防衛を主としているのに対し、漢口の城壁は洪水を防ぐことを主としていたのである【図1】。

【図1】漢口市と各国租界略図

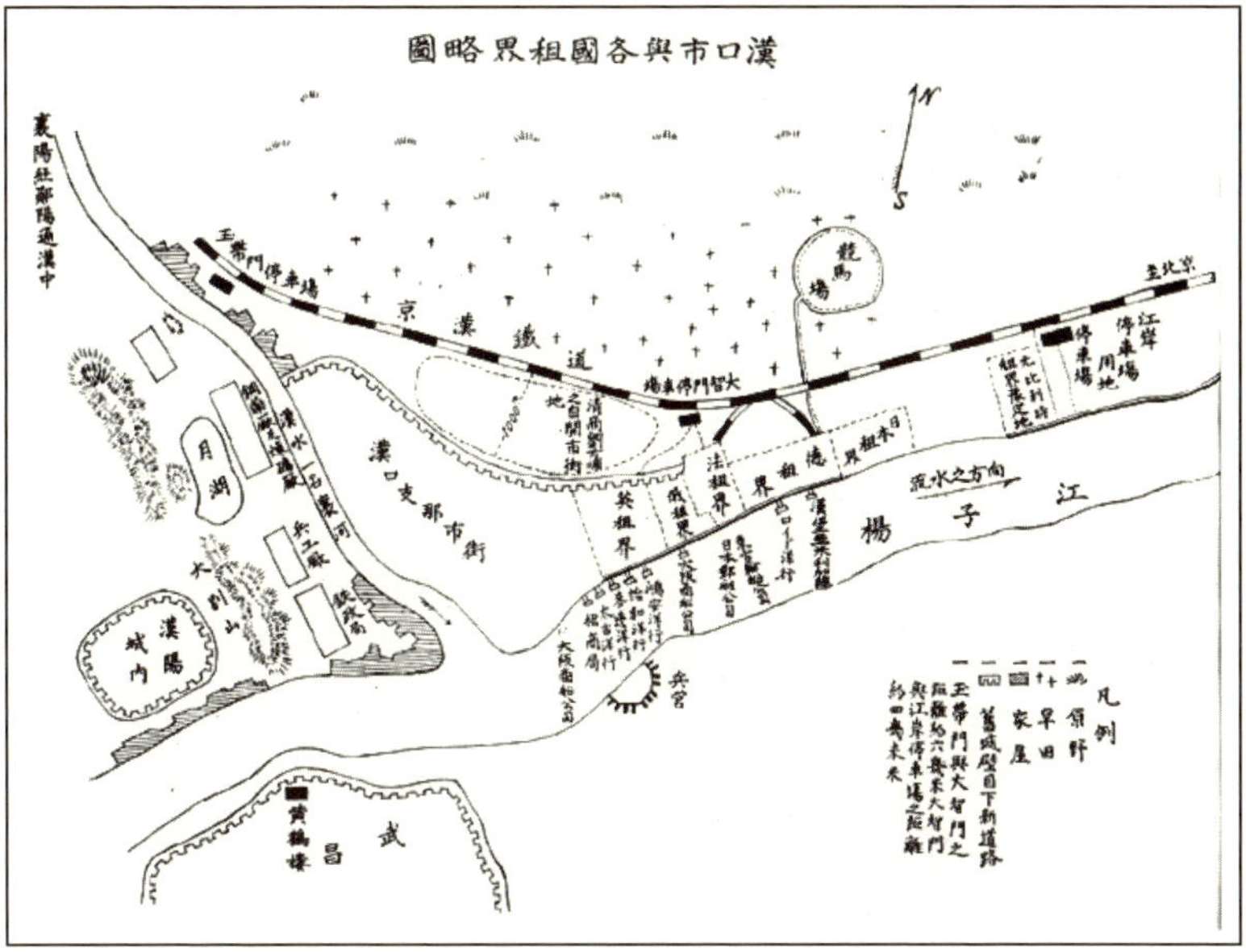

（二）近代（一八五八ー一九四九年）

一八六四年、イギリス人が武漢の大門を押し開けて漢口に最初の租界地区を作り、中国人が居住する伝統的な都市の中に外国人が入り込んで商売を始めた。イギリス租界に続いてロシア、フランス、ドイツ、日本も漢口に租界を作り、漢口は名実ともに開港都市を形成し、しだいに国際的大商業都市へと変化を遂げた。この時期、武昌、漢陽、漢口三市及び各租界地区では独立した行政機構を有しており、各々が独立して新しい市区の建設を計画的に進め、城壁を壊して道路を作るという都市改造をおこない、それにより漢口は急速に発展した。これはまた、中国近代において一つの小さな商業町が巨大な都市へと変貌を遂げた特殊な例である【図2】。

（三）現代（一九四九年以降）

一九四九年以降、武漢の政治体制は統一され、「武漢市」という名の一つの市が誕生した。工業化戦略を発展させるのに伴い、商業都市は次第に中国中部地区の重要

【図2】 3つの都市：漢口、武昌、漢陽

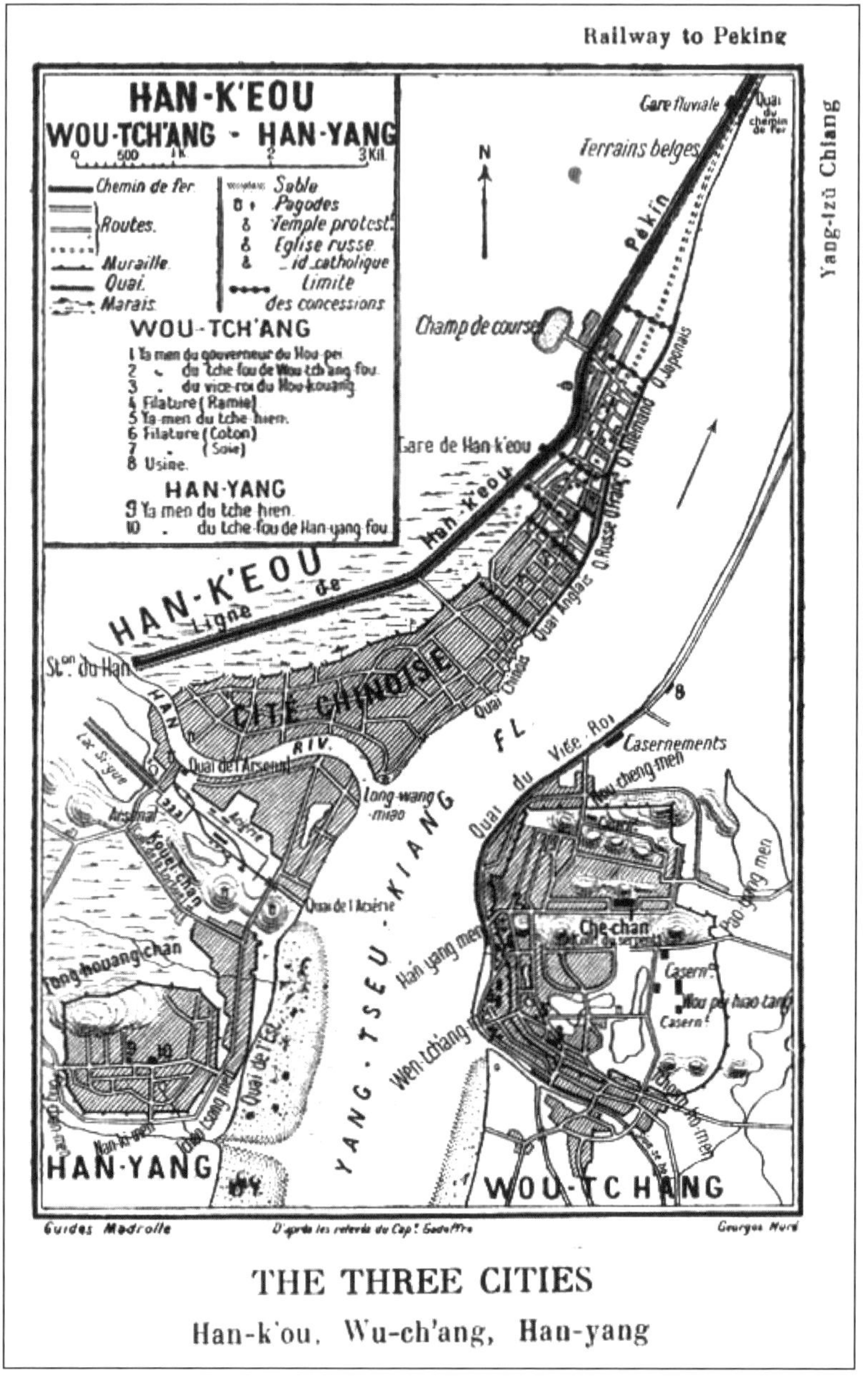

THE THREE CITIES
Han-k'ou, Wu-ch'ang, Han-yang

【図3】武漢城市総体規画図

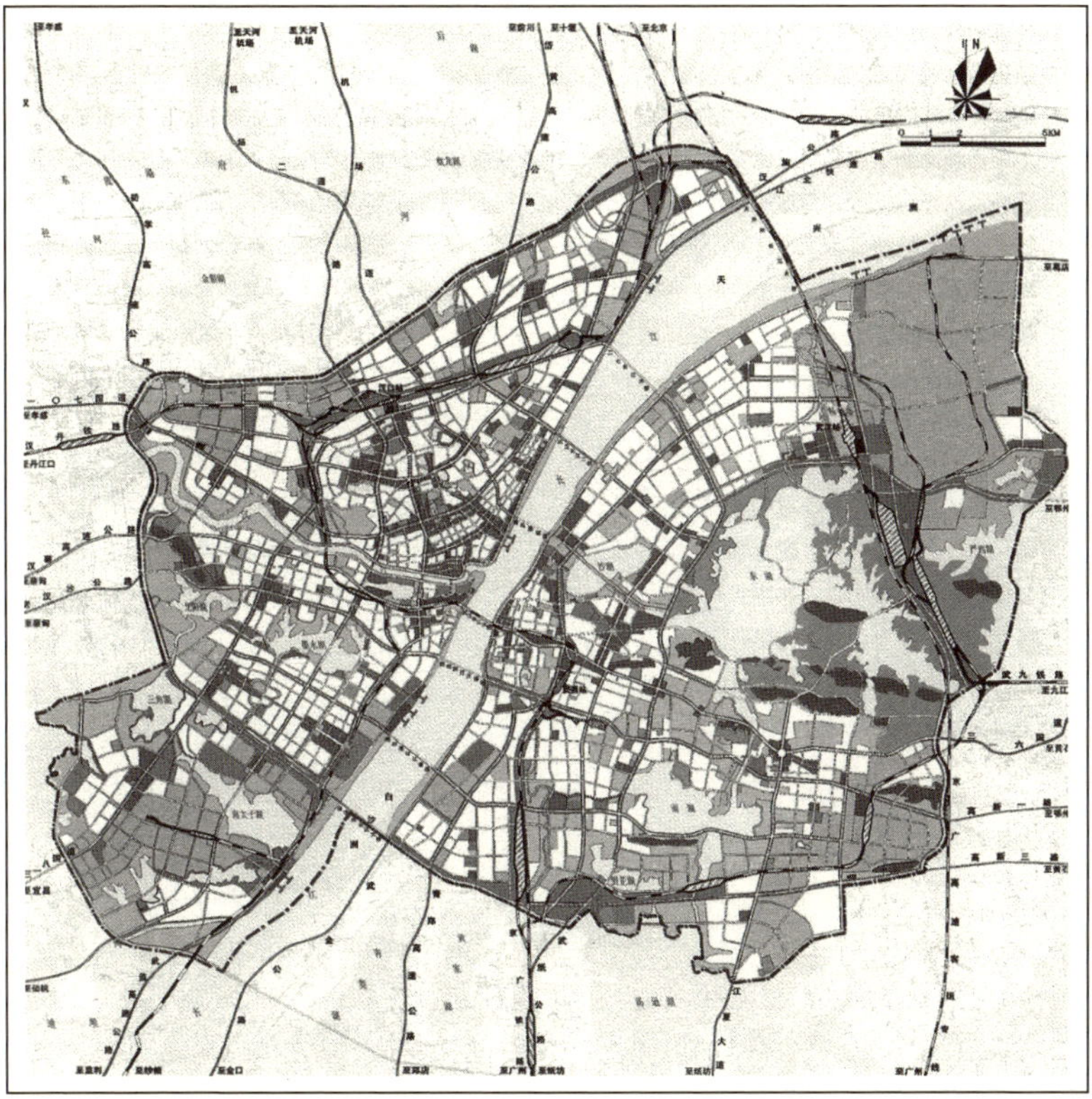

【出典】『武漢百年規画図記』中国建築出版社、2009年

な工業都市へと変化していった。

一九七八年以降、「一つの整備された都市」を建設するための全体計画が実行に移されていき、長江・漢川の橋やトンネルを造り、三つの市街区の高速環状線や幹線道路を連結し、湖や森林保護等のプロジェクトを実施することで、武漢は居住に適した風光明媚な都市へと形成されていった【図3】。

二　武漢歴史文化遺跡保存計画の展開

一九五三年、武漢市文化遺産管理委員会が成立し、同時期に編制された武漢全体計画の中に「名勝旧跡」に関わる記述が加えられた。

一九八六年、武漢は中国歴史文化

にゆかりが深い、とくに近現代史にまつわる史跡が多いことに主要な文化的特色がある有数の都市として、文化遺産の保存は都市建設における重要な内容となった。

一九八四年から一九八八年、全体計画の中に歴史文化遺跡保存計画の項目を初めて加え、「一つの都市（商代の盤龍城）、二つの軸線（東西に連なる山脈の軸、南北に走る水路の軸）、四つの史跡のネットワーク（辛亥革命、一九二七年二月七日に起こった反軍閥ストライキ、一九二六年から一九二八年まで続いた北伐戦争、抗日戦争）、五つの保存地区（亀山、蛇山、洪山、東湖、漢口旧租界）」を内容とする保存計画が提出された。

つづく一九九〇年から一九九六年までの第二次歴史文化遺跡保存計画の編制においては、「文物保存単位及び近代優秀建築、重点歴史地区、古い街並み」に関するランク付けがおこなわれた。

さらに二〇〇五年から二〇〇六年までの第三次歴史文化遺跡保存計画の編制では、国による「歴史文化名城保存規画規範」（歴史的文化に関わる著名な都市を保存する規則）を厳格に実行し、「歴史建築、歴史文化街区」など新しい項目が増えた。二〇〇八年に「城郷規画法」（都市と農村計画法）が公布され、それが実施されるにつれて、「名城、名鎮、名村」（伝統ある都市、町、村）の三クラスの保存体制が確立されていった。

ただ、一九九二年以前には、中国の遺産建築の保存とは、主に単体建築に対する保存であった。単体建築の保存とは、主に中国の伝統木造体系の古建築や革命の歴史に関わる近現代建築の文物単位の保存を指していた。一九九三年、上海や天津のような都市と同様に武漢市政府は優秀歴史建築の保存を始め、それには旧租界建築も含まれた。

二〇〇〇年、歴史建築の保護において初めて近現代建築群の保存が加えられた。二〇〇三年「武漢市旧城風貌区和優秀歴史建築保存管理辦法」と「武漢市優秀歴史建築使用、修繕管理暫行規定」などの文書を公布し、初めて法律によって近代建築物を保存することになった。二〇〇四年、市政府は「武漢市優秀歴史建築確認暫行辦法」及び「武漢市優秀歴史建築檔案管理暫行辦法」を公布した。

二〇〇五年、中国は初めて「歴史文化名城保存規画規範」を公布して、「遺産建築、保存建築、歴史建築」の概念と保存の方法を明確にした。それには、「遺産建築と保存建築は歴史的、科学的、芸術的に高い価値を備えており、完全保存のやり方で修繕或は修復をおこなう必要がある。大量にある歴史建築に対しては、外観の特徴を変えてはならないが、内部の構造や設備については調整を加えることができる」と規定されている。同年、武漢市に武漢市歴史建築専家委員会が成立し、そこが優秀歴史建築の認定、歴史建築保護再利用の審査と特定のテーマ研究の任にあたることになった。

二〇〇五年から武漢の建築保存は、「規画式保存から単体維持保存へ」、「紙上文献上の保存から実際の工程における保存へ」、「遺産建築の保存から一般歴史建築の保存へ」、「博物館式保存から建築再生再利用式保存へ」、「政府主導の保存から市民階層の保存へ」、「建築物質の保存から文化遺産及び文化資産の保存へ」シフトする傾向にある。

三　漢口旧日本租界歴史建築の保存と再生

一九九四年に武漢では優秀歴史建築の認定が開始され、初めて旧租界建築がその中に含まれたが、とくにイギリス、ロシア、フランス租界の建築が多く、旧日本租界は旧日本領事館、三菱商事（中国では「三菱洋行」と呼ぶ）、日本軍軍官宿舎【図４】の三棟だけだった。日本租界はたった三棟の歴史建築しか認定されなかったのかはなぜかといえば、それにふさわしい歴史建築が少なかったためというよりは、当時の租界建築に対する認識上の問題がある以外に、統一的認定基準がなく、さらには綿密に全面的調査がおこなわれていなかったからである。

もちろん漢口のその他四国租界と比較して、日本租界の建築には異なる点がある。それは以下のような諸点である。

（1）公共建築や大規模建築は多くなく、その多くはれんがと木を組み合わせた低層住宅や店舗である。
（2）外観の多くは赤レンガをそのまま積み重ねた壁とセメントモルタルの装飾、瓦葺の屋根が一般的である。
（3）遺産建築は少なく、大部分は二〇世紀の二〇、三〇年代に建てられた一般歴史建築であり、それまで修繕されることはなかった。

【図４】旧日本租界で、歴史建築に指定された三棟の位置

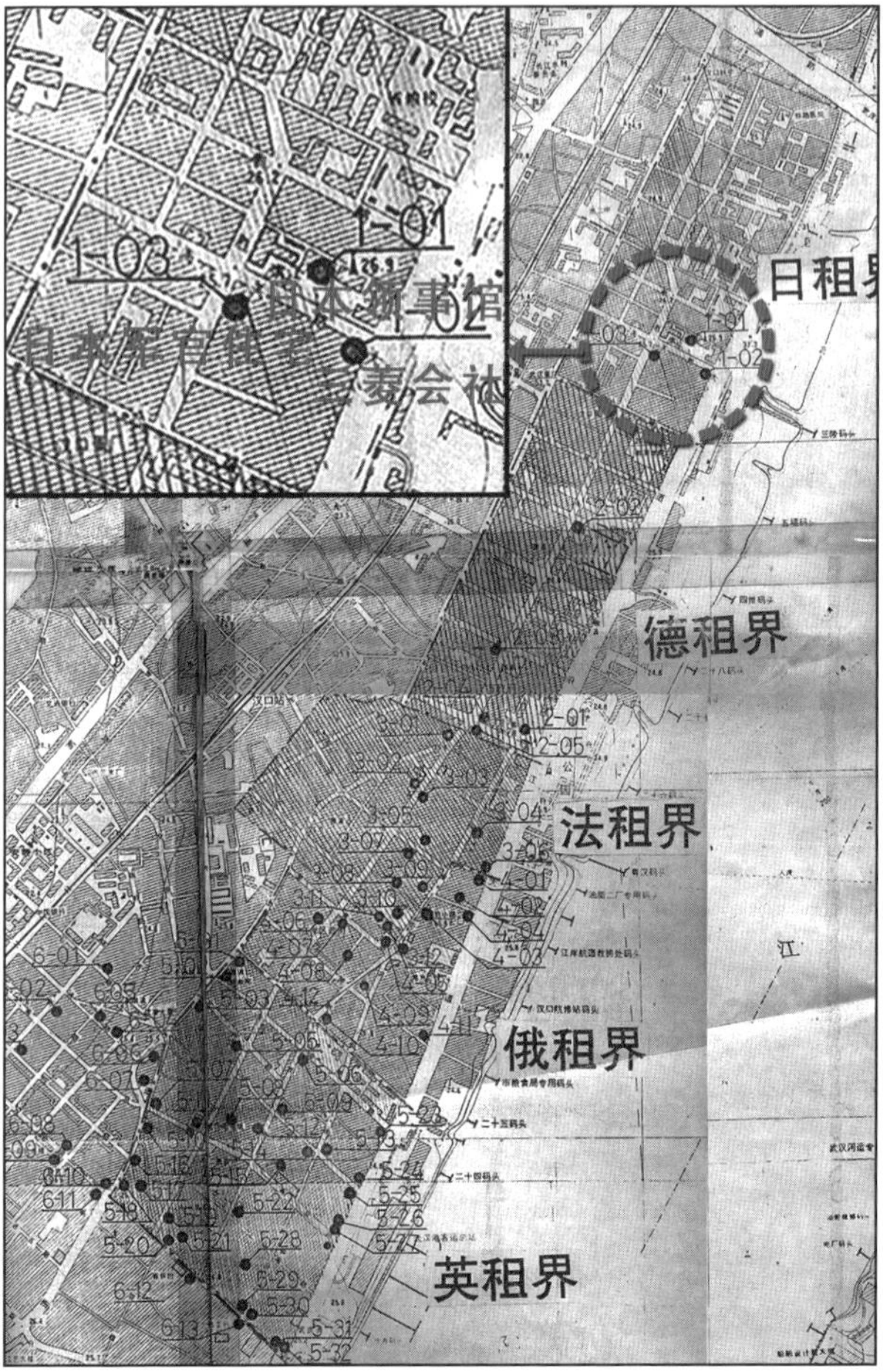

（二）「武漢天地」—歴史建築の保存と再利用

近代において、漢口の旧日本租界は当時随一の繁華街である江漢路から離れていたため、開発・建設が完全におこなわれておらず、それゆえイギリス租界に類似した市街区を形成することができなかったが、一九四九年以降武漢の市街区が次第に拡大していくにつれて、

【図５】旧日本租界区の変遷

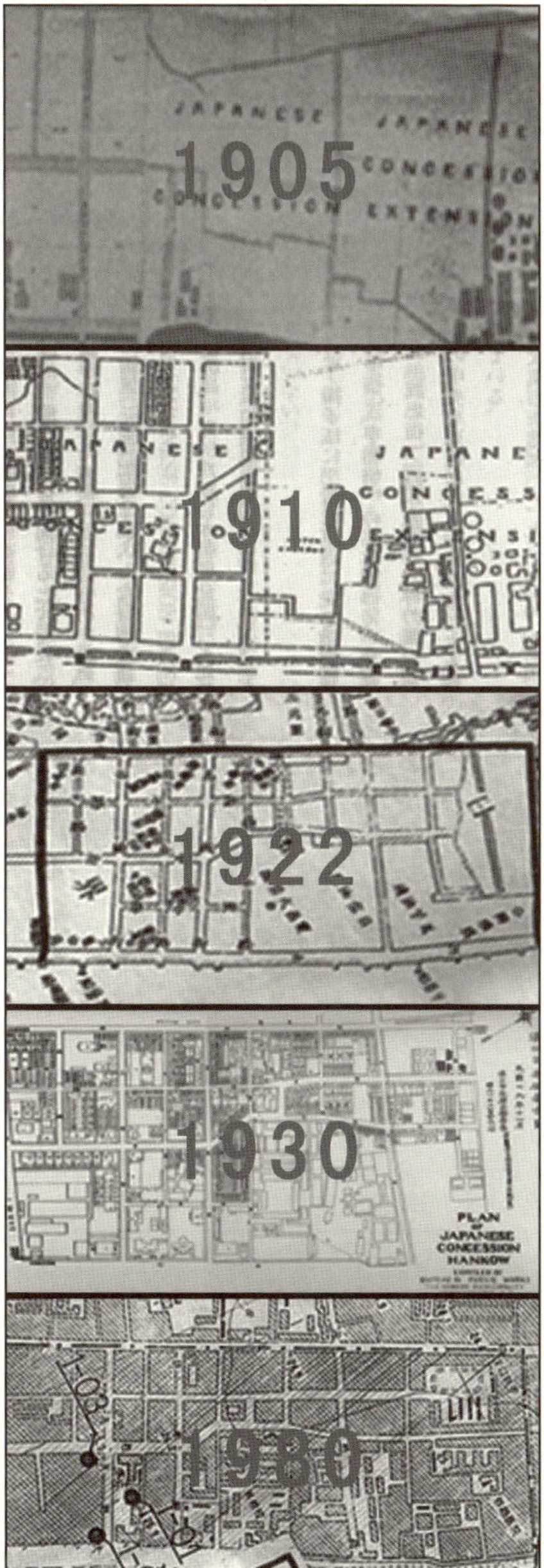

とくに武漢長江大橋と武漢長江二橋の建設によって、両橋間に位置する旧租界区（即ち旧イギリス、ロシア、フランス、ドイツ、日本五カ国の租界）は漢口の長江沿いの中心的市街地になっていった。かつての日本租界はとりわけ開拓地区となっており、建築量が決して多くなく、大量の空地が残っていて、さらには一九五〇、六〇年代には市民が自分で建てた家が乱立したため、当該地区は漢口旧市内改造の重点地区となった【図５】。

「武漢天地」は、旧漢口日本租界の開拓区に位置しており、漢口一の大規模な改造開発をおこなった旧租界地区であり、また歴史建築を初めて保存し、かつそれを合理的に利用して古い街並みを改造した地域でもある。

当時、一般的な歴史建築がどのように保存利用されるべきかについては、法制度はなかった。そこで、上海の「新天地」がモデルになった。何度もくり返し起きる旧市街地改造のブームの中において、一般歴史建築を保存再利用す

【図６】1920年代に建築された旧日本租界の歴史建築

る必要があることを認識できたのは一種の進歩であったといえる。このため、旧日本租界における歴史建築の保存再生は、少なくとも周辺の歴史建築のため、ひいては今後の旧市内改造方式のための方向性を明示したことになる。

二〇〇二年、「武漢天地」で国際規画設計コンクールが挙行され、参加者はそれぞれ用地上の歴史建築に対して異なる保存プランを提出した。二〇〇三年、武漢市規画局は「規画設計条件」を出し、歴史建築八棟を保存し、それらの歴史的特徴と風格を残す必要があると規定した（実際は当時二三棟の歴史建築があった）。これら数棟の建築は、すべて一九二〇年代に建てられ、住宅建築に属し、縦と横の壁が交差した構造で、外観には一定の歴史的特色があり、モダンなスタイルに古典スタイルを取り入れた折衷の様式を有していた【図６】。

採用した保存プランには二種類あり、一つは建築の外観は完全に保存修繕し、内部は改装し、構造は補強し、機能は変更する。二つは建築の一部は保留され、伝統的な建築要素を用いて新たに設計し、建築の外観の風格と調和をとるというものだった。この他、設計過程において武漢市歴史建築専門委員会は二〇〇五年十一月、二〇〇六年三月、二〇〇六年四月の三回諮問審査会を開き、歴史建築と歴史環境の要素を、旧租界区の再開発の

【図7】「武漢天地」における歴史建築の保存・再生プラン

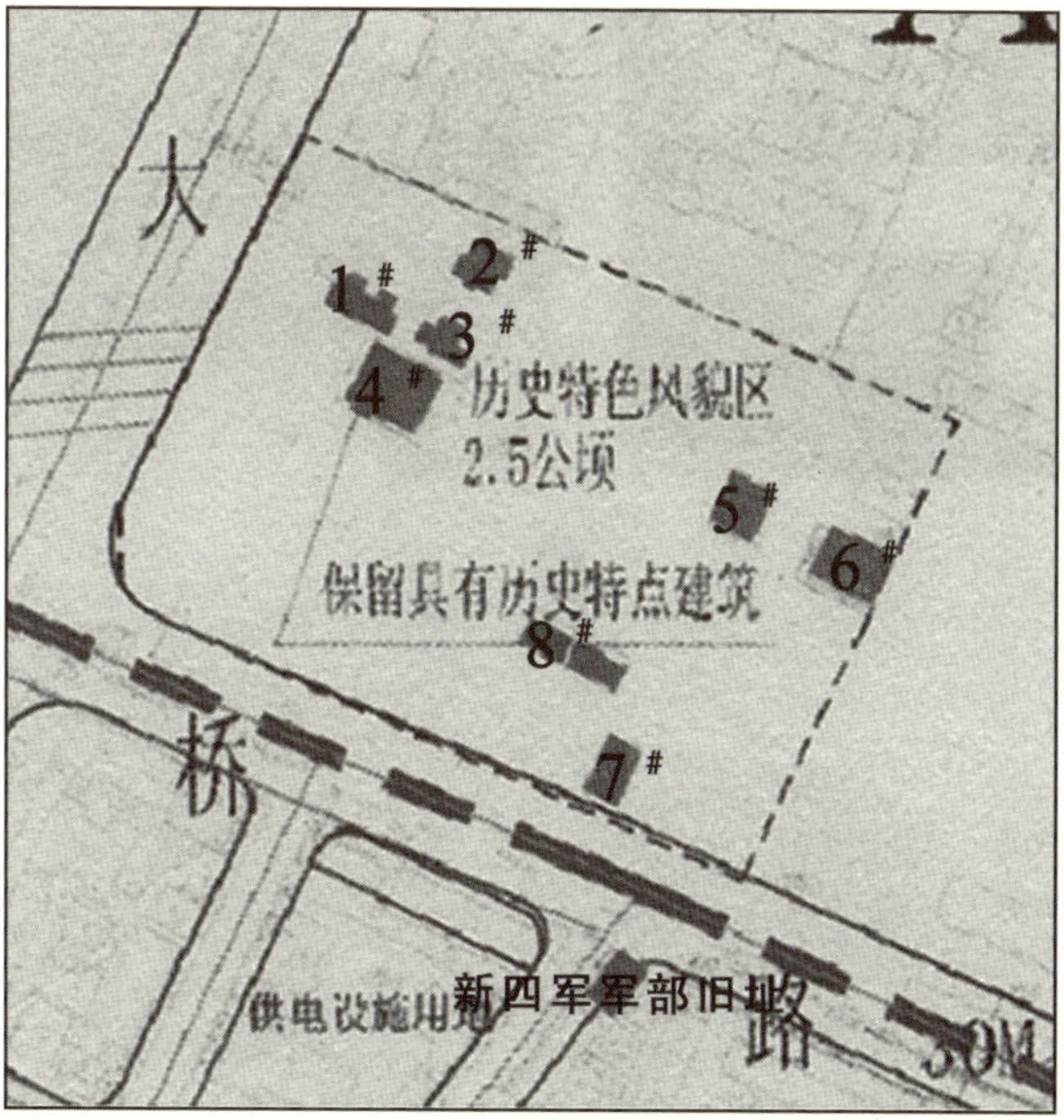

中で最大限度に保存し利用することとした【図7】。現在、大部分の建築はすでに竣工し使用されている。かつての都市の改造における「造るだけで変えない」（改造するが、周囲のことは考慮に入れない）という状況を改め、新旧建築の調和をはかり、新たな都市空間の中に歴史的な空間とその記憶を豊富に盛り込んだのである【図8】。

（二）漢口新四軍軍部旧跡記念館―文化遺産建築保存

当該建築はもともと日本租界時期の日華製油会社の二棟の社宅であったが、一九三七年に日中戦争が起こって日本人が漢口から一時引き揚げたあと、同年十二月二十五日新四軍武漢軍部がこの建物に置かれた。一九三八年以降は住民の住宅となり、一九四九年から二〇〇五年までは「七一〇工場」の職員住宅となり、その間二〇〇二年に湖北省重点文物保護単位として認定された【図9】。

二〇〇二年当時そこには一二家族が住んでいたが、長年修理されてこなかったために建物はボロボロになっており、居住人口が多かったことから内部の配置が変更されたり、空間への建物建築や建て増しが至る所でおこなわれていた。

【図8】再生された「武漢天地」の歴史建築

【図9】再生前の漢口新四軍軍部旧跡記念館

とくに外観の改変は大きく、欄干が取り払われたり縁側が封鎖されたり、窓を小さくしたり、ペンキが不統一に塗られたり、雑草やツタが壁一面に張り付いていていた。

実地に調査を始めると、住民は保存の目的をなお完全には理解しておらずに家に入らせようとしなかった。その主な原因は、その建物を保存させないというのではなく、もっと大きくて良い家に換えてもらえるかどうかという心配だった。そこで、現況を実測して設計図を描く作業は一部分ずつおこなうしかなく、住民が全員引っ越しした後になってようやく設計図の全部を描くことができたのである。

現場の調査に拠ると、当該建築はおそらく一九一〇、二〇年代に建てられたもので（日本租界開発区は一九〇七年に設立され、一九三〇年の日本租界の地図上ではすでに存在しているので、そのように推定できる）、戦争の爆撃や火災等の後に再建された。A棟はB棟の後に建てられ、A棟は一棟四戸、B棟は二棟八戸である。各棟にはポーチ（雨棚）、入口（玄関）、ベランダ（縁側）、居間（広間）、厨房などがある。建物の上下左右の部屋の間には隠し扉があって、遮ることとも連結することもでき、かつ行き来もできたが、それはあるいは戦争時期の避難経路を考慮したためかもしれない。この種の室内には高低差のある平面の配置があるのは、「玄関、広間、縁側、押入」といった日本式配置と同じであり、しかもそのサイズと畳はぴったり合うので、「近代和洋風折衷」住宅と言うことができる【図10】。

当該建築の面積は一〇七四平方メートル、二階建で、レンガの外壁の一部分には構造補強のために木の柱が配されている。厨房と便所以外には床板、木造屋根組、赤瓦葺、外壁面は細入りモルタル仕上げで、彫り物や縫い目等の装飾が施されている。

二〇〇五年、武漢市文化局は武漢理工大学に実地調査と測量を委託した。二〇〇六年には、同大学は保存修繕設計

【図 10】漢口新四軍軍部旧跡記念館の設計図

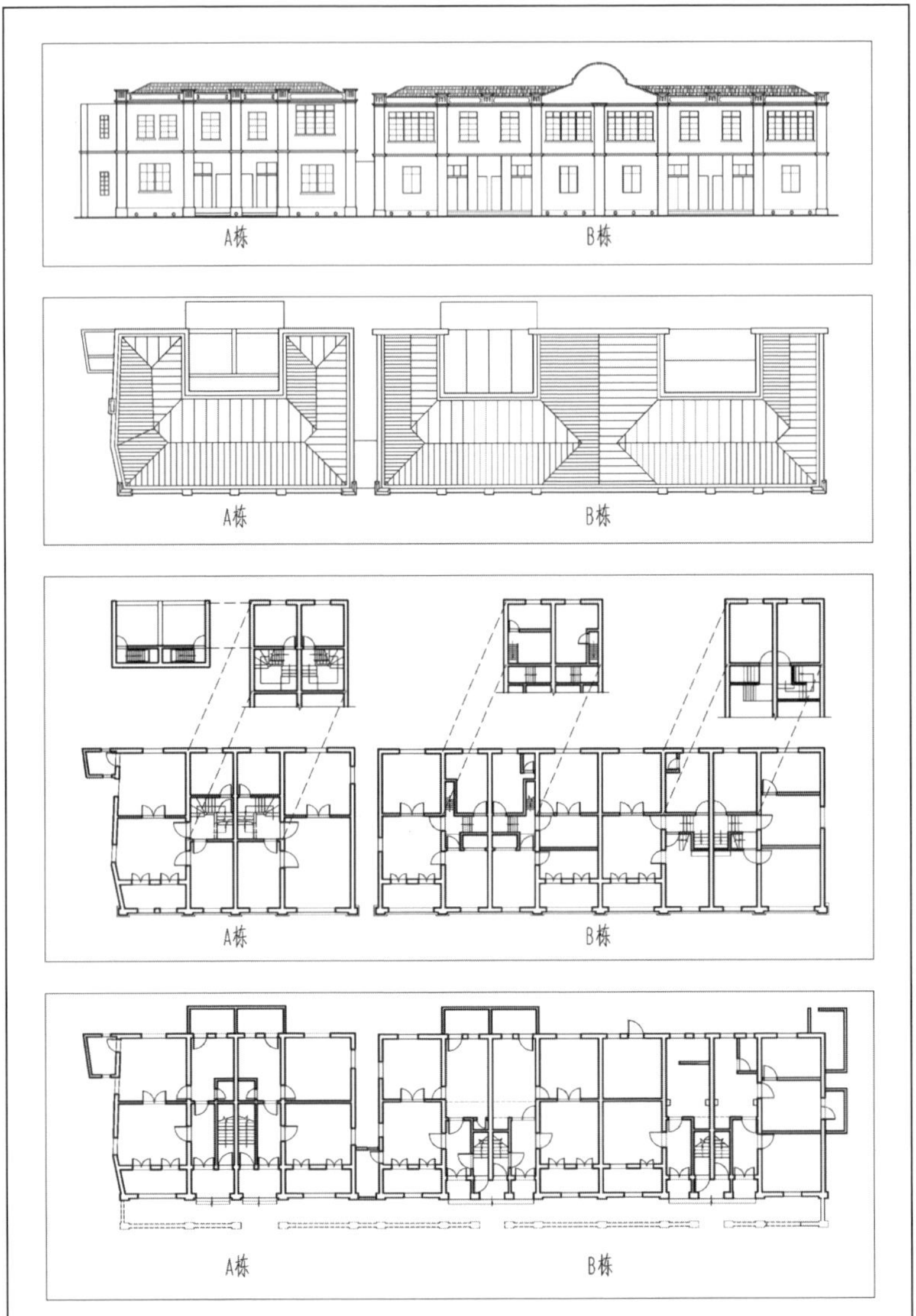

【図 11】図 10 の復元設計図

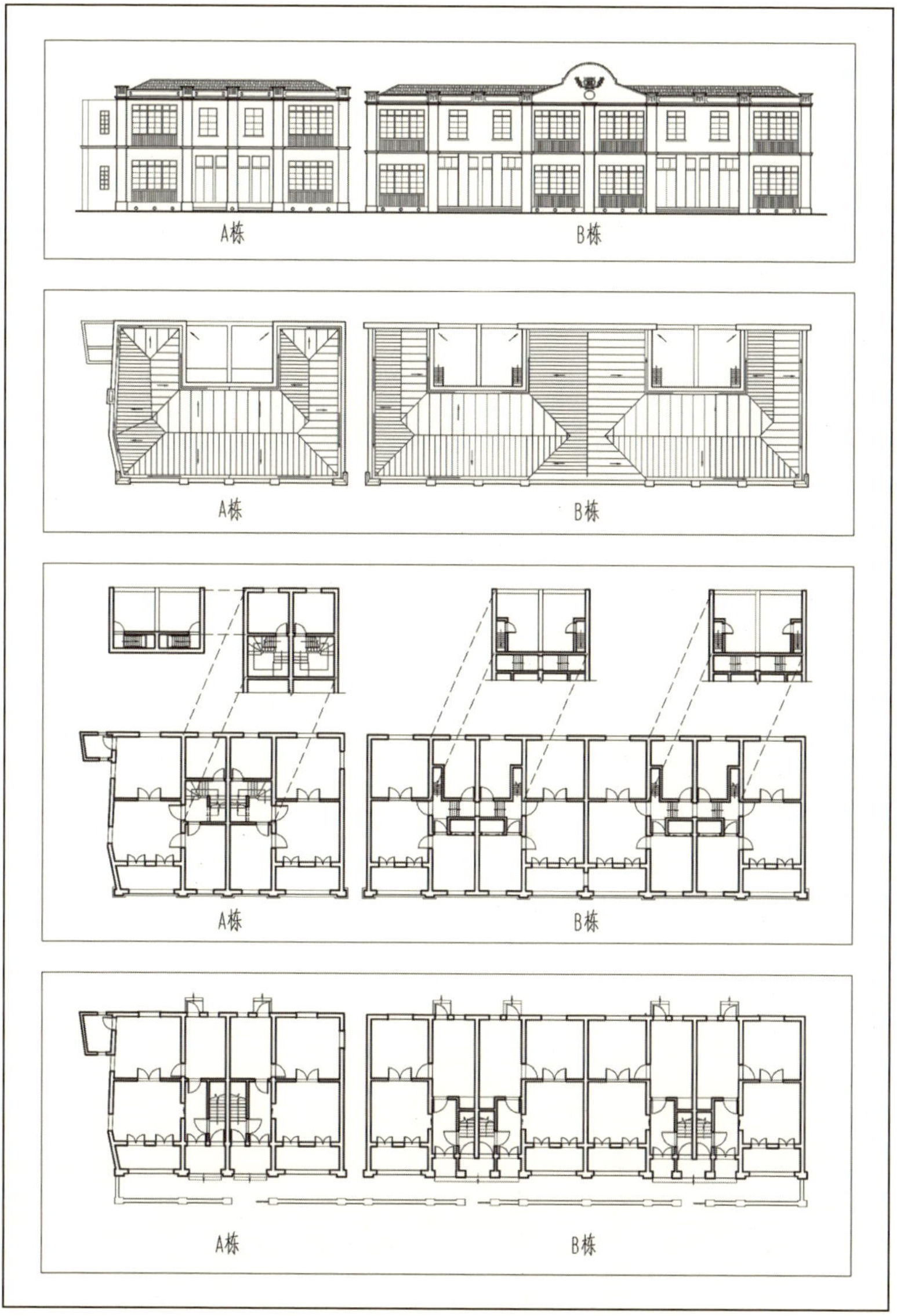

【図12】図10の修復写真

プランを完成させ、同年一二月には「漢口新四軍軍部旧跡記念館」として正式に開館させた。これは「文物保護法」に照らして、修復した旧日本租界の一般住宅の文物保存建築であり、実地調査、測量製図、構造実測、復元設計、実施検討、復元改修、構造補強、細部処理、材料選択などの工程を経て「古いままに修繕し、全体を修繕し、長期の保存をはかり、真実性、可読性、可逆性を備える」という文物保存の原則を体現した【図11】。

構造上、鉄構造と炭素入り繊維布を用いて、新しい骨格を形成し、腐った木を取り換え、白アリ防止処理を進め、地下には防潮布を、屋上には防水布を増設した。増築した部分をすべて撤去し、元の住宅の配置、さらには塀をも元に戻し、ドアの間やベランダ間の隠し扉をぶち抜きにして、ちょうど今日の展覧のための見学の通り道とし、また地熱を利用して、暖房に用いた【図12】。

窓やペンキの損傷が特にひどかったことから、施工担当者が現場に入る前にはまったく建物の原型を確定できなかった。しかし、施工担当者が足場を使って建物をしっかりと固定し、変えてしまった壁を打ち壊すことで、ようやくその原型を確定することができた。このため、この種の文字の記載がなく、かつ長期に修理されずにきた一般歴史建築は、施工しつつ観察研究し、設計しつつ予算の修正をおこなうことは、あるいは正常なことか

【図 13】再生後の漢口新四軍軍部旧跡記念館

もしれないのである。

現在、当該建築は記念館として二年余り使用されており、その保存修復と「武漢天地」の歴史建築再利用式の保存は、今後の漢口旧市街地のため、とりわけその周囲の歴史建築の保存のために良い効果をもたらしたと考えられる。とくに、もともとそこに住んでいた住民は、この歴史建築の修復が完成したのを知って、次々に参観に駈けつけ、喜びと讃嘆の気持を表した。このような歴史建築は彼らの居住環境を変えたばかりでなく、都市の歴史を長く記憶させていくことになり、さらには市民レベルの都市文化遺産に対する保存意識を普及させることになったと言えるのである【図13】。

（翻訳：大里浩秋）

第九章　仁川の旧清国租界地にある建築の保存と再生

韓東洙

一　仁川清国租界の形成

朝鮮半島には、一八七七年の釜山港に始まり、一八八〇年に元山、一八八三年に仁川、一八九七年に木浦と鎮南浦、一八九九年には群山・城津・馬山にそれぞれ租界が設置された。そのうち仁川の場合は、一八八三年の開港と同時に「仁川口日本租界約書」の締結によって、日本租界が最初に登場し[1]、その翌年にはアメリカ・イギリス・ドイツ・清国の四ヶ国が朝鮮と条約を締結することで各国の租界が次々と形成された[2]。日本と清国は専管租界を設定し、他の国々は朝鮮と修好通商条約を締結して、各国租界（共同租界）を構成した。仁川の各国租界は首都の関門である仁川を戦略的に重視した結果であり、他の港よりも色濃く国際的な特徴を備えていた。

仁川の清国租界[3]は、日本租界が出来た後そこに隣接する支那町（現、善隣洞）の丘陵地帯、約八三〇〇坪（坪は韓国の単位）の土地に設置された。清国租界の形成により清国人の往来が頻繁になり、貿易や商業活動も活気を帯びるようになった。さらには、多数の大規模な貿易商が朝鮮に入り、有名な中国料理の飲食店が登場して、清国租界は非常に繁盛するようになった。そのような状況が続く中、清国租界も開設からまもなく手狭な状況になって、清国人は朝鮮人が居住する三里寨という地域に集団的な居住地を形成した。三里寨は今の新浦洞を通る開港路の周辺地域である。ここの開発は、雑貨屋などの小売店を開いたのがきっかけとなったといわれる。日清戦争の後清国租界は一時期萎縮して商業活動も不況に陥ったが、やがて中国との貿易量の増大と共にまた活気を取り戻すことになった。

清国租界は、一八八六年一〇月清国の商人を対象に宅地競貸入札がおこなわれた。それを記録した「仁川港華商租界畢公拍租価計開」によると、上等一二敷地、中等二〇敷地、下等七敷地の三九敷地、合計面積一五二九・九二五方二米[4]（六一一九・七㎡＝一八五三・六七坪）が落札された。一㎡当たりの最高の落札値は、上等地が二両六銭三分、中等地が二両四銭、下等地が二両二銭一分だった。また、「仁川口華商地界章程」に基づいて一八八六年十二月十五日に地税を徴収した際の『仁川港華租地税成冊』によると、税金を納付した敷地の数が上等二六敷地、中等三一敷地、下等一五敷地で、合計した面積が三一一二・一八八方二米（一万二四四八・七五二㎡＝三七七〇・七五坪）と書いてある。地税は上等四銭、中等三銭、下等二銭の比率で賦課され、合計は九八一両六銭六分となり、そのうちの三分の一である三二七両二銭二分を朝鮮政府に納付している。

一八八六年一二月に清国商人が納めた地税の面積は一二四四八・七五二㎡で、これは清国租界の総面積三一〇三三・一六㎡とは相当な開きがある。一八八六年十二月までに清国租界の総面積の約四〇％だけが競売を通じて落札されたことになり、残り六〇％はいつ落札されたのか明らかではない。ただし、一九一〇年に作成された『仁川清国専管居留地面積簿』に記録してある土地の総面積二七〇七一・七二㎡（八二〇〇坪）と『土地調査簿』の面積とが一致していることからすると、一九一〇年までには清国商人がすべての宅地を租借したと思われる。

『仁川清国専管居留地面積簿』は番号、面積、単位、名前などの項目に分けて整理し、上等一六敷地、中等三四敷

【表1】仁川清国租界の測量のための経費内訳

項目	明細書	金額
旅　費	往復2人分（片道1円32銭）	5円28銭
	韓人（宿泊料1円、日当50銭）12日分	18円00銭
	日人（宿泊料3円、日当1円）12日分	48円00銭
小　計	—	71円28銭
人夫賃金	日人（1日1円支給）12日分	12円00銭
	韓人（1日50銭支給）3人12日分	18円00銭
	往復汽車賃（1人75銭）4人分	6円00銭
小　計	—	36円00銭
消耗品費	—	5円00銭
総　額	—	112円28銭

【出典】朝鮮総督府記録物CJA0002264、国家記録院

地、下等七敷地と書いており、『仁川港華租地税成冊』と比べると敷地数は減ったものの、総面積は二七〇七一・七二㎡と二倍以上に増加し、所有者もかなり変わったことが分かる。この面積簿は土地調査局の技士である日高仙吉と鄭南奎が測量をして作ったもので、その時「仁川清国居留地実測平面図」も制作している。【表1】は一九一〇年に日本の統監部の外務部長である小松緑と大清国駐紮韓国総領事官の馬延亮が締結した「仁川・釜山・元山清国居留地規定」に添付するため作成したものである。

「仁川清国居留地実測平面図」【図1】は一二の街区から構成されており、一等地・二等地・三等地に区分して記録されているが、詳しい敷地の体系までは分からない。しかし、清国租界を精密に測量し地図を作成したのはこの平面図が最初であると思われる。一九一三年には清国租界の地籍図【図2】が朝鮮総督府によって製作されたが、これは「仁川清国居留地実測平面図」製作の後続作業として行われたと見られる。総面積は二万七四二八・〇三㎡（八、三〇八坪）で、五七ヶ所の大小の敷地に区切られている。東西の三ヶ所の大

【図１】仁川清国居留地実測平面図

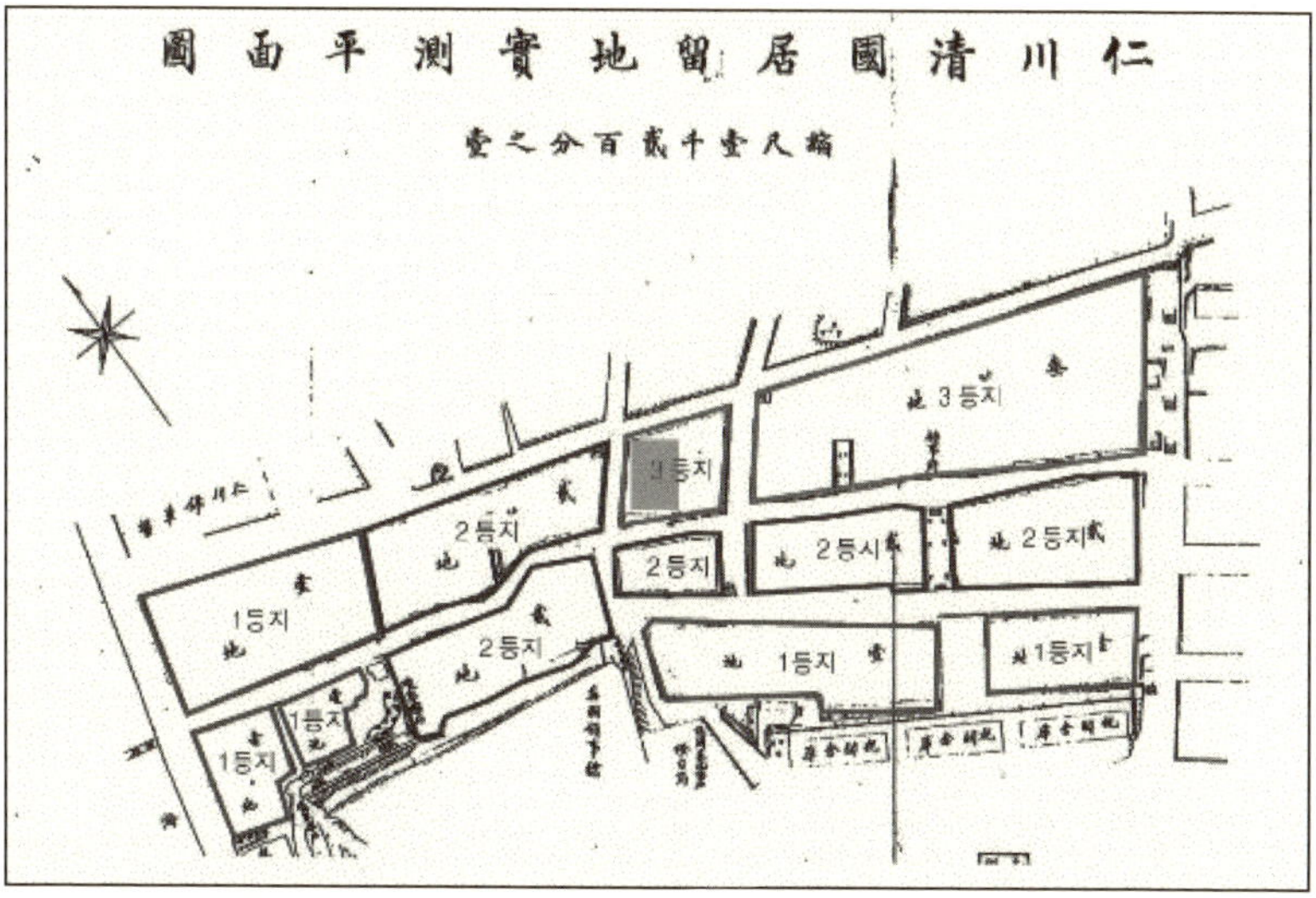

【出典】朝鮮総督府記録物 CJA0002264、1909 年、国家記録院

路、八ヶ所の街区、そして全体五七ヶ所の敷地の中、一等地と二等地には細長の敷地が多く、清国領事館の周辺の丘に位置した北側の街区は大型敷地からなる三等地である。

『仁川清国専管居留地面積簿』には所有者欄に会社名と個人名が共に記録されているが、一九一四年に作成された『土地調査部』には個人名だけが記載されている。『土地調査部』を見ると、清国租界の五七敷地のうち、三敷地（八・三二・三九番）を除いた五四敷地のすべてが清国商人の所有になっており、最も多い敷地の所有者は同順泰の主人である譚傑生で、計七敷地（一二・二四・二九・三二・三七・四〇・四四番）を所有している。その次は怡泰桟の主人である梁綺堂と張声甫で、各々五敷地ずつ所有しており、二敷地以上を所有した人も一〇人になる。

このように清国租界の大部分は仁川港を通じて貿易をしていた清国の大商人が店舗や住宅として所有していたのである。興味深いのは五一番の敷地で、そこはChemulpo Cigarettes & Co.というイギリスの会社が巻煙草の製造工場を経営していた。また三等地の八番には「仁川口華商地

【図2】仁川清国租界地理原図（1913年）

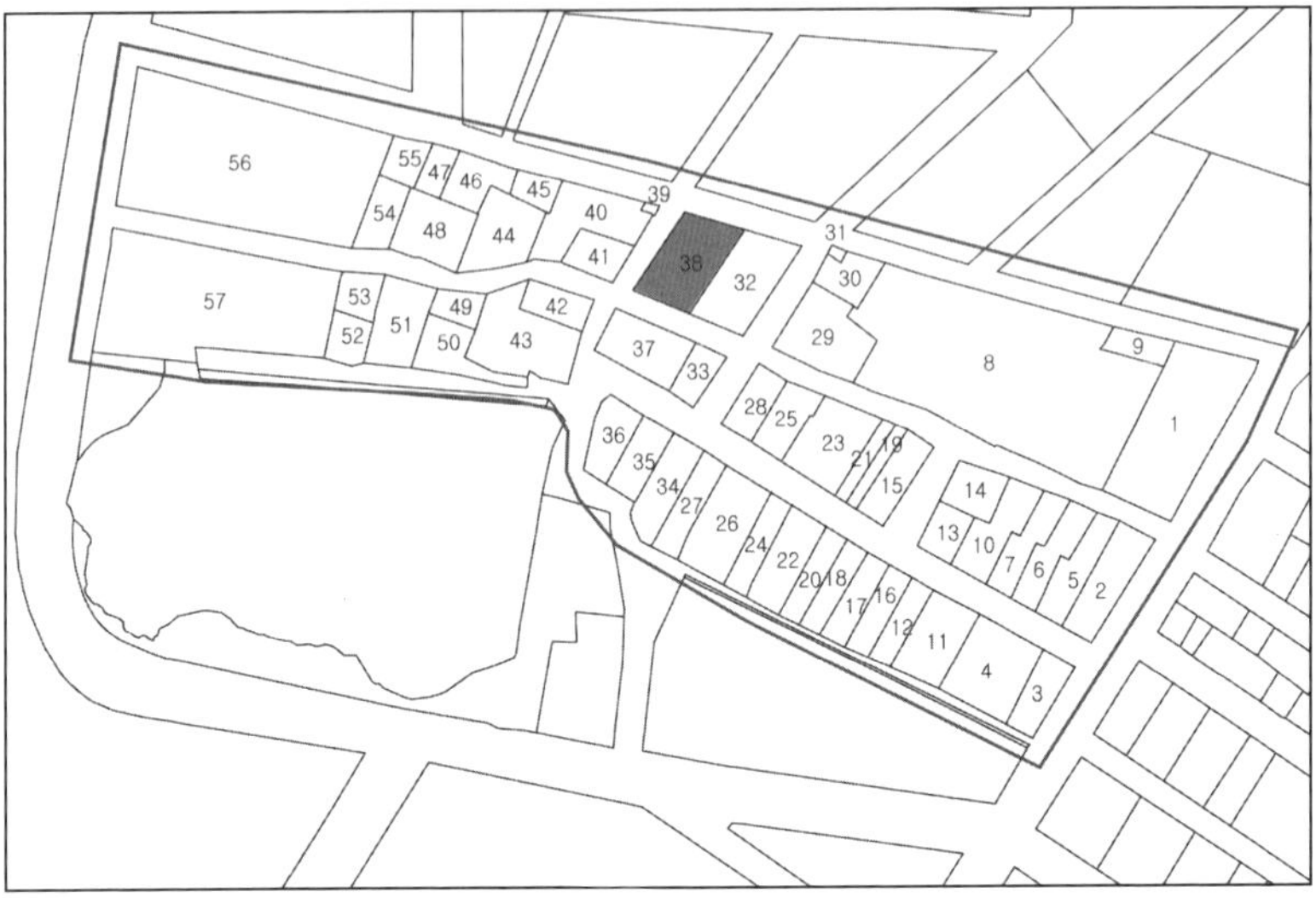

界章程」によって清国領事館が建てられたが、そこは清国租界の中で一番高くて眺望が良い場所であることから選んだと思われる。また、一九〇三年頃には清国租界の一等地五六番に、灰色煉瓦造り二階建てのロシア領事館が建設された。

清国租界は一九一〇年の「韓日合併」（日本では「日韓併合」）と同時に、他の租界地とともにすべて撤廃され、開港場はたんなる集団居住地や外国商船の出入口としての機能だけが残された。

二　仁川清国租界の建築の特徴

清国租界に対する「宅地競貸入札」がおこなわれてから、清国人の商店と住宅が本格的に建てられ、その建築工事を清国の技術者が担当するようになった(5)。当時清国の技術者による清国租界の建物は、主に硬山式の屋根を使って住宅と商店を兼ねたものとして造られた【図3】。この建築形態は清国租界の街路景観を構成する主な要素であり、その姿は今日まで続いている。硬山式の屋根は組積造に耐力壁を建て、木造に梁・スラブ・屋根を構成する方式で、外部に木構造が現れ

【図３】清国租界の街路辺に建てられた住商複合の建物

ず、比較的容易に家が建てられることから、当時清国商人が好んだ施工方法であった(6)。

この地域に残っている代表的な清国風建築である共《コン》和春《ファチュン》も、これと同じ方法を採っている。共和春の建設時期は明らかではないが、既存の資料や木材の年輪の測定(7)を通じて、一九〇八年前後に建てられたと判断される。また、一九一七年に作成した売買契約書を通じて、当時の姿も推定できる。契約書の内容の中で建築形態と関係のある部分は次の通りである。

立字據同大衆爲合買義源興宅、基臺處坐落在仁川萃華街路北三十八番地上、帶東西兩院樓房。計東院南北樓房上下兩層拾貳間、西院南北樓房上下兩層拾貳間、東院東西配樓上下兩層拾貳間、西院東西配樓上下兩層拾貳間。所有樓梯、門窓、地板、木壁一概俱全、兩院北樓後均有圍墻、街門、耳房俱一在内、其地東至水道在内、西至馬路、南至馬路鐵柵欄小樹在内、北至馬路、上至青天、下至黃泉、六至分明並無除留。今經王茂俊同衆說明、請願賣於元和棧等名下、永遠爲業、言定賣價日金五仟貳百元正。同衆交淸外、帶原舊官契一張、此房一切稅契證明使費等項。待後由房租項下補充。計出備買價元和棧參仟元、共和春陸百元、宋蔭南貳百元、佘滙川貳百元、孫金甫肆百元、楊勵堂貳百元、官文軒貳百元、王心甫貳百元、牟義堂貳百元、共計九名合資公置。嗣後衆房東若有變賣等情、必須由衆房東商酌允許、不得自己任意而行。每年所得租價待至年終按股均分。所有收租納稅等項皆歸元和棧代理。新舊契約均存元和棧。此據。

賣渡人　牟怡堂
買受人　共和春

中說人　王茂俊
書字人　王述周
中見人　林延鳳　孫慶堂　孫景三　趙漢庭
房股東　共和春　宋蔭南　楊勵堂　元和棧　余汇川　王心甫　孫金甫　官文軒　牟義堂

中華民國六年舊曆三月初七日　牟義堂收執

以上の内容を通じて、共和春の構造は東西の両院に分けられていたことや南北に一二間の規模の楼房があったこと、東西にも二階の配楼が一二間あったことなどが確認できる。ここでいわれている楼房とは現在の共和春の前面ホール

【図４】善隣洞一七番地の住商複合住宅

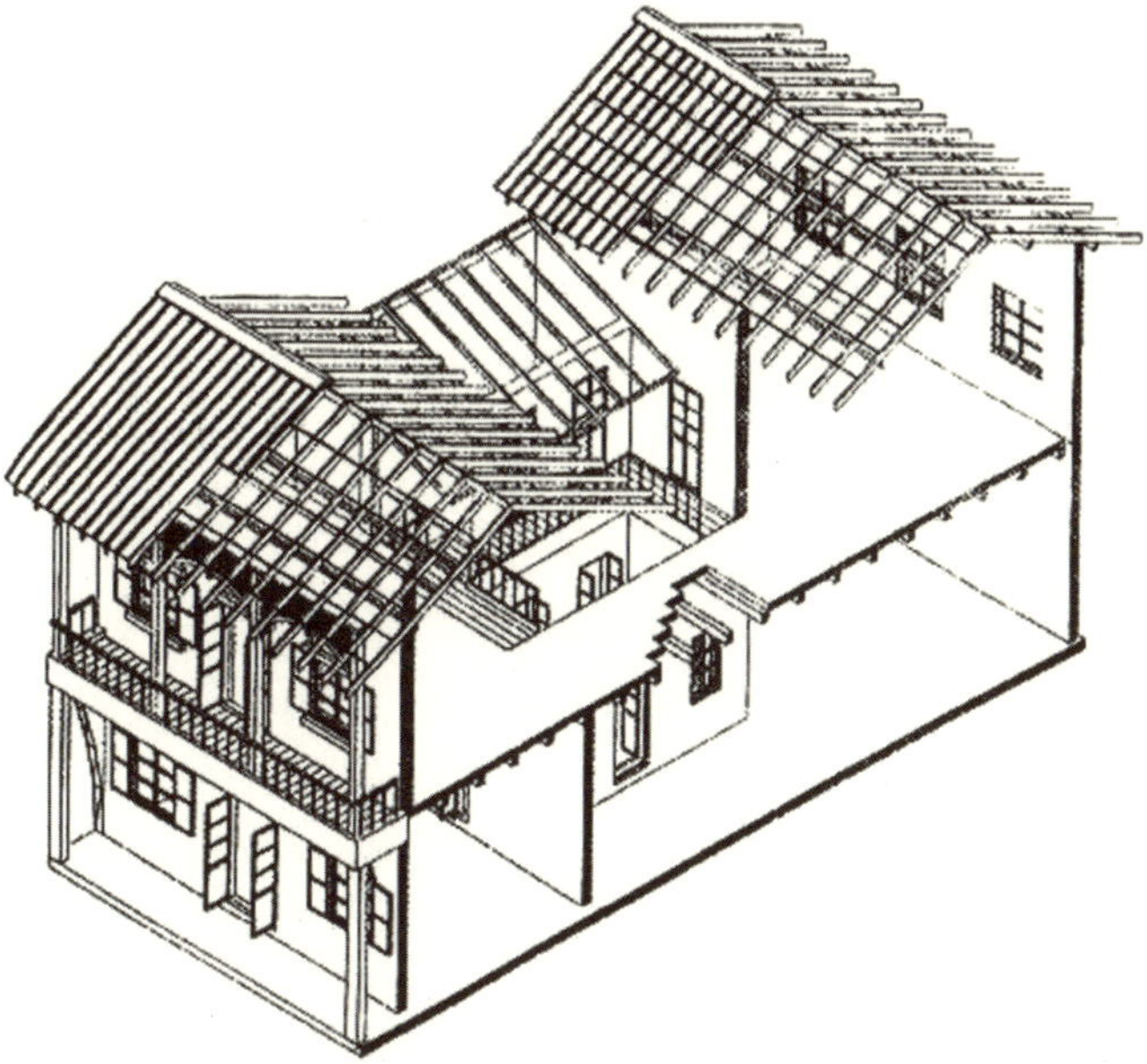

【出典】ソン・ジャンオン『仁川近代建築』間響メディア

と後面ホールを指し、配楼は向かい合うように配置している建物を意味する。一階の平面を見ると南側と北側には大きなホールがあり、中央には廊下と階段が設置されており、廊下の両側には各々三ヶ所の部屋が配置されている。南北の大型ホールは契約書に「南北楼房一二間」という表現があり、各々三ヶ所の部屋に分けられている可能性もあるが、耐力壁による空間の区分ではないと見られる。二階の平面構成は一階と大体同じであるが、ただ中央の廊下が中庭に使われた可能性があり、この場合一階と二階を連結する階段は外気に露出することになる。こういう中庭の構成方式は清国租界内の他の建物にもある形式で、善隣洞一七番地の住・商複合住宅がその代表的な例として挙げられる【図４】。なお、この文面の後半部分によって、義源興の住宅を買受けたのは共和春であるが、資金は共和春を含む九人がそれぞれ異なる額を出して日本円の五二〇〇〇円で共同購入し、この不動産の今後の運用を九人の協議で決めていくことを確認していることがわかる。

三　仁川旧清国租界の建築の保存と再生

仁川の旧清国租界には一九七〇年代まで多くの華僑が集団で居住しており、彼らなりにチャイナタウンの名声を維持していた。しかし、現在の仁川広域市中区庁舎を使っていた仁川市庁の移転と仁川港湾埠頭の移転、月尾島に駐留した米軍の撤収などにより、急激に衰退の道をたどった。しかも、経済的、社会的に華僑に対する不合理な制度は財力のある華僑らの海外移住をあおることになった。それは地域経済の沈滞はもちろん、建築物の維持管理にも影響を及ぼし、大多数の建築物は改修や補修がおこなわれないまま長い間放置され、崩れ落ちた街路の風景を作り出してしまった。

このような都市空間に対する再認識の転換点となったのは、一九九二年の中国との国交樹立である。この歴史的な事件を契機に、沈滞していた旧清国租界は、近代時期と同様に中国との貿易が活発になり、中国人が頻繁に往来することによって、蘇る機会を得た。しかし、複雑に絡まっていた地域社会の利害関係や官僚に対する華僑の不信などは、立ち遅れていた環境を改善するのに大きな障害となった。特に華僑の歴史への認識不足と無分別な建物の撤去、改造は地域のアイデンティティに悪影響を及ぼした。

それにもかかわらず、地域社会のNGO団体と建築家、歴史学者たちはこの地域の建築物の保存と再生のための努力を試みた。例えば、建築物の実態調査や現場踏査、学術講演会と公聴会開催などをおこなった。このような動きは地域住民の積極的な呼応は得られなかったが、全体的な雰囲気を変えるにはある程度の影響力を発揮した。

【図5】旧清国租界を代表する住商複合建築物の修理前後の姿

（仁川中区庁提供）

一層体系的で積極的な試みは、二〇〇七年四月十七日にチャイナタウンが発展特区として指定され、中国語村の造成事業およびチャイナタウン祭りなどの事業と連係したことから始まったといえる。当時中区庁で注目したのは旧清国租界の特徴を最もよく代弁する街路辺の住商複合建築物に対する修復だった。このような類型の建物は現在三ヶ所に残っているが、原形が大きく破損され、撤去の危機に晒されていた。もしこれらの建物がなくなると、旧清国租界の景観は回復不能になる可能性が高くなる。特に文化財指定とは全く関係のない建物であったため、より緊急な措置が求められた。

中区庁ではまた、都市景観の改善とイメージ向上のために老朽した建物の保守のガイドラインも作成した。基本的な事項は、建築物の外観の大改修、屋根の仕上げ材の修理および交替、階段部と周辺の整備、屋外広告物の改善、外部施設である電気配線やガス配管、ケーブル線の整備などであり、比較的原形に近い保守を通じて過去の形を回復しようとする意図を含んでいる【図5】。

このような内容は外観の復元に重点を置いた感があるが、現

【図6】共和春の現在の姿と今後の活用計画案（仁川中区庁提供）

実的に可能なことを実施し、統一感のある建築立面の街を作って、全体的なイメージを向上させることがめざされた。

この地域で保存と再生の問題と関連したもう一つの敏感な事例は、現在仁川旧清国租界に残っている当時の建物の中で規模が最も大きい共和春である。共和春は、中国山東省牟平県から移住した于希光が中華民国の誕生に因んでその名を付けて営んだ中華料理店である。世間にはジャージャー麺の発生地として広く知られているが、これは根拠があるわけではない。

前に触れた契約書にあるとおり、この建物ははじめは義源興の住宅であったが、以後中華料理店共和春に代わって内部空間に多くの変化が生じた。特に、一九八四年に共和春が廃業されてから西院一階は住宅として改・補修して使われ、東院と西院二階は倉庫として貸し出された。(8)倉庫として使われ、内外部にまた一度の多くの変化が発生した。その中での最も大きい変化は、東院の一階と二階を繋ぐ中央廊下の階段が撤去され、東院の背面部に階段とコンベヤーベルトを設置した点である。これ以外にも各部屋の出入り口が除去または閉鎖され、窓も相当部分変形された。それにもかかわらず、東西院の配置は相変らず原形を維持している。

共和春は旧清国租界の中心部分に位置するという場所的な重要さと中国の建築様式の特徴を具えていたことにより、現在登録文化財に指定されているが、安全診断では最下位の判定を受けた。しかも、この建物が長い間管理されないまま放置されていたため、周辺地域はチャイナタウンで最も劣悪な環境となっている。幸い、最近中区庁ではこの建物の買い入れを完了し、近い将来、原形を保存する次元で全面的な改・補修および構造的に補強工事がおこなわれる予定である。現在この建物に対する様々な活用プランが提案され、その中の一つが今後ここをジャージャー麺博物館もしくは華僑史博物館として活用することである。もしこのような計画が実現されれば、共和春はチャイナタウンの名実共に精神的な支柱としての役割を十分に果たすことになろう【図6】。

しかし、この二つの事例が旧清国租界全体の保存と再生の問題を解決する一つの出発点になるかもしれないが、根本的な処方にはならない。これから何よりも重要となるのは、この地域に居住する構成員、すなわち華僑と中区庁の絶え間ないコミュニケーションおよび強い信頼の構築といえる。これはただこの地域だけの問題ではなく、開発と保存が尖鋭に対立するすべての歴史文化環境に該当する課題でもある。そして、再生という側面で考えるならば、剥製されたセットとも明らかに区別されるべきであるのはもちろん、歴史環境がまともに生き返るためには、必ずや歴史的事実にしっかり根をおろしていなければならない。

今後仁川の旧清国租界地が忘れるべきでないのは、ここに日本租界、各国租界が一緒に存在したという事実である。現在旧日本租界も多数の建物が補修されて、原形を取り戻しつつある。したがって、全体と部分の関係をどのようにして不自然でない形で結びつけて保存するかについては、さらなる検討が求められているのである。

［注］

（1）済物浦に面した鷹峰山（現、自由公園）の南側の約一万三七五坪に達する地域である。

（2）各国の租界地は日本租界と清国租界の背後を取り囲んだ約一四万坪の地域であり、ドイツ、米国、ベルギー、ロシア、イギリス、フランスなどの国が共同租界を構成していた。

（3）清国租界は仁川以外にも釜山・元山などの三ヵ所に設置され、その規模は仁川が一番大きかった。

（4）当時の清と朝鮮との間で決めた単位。

（5）清国租界や各国の租界で、道路の石垣工事や洋館新築が始まった際、韓国人の技術者はそれに対応する新規の技術を持っていなかった。清国租界で急増する需要のため、石垣職人・大工・左官・煉瓦工など清国人技術者が韓国に入り込み始めた（シン・テボム『開港期の仁川の風景』仁川郷土史研究会、二〇〇〇年）。

（6）チェ・ホキョン『開港以後、仁川清国租界の住宅および商業建築に関する研究』（ソウル市立大学校修士論文、二〇〇三年）。

（7）一階の梁と二階のトラスから伐採した年代が測定され、各々一九〇四年と一九〇六年のものであることが明らかになった。

（8）共和春の創始者・于希光の子孫である于礼厚の証言による。

（翻訳：徐東千）

あとがき

個人的な関心から始めた杭州における日本租界の研究が、多くの同好の士を得て『中国における日本租界　重慶・漢口・杭州・上海』に結実し、今またこの本を世に出すことになった。

思い起こすと、神奈川大学人文学研究所に「日中関係史」の研究グループを作ったのは二昔近く前のことだが、そこにいろいろな関心を持つ人が集ったおかげで、横浜華僑の歴史を調べる勉強会ができたり、中国の秘密結社を調べてワークショップを開いたり、中国人日本留学の歴史を調べてシンポジウムを開いたりして活動を継続してきた。そうした共同研究の延長線上に租界の研究会も誕生したのである。

その後の租界研究の経過は、「まえがき」に記したとおりであり、建築学の専門家の参加を得、さらには中国のみか韓国の研究者と共同研究をする機会に恵まれて、関心の輪を大いに広げることができた。私たちの活動が国際的な文理協同型の研究に発展しようとは、当初は思ってもみないことであった。だが、そのおかげで、これまでの秘密結社や留学史の研究成果と同様に、神奈川大学人文学研究叢書に連なる二冊としてこの研究の中間報告を公にすることができた。

本書を終えるにあたって、以下に、租界研究の今後の課題を簡単に記したいと思う。

一つに、まだ調査研究が進んでいない蘇州、福州、沙市、厦門などの日本租界あるいは共同租界、膠州湾、広州湾、関東州などの租借地、さらには南満洲鉄道付属地についても調べることで、中国における旧日本租界とそれに類似する特権を有した地区の歴史と現況を一層明らかにしたい。その際、中国における他国の租界との比較、日本における外国人居留地との比較の視点は欠かせないと考えている。神奈川大学の所在地である横浜には、開港とともに外国人居留地が設置されたが、これと中国の租界との制度的な違いを検証することは、私たちの責務ではないかと思っている。

二つに、中国における租界の歴史を概観した時に、一九二〇年代、三〇年代に中国側がナショナリズムの高揚につれてその回収を要求し、西洋諸国がそれに応じて返還する動きがあり、日本にとっては、日中戦争のさなかの一九四三年に汪精衛政権に返還する「儀式」をおこなったことに気づく。さらに、四五年の日本の敗戦以後は、日本が租界に持っていた諸権利や財産は没収される一方、諸外国のそれについては、中国側は諸外国との交渉を経て接収しようとしたのである。こうした一連の回収、接収の動きについても、一次資料にもとづく実証的な研究を進める必要があろう。

三つに、この二年来、神奈川大学非文字資料研究センターにおける共同研究の課題の一つに設定してきた朝鮮における日本租界、さらには清国租界の実態を明らかにする作業に、先行する韓国研究者の研究成果に学びつつ、本腰を入れて取り組む必要があると思っている。今回の出版は、その意味での出発点になるもので、今年秋にはその延長となるテーマを設定してシンポジウムを開く予定である。

最後に、この本が形になるにあたって、快く力作を寄せてくださった中国と韓国の研究者諸氏と、原稿提出の遅れをカバーして献身的に動いてくださった御茶の水書房の黒川惠子さんに感謝します。読者のみなさんに忌憚のないご意見を寄せてくださるようお願いします。

（大里浩秋　二〇一〇年一月三〇日記）

編者・執筆者・翻訳者紹介

【編　者】

大里浩秋（OOSATO, Hiroaki） 第六章
1944年生まれ
現職：神奈川大学外国語学部教授
専門分野：中国近代史、日中関係史
主著：『留学生派遣からみた近代日中関係史』（編著、御茶の水書房、2009年）、『中国における日本租界－重慶・漢口・杭州・上海』（編著、御茶の水書房、2006年）

貴志俊彦（KISHI, Toshihiko） 第一章
1959年生まれ
現職：第21期日本学術会議連携会員；神奈川大学経営学部教授
専門分野：東アジア地域研究、歴史学
主著：『模索する近代日中関係－対話と競存の時代』（編著、東京大学出版会、2009年）、『文化冷戦の時代－アメリカとアジア』（編著、国際書院、2009年）

孫安石（SON, Ansuk） 第二章
1965年生まれ
現職：神奈川大学外国語学部教授
専門分野：中国近現代史、中国都市史研究
主著：『東アジアの終戦記念日』（編著、ちくま新書、2007年）、『中国における日本租界－重慶・漢口・杭州・上海』（編著、御茶の水書房、2006年）

【執筆者】

陳祖恩（CHEN, Zuen） 第三章
1949年生まれ
現職：中国・上海社会科学院歴史研究所研究員
専門分野：中国近代史、上海史
主著：『上海日僑社会生活史』（上海辞書出版社、2009年）、『尋訪東洋人－近代上海的日本居留民』（上海社会科学院出版社、2007年）

羅蘇文（LUO, Suwen） 第四章
1949年生まれ
現職：中国・上海社会科学院歴史研究所研究員
専門分野：中国近代史、上海史
主著：『近代上海－都市社会与生活』（中華書局、2006年）、『上海伝奇－文明嬗変的側影（1553－1949）』（上海人民出版社、2004年）

陳紅民（CHEN, Hongmin） 第五章

1958年生まれ
現職：中国・浙江大学中国近現代史研究所所長；浙江大学人文学院歴史系教授
専門分野：中国近現代史、中華民国史
主著：『胡漢民未刊往来函電稿』全15巻（編注、広西人民出版社、2005年）、『胡漢民評伝』（共著、広東人民出版社、1989年）

冨井正憲（TOMII, Masanori） 第六章

1948年生まれ
現職：韓国・漢陽大学建築学科教授
専門分野：建築計画、東アジア近現代居住環境史
主著：『ソウル中区－残された風景・過去の痕跡』（共著、ソウル：中区文化院、2009年）、『インテリア・アーキテクチャ』（編著、ソウル：技文堂、2008年）

青木信夫（AOKI, Nobuo） 第七章

1960年生まれ
現職：中国・天津大学中国文化遺産保護国際研究センター所長・教授
専門分野：東アジア都市建築史、文化財保護
主著：『伝統工芸再考』（共著、思文閣出版、2007年）、『間組百年史』上下巻（共著、間組、1989・1990年）

徐蘇斌（XU, Subin） 第七章

1962年生まれ
現職：中国・天津大学中国文化遺産保護国際研究センター副所長・教授
専門分野：東アジア都市建築史、文化財保護
主著：『中国の都市・建築と日本』（東京大学出版会、2009年）、『表現における越境と混淆』（共著、国際日本文化研究センター、2005年）

李百浩（LI, Baihao） 第八章

1963年生まれ
現職：中国・武漢理工大学土木工程建築学院教授
専門分野：中国近現代都市企画史、歴史建築修復設計
主著：『湖北伝統民居』（共著、中国建築工業出版社、2006年）、『湖北近代建築』（共著、中国建築工業出版社、2005年）

李彩（LI, Cai） 第八章

1978年生まれ
現職：中国・武漢理工大学土木工程建築学院講師
専門分野：中国近代都市計画史

韓東洙（HAN, Dongsoo）　第九章

1960年生まれ
現職：韓国・漢陽大学建築学科教授
専門分野：東アジア都市建築史
主著：『東洋美術史』（ソウル：美進社、2007年）、『中国近代建築』（ソウル：発言、1993年）

【翻訳者】

徐東千（SEO, Dongchun）　第九章
1976年生まれ
現職：東京大学大学院工学系研究科建築学専攻博士課程
専門分野：東アジア建築史

大里浩秋・贵志俊彦・孙安石编

中国・朝鲜租界的历史与建筑遗产

目录

오오사토히로아끼 · 키시도시히꼬 · 손안석 편

중국 · 조선 조계의 역사와 건축유산

목차

編者　神奈川大学人文学研究所《かながわだいがくじんぶんがくけんきゅうじょ》

神奈川大学人文学研究叢書 27
中国《ちゅうごく》・朝鮮《ちょうせん》における租界《そかい》の歴史《れきし》と建築遺産《けんちくいさん》
2010年3月5日　第1版第1刷発行
編　者——神奈川大学人文学研究所©
（大里浩秋・貴志俊彦・孫安石　責任編集）
発行者——橋本盛作
装　幀——鈴木 聖
発行所——株式会社御茶の水書房
〒113-0033　東京都文京区本郷5-30-20
電話　03-5684-0751（代）
組版・印刷・製本所——東洋経済印刷株式会社
Printed in Japan
ISBN978-4-275-00868-8 C3022